日本経済の長期停滞とアジアへの教訓

長谷川 啓之
HASEGAWA Hiroyuki

学 文 社

まえがき

日本経済はバブル崩壊以後、長期停滞に陥り、いまだに立ち直れないでいる。バブル崩壊まで、日本経済は世界経済のトップに近い位置に到達しながら、それ以後、急激に減速し、欧米経済が比較的早期に立ち直り、政治・経済・社会など、どの指標を見ても、世界の上位を占め続けているのとは対照的に、低い水準にとどまったままである。アジア経済は、アジアの時代といわれる中で、順調に発展しつつあるが、日本の経済発展と基本的には類似の発展方式をとり続けているだけに、日本経済の長期停滞を見ると、どこまで持続できるか気にかかる。はたして、アジア経済は順調に持続的成長を続け、先進国段階へと進むことができるであろうか。

最近、政府はアベノミクスによって株価の上昇、雇用の拡大が生まれたことで、景気は回復し、経済成長軌道へと進みつつあるかのように喧伝している。確かに、経済は明るい兆しを見せているように見える。しかし、それはアメリカ経済に負うところが小さくないし、国内的には、これまでに例を見ないほどのあらゆる手を打ってようやく実現したものであり、もはやこれ以上、打つ手はないといっていいほどである。リーマン・ショック以後も、欧米経済は二〜三%の成長を維持しているのに対し、日本経済は〇〜二%と、いぜんとして低い成長率が続き、成長軌道に乗ったという実感はない。一人当たり国内総生産（GDP）を見ても、かつてトップに近いところまで達しながら、その後下がり続け、いまや先進諸国中、最下位に沈み、国際競争力の順位は一部のアジア諸国以下に落ちてしまった。いったいこの状態はいつまで続くのであろうか。そして、その原因は何であろうか。はたして、日本経済はこの停滞状態から脱却できるであろうか。

バブルが崩壊した九〇年代以後、三〇年近く停滞したままの日本経済を、アベノミクスがいかに強力に推進されようとも、改革が経済面に限定される限り、そこから脱出できる可能性はきわめて小さいと考える。こうした疑問は多くの人が漠然とではあっても、感じていることではないだろうか。私見では、日本経済が長期停滞から脱却することは、きわめて難しいと考える。その詳しい理由は本書を読んでいただく他はないが、日本経済の長期停滞からの脱却は小手先の政策で解決するほど簡単ではないからである。そのことを理解するには、まず西欧の歴史を見ることが最も適切であろう。つまり、西欧社会はここ数百年をかけて、営々として社会全体の近代化を達成し、その中から経済発展を実現してきたのであって、経済発展だけを追求した結果、現在の水準に達したわけでないということである。つまり、西欧社会はほぼ五〇〇年にわたって、科学的な考え方が社会に浸透し、政府を中心に、多くの人が発明や発展思考を持ち、政府は絶えず、国民の福祉をどのように持続的に高められるかを考え、北欧を中心に福祉国家から福祉資本主義へと変貌を遂げてきた。その背景には、政府と国民との深い信頼関係がある。北欧を中心に、徹底的に政府は国民福祉の充実を目指し、改革的な政策を実行している。ヨーロッパはシリア難民の大量流入によって一時的に揺らいでいるように見えるが、長期的に見れば、それもやがて克服して行くに違いない。

それに対し、日本はどうであろうか。長期的観点に立って見ると、日本の近代化は明治維新以後を見ても、「富国強兵」のスローガンの下に、基本的に経済優先主義を実行し、経済発展が近代化とみなして、欧米へのキャッチアップを目指してきた。これは欧米とは逆の道を歩むものだといえよう。なぜなら、欧米の産業革命全盛時に、近代化への歩みを本格的に開始した明治維新政府は、豊かさこそが近代化と勘違いし、豊かになればそれですべてが近代化し、欧米にキャッチアップできるとみなしてきたからである。その結果、政治や社会、文化の近代化はなおざりにされ、経済以外の多くが旧態依然とした状態が維持されることになり、経済さえうまくいけばすべてが正当化されると考えてきたように見える。その結果、そのことが多くの矛盾を生み出し、日本の長期的停滞をもたらしたと考えられる。豊かさの実現こそが近代化と考えていた国民にとって、経済の停滞は、国民を落胆させ、社会的停滞を生み出してきた。バブル以前には老後はバラ色の時代が来ると期待されながら、社会保障制度は頻繁に変わり、保障内容も後退に後退を重ね、稼得機会を失った高齢者は宝くじ売り場に殺到し、若者は未来に希望を見出せず、やる気を失い、起業心は大幅に減退し、自殺願望は後を絶たず、過労死は解消されないまま続いている。やがてわかるであろうが、働き方改革で問題が解決すると考えるのは表面的な対処にすぎない。労働時間の長さ、多発する過労死、給与水準の低さなど、欧米と対比すれば、日本経済の行き詰まり状況は明白である。これこそは「矛盾社会の落とし穴」である。

政治は野党がだらしないために、大した期待も持てない自民党一党独裁を許し、民主主義は機能しているとは思えず、多くの無能な政治家が国民の期待に応えられるようには見えない。これでは国民を不幸にするばかりである。定年まで一所懸命働いても、老後の生活にはまったく余裕がなく、国民は不安をぬぐえない。日本経済は後退に後退を重ね、なぜか長期的にはアジア諸国にも追い越されるとの予測がいっそう国民をいらだたせる。しかし、アジア諸国の経済が日本の経済水準を追い越すことがわかっているにもかかわらず、その理由もメカニズムも人口以外に指摘されていないのは理解できない。こうして閉塞状況が延々と続いており、それに終わりは来るであろうか。

選挙になれば、政治家は経済をよくする、社会をよくするといいながら、具体的な改善方法を呈示しない限り、誰もそれを信じる気になれない。いったい何が問題なのであろうか。私見では、詰まるところ、経済はそこそこ成長して、経済的には先進国といいながら、政治、社会、文化の発展の遅れは著しく、グローバル化や情報化への適応力は育まれてこなかったことに重大な原因がある。要するに、伝統的価値と近代的価値が対立し、進むべき方向が見えない矛盾社会を改革するには、とりわけ政治や社会の全面的な改革が必要であるが、依然として経済中心の改革しか見えてこない。いったい政治家は日本をどこに向けようとしているのか、そのためにどう改革するかのアイデアやシナリオを見せてほしいものである。

グローバル化がさらに進めば、一方で底力を持つ欧米の強さが、他方で日本の停滞ばかりが目立つようになるであろう。そこからどう脱出するか。それには、経済以外の分野の発展に基づいて日本の社会的能力を高め、経済の長期的発展にいい影響を与えない限り、問題の解決は不可能であろう。それはどういう意味であろうか。たとえば、経済の持続的な成長を実現するには、技術革新が必要であるが、それを生み出すために必要な法制度をはじめとした社会的、文化的環境は整備されているか、政治は国民が期待する方向に向かっているか、若者は希望のある人生を送っているか、老後に不安はないか、などといった問題である。われわれはこうしたあらゆる問題を政治に期待するが、政治は国民の期待に応えているか、将来は応えられるであろうか。本書がそうしたすべての問題に解を与えるなどという気は無い。だが、少なくとも、向かうべき方向に行くにはどうすればいいかについて考える契機になればと考え、本書を執筆した。

さて、本書は筆者がここ一〇年ほど運営してきた特定非営利活動法人・アジア近代化研究所の紀要『*IAM・e-Magazine*』に掲載した論文の中から、本書のタイトルに合わせて加筆・修正したものが中心となっている。本来、このような形で出版することは考えていなかったが、筆者の畏友・嘉数啓教授（琉球大学名誉教授、日本島嶼学会名誉会長）のお薦めもあって、出版する気になった次第である。嘉数先生には、常日頃のご指導・ご厚情に対して、心から感謝する次第である。また、アジア近代化研究所の役員諸氏を始め、多くの会員の皆さんにも、日頃のご支援とご協力に感謝したい。

最後になって恐縮であるが、最悪の出版事情が続く中で、学文社社長・田中千津子氏のご厚意と同社編集部のご助力によって、本書が日の目を見ることができたことを、心から感謝する次第である。

二〇一七年一一月

長谷川　啓之

目次

第5章

日本経済の長期停滞からの教訓：アジア経済の光と影 231

序章　本書の目的と概要

はじめに本書の目的と概要を示しておこう。

一．まず本書の目的は以下のとおりである。本書の目的は、筆者の「工業化の需給理論」に基づいて、日本やアジアの長期経済発展を分析することである。それには歴史的に見ることから始める必要がある。一八六〇年代に東アジアの中には近代化を目指した国もあったが、唯一近代化に成功したのは日本だけであった。ところが、それから一二〇年ほど経過した一九九〇年代に入ると、長期停滞に陥った。これを筆者は「高所得の罠」と呼びたい。また、今日、しばしば中南米やアジアを中心に「中所得の罠」が指摘されている。日本は中所得段階を超えたが、日本経済は長期停滞である「高所得の罠」とも呼ぶべき、長期の罠に陥った。日本と類似の発展方式をとるアジア諸国は短期的には驚異的な経済成長を実現してきたが、それは自力というより他力での成長にすぎない。はたして、「高所得の罠」に陥らずに、今後も数十年にわたって、順調に持続的発展を実現し続け、やがて西欧の経済水準に達することができるであろうか。もしできないとすれば、なぜであろうか。この点を筆者の「工業化の需給理論」で考察することが本書の最大の目的である。つまり、日本もアジア諸国も、自力での近代化や経済発展ができない限り、欧米の歴史的経験から学ぶしかない。しかし、学ぶことはまず模倣することであり、模倣するには自国が持つ社会的能力を動員することで、先進文明を摂取することである。社会的能力は西欧諸国でも必要であるが、非西欧諸国のそれが欧米からの経済発展方式を受容するための能力を表すのに対し、欧米諸国のそれは次々と独創的な発展要素を生み出す能力を表す。ここに欧米社会と非欧米社会とでは決定的な相違点がある。そのことが、長期持続的発展にいかなる課題を突きつけるのかを明らかにすることであるが、それには日本の経験が重要であり、その経験が日本に続くアジア諸国にいかなる教訓となり得るかを示すことが本書の重要な目的の一つである。

二．そこで、世界で最も早く発展を自力で開始し、高い経済水準を達成した欧米社会がいかなる歴史過程で実現してきたのかを見ると、経済発展は産業革命以後のことであり、それを可能した直接的な要因は技術革新であるが、それを可能にしたのは、政治的・社会的・文化的要因であり、それらが産業革命以前に発展していたことである。その発展過程の中で技術革新が生まれ、工業化を引き起こし、経済発展へと繋がったと考えられる。もっとも、技術革新は産業革命を起こしたイギリスだけのものではない。イギリスで生まれた工業化の波は大陸諸国、中でもドイツやフランス、スイス、など多くの国へと波及する中で、科学技術は波及的に発生し、経済発展を促進していった。そこには、たとえば、法制度や民主主義革命など、多くの非経済的要因が関わっており、それらがなければ経済発展も持続しなかった。そこで、これを筆者は「ヨコの近代化」と呼びたい。

また西欧の歴史過程は連続的であり、技術を例にとると、それは少なくとも五〇〇年前の科学の発見に源泉を求めることができる。五〇〇年前には欧米より中国やアラビア世界のほうが豊かであった。中国やアラビア社会はすでに西欧社会をしのぐ技術を開発していたからである。ところが、五〇〇年前に西欧社会が科学を知って以来、大きく飛躍し、彼らを追い越し、世界を制覇した。その過程で西欧文明が形成され、豊かな社会を構築することに成功した。非西欧社会はそれを見て、経済的豊かさを追求することが近代化だと考え、一九世紀には日本をはじめ中国、韓国も、富国強兵、中体西洋、東道西器、などを目標に掲げて、経済発展を追求したが、日本以外に成功しなかった。日本はなぜ成功したのかといえば、西欧近代化過程で生まれた、多くの要素（これは、すべての国に与えられた供給要因である）を受容する需要要因（伝統的な社会が持つ受容能力でありは、摂取型の社会的能力と呼ぶ）が他の国に比べて優れていたからだと考える。

三．こうして、筆者は西欧文明が生み出した経済的要素という供給要因（近代的価値が生み出した要素）とそれを模倣し、摂取する以外に発展の方法がない非西欧社会とを区別すると、アジアの長期持続的発展の可能性を考えるうえで、有効なモデルを構築することができると考える。それを筆者は、「工業化の需給理論」と呼び、以下のように定式化した。まず西欧社会が発展を開始したのは産業革命期であり、その駆動力は製造業、その中核は技術革新の進展である。これをいま「西欧工業化モデル」とすれば、それはあらゆる国々にとって共通に与えられた供給要因と考えることができる。

これに対し、非西欧社会は自らの伝統的社会から生み出すことができなかったがゆえに、工業化するには「西欧工業化モデル」を模倣し受容する必要がある。非西欧社会は模倣し受容する社会的能力を摂取型需要要因と呼ぶなら、非西欧社会の需給は一致しておらず、需給の均衡点を見出して、それを一致させる必要がある。一致させることで工業化や民主化などの西欧社会の近代化によって生まれた要素を実現できる。両者を一致させるには、供給要因は事前に与えられているので、それを摂取するための需要要因が重要となる。需要要因とは、しっかりした政府や指導者の役割をはじめ、国民の意思や能力、政治・社会的安定や先進文明を受容したことがあるかどうかの経験、などなど多くの経済的・非経済的要因からなる。それらは伝統的価値が生み出す要因であり、国によって異なるために、需要要因が豊富で強力なほど、先進文明の受容能力は高く、早期にかつ持続的な成長に貢献する。むろん、供給要因も変化するため、その変化に応じて需要要因も発展させる必要がある。摂取型需要要因が必要である限り、政府が第一義的に重要な役割を果たさなければならない。そのため、持続的な成長を実現し、西欧社会と同一水準に達するまでは政府の役割の重要性は変化しない。それには、政府は摂取型需要要因を西欧と同様に発信型の需要要因（社会的能力）に転換する必要がある。そうした転換ないし改革型の政府の役割こそは非西欧社会の政府に課せられた、究極的な役割といっても過言ではない。

四．ところで、筆者が考える日本を含むアジア経済の長期持続的成長をいかに説明するか、どのような理論が役立つかを考えるうえで、まず新古典派モデルと内生的成長論を検討する必要がある。これまで、その役割を果たしてきた新古典派成長論や内生的成長モデルなど、伝統的成長モデルは基本的に先進国の経済発展を説明することが第一の目的であるが、アジア経済などの非西欧経済の発展にも適用されてきた。しかし、それらは発展途上国の工業化をどうすれば開始できるか、「中所得の罠」や「高所得の罠」に陥らないためにどうすればいいのか、などはいっさい説明していない。そこで、これらの問題を同時に説明するために、筆者は「工業化の需給理論」が有効と考える。

それでは、それらの伝統的な経済発展モデルと筆者の「工業化の需給理論」とはどのように異なるか、を考えてみよう。西欧で生まれた経済成長モデルは普遍性を追求することが共通の特徴であり、欧米社会は既に高い経済水準にあるため、もはや現在の経済水準を少しでも高め、維持することに主眼が置かれる。そこで、経済発展にとって重要なのは技術革新や生産性の引き上げである。新古典派は技術革新（全要素生産性）を考え、内生的成長モデルは個別生産要素の生産性を考える。他方、アジア諸国は先進技術を受容する過程で、生産性を上げることができる。そうなれば、欧米、特に次々と独創的な技術革新を生み出してきたアメリカに依存するほかはなく、多くの非西欧諸国は自力での技術革新には力を入れていない。しかし、長期的にはやがて先進国からの技術導入や生産要素の質的向上だけで生産性を上げ続けることは不可能となる。そこで、非西欧社会が自力で技術開発することが可能となるためには、摂取型需要要因から欧米並みの発信型の需要要因または社会的能力への改革が必要となる。そうしたメカニズムを考慮すると、①工業化の開始→②テイクオフの実現→③「中所得の罠」の回避→④高所得国への持続的成長→⑤「高所得の罠」の回避→⑥欧米水準へのキャッチアップ、の過程の一貫したメカニズムを実現することが必要となる。①から⑥までの段階で、最も重要なのは、政府の役割を含む、需要要因ないし社会的能力であり、高所得国に到達した後は、いかにして摂取型需要要因を改革し、自力での技術開発力を高めるための発信型需要要因を構築するかである。それが可能になれば、非西欧社会も西欧社会と肩を並べることができる。つまり、真のキャッチアップが実現し、そこでは欧米社会と同じように、つねに需給の一致が生まれる。そこでは政府の役割はきわめて限定されることとなり、市場での自由な競争が重要となり、グローバル化に適合した社会を形成できることになる。かくして、「中所得の罠」はいうまでもなく、「高所得の罠」からも解放される。

五．以上で見たように、アジア諸国の経済発展方式は日本型ともいえる方式であり、やや極論すれば、そこでは欧米社会が歴史的産物として、結果的に生み出した成果である工業化（または産業化）モデルを受容し、経済発展だけにエネルギーを費やす形で、経済発展を実現してきた。つまり、欧米社会は、工業化も経済発展も、非経済的側面の近代化過程の中から生み出したのに、非欧米社会はそれを出発点として経済発展に取り組み、経済以外の分野の近代化（つまりヨコの近代化）には力を入れてこなかった。このため、非西欧社会で最も早期に経済発展（つまり経済の近代化）を実現した日本は最も早期に「高所得の罠」に陥ってしまった。そのことは筆者の工業化の需給理論から見れば、摂取型の需要要因の改革に成功していないことを如実に表している。これは持続的発展を可能にするのは経済以外の近代化の水準までであって、それを超えることはできないということでもある。たとえば、アベノミクスの成長戦略を実現するためには、必然的に女性の活躍を必要としている。だが、女性は本来家庭にいて、家事や子育てをするのが当然であった。それなのに、女性の社会進出を促進しようとすれば、少子化は避けて通れない。また、子育てにはそれなりの社会的仕組みが不可欠である。そうした社会的要因を経済発展とうまく整合させるには、社会の近代化が不可欠となる。また、もっと重要なのは自力での技術革新力の向上であるが、それを可能にするだけの教育や文化の近代化は十分であろうか。このように考えていくと、いまや欧米社会が通ってきた社会全体での近代化への道を遅ればせながら、通るしかない。しかし、それは西欧社会の歴史過程とはある意味で逆の方向を歩むことになる。それを怠れば、「高所得の罠」から脱却することはできない。日本より少し低レベルの発展段階でも、ほぼ同様の原因で「中所得の罠」に陥ると考えられる。そう考えると、日本経済の長期停滞はアジアの長期経済発展にとって大きな教訓になるものと確信する。

第1章 西欧の経済発展と近代経済成長：一つの歴史的考察

はじめに

二一世紀はアジアの時代といわれて久しい。それはアジア諸国の長期的経済成長に関する研究や、各種調査機関等によって行われる長期予測がアジア経済の将来をバラ色であるかのように描き、いつの間にかアジア経済は今後数十年にわたって高度成長するかの印象を与えてきたからであろう。中でも注目される予測の一つはアジア開発銀行（ＡＤＢ）のそれである。ＡＤＢは二〇一一年に、長期シナリオとして、二〇五〇年までのアジア経済を展望する報告書を発表した。それよれば、中国やインドが順調に成長を続けた場合、世界総生産（ＧＤＰ）に占めるアジアの割合は現在の二七％から五二％にまで拡大し、中国の割合は二〇％、インドは一六％に達するが、日本は現在の約九％から三％程度に低下すると指摘した。楽観シナリオでは、アジア域内の好調な成長が続くと仮定し、二〇一〇年に一七兆ドル程度の域内ＧＤＰが五〇年には一七四兆ドルになると試算した。これに対し、一人当たりＧＤＰを見ると、アジア全体で、現在のおよそ六倍にあたる平均四万ドルとなり、二〇五〇年には世界平均の三・七万ドルを超える。日本は二〇一〇年の約三万ドルが三〇年に五万ドル、五〇年に八万ドルに増え、伸びは鈍いが、五〇年時点で日本の一人当たりGDPでは中国（五万ドル）やインド（四万ドル）を上回るとしている。(1)

逆に、悲観シナリオでは、順調に発展してきた国が一定の所得水準に達すると、それ以上成長率が鈍る状態、すなわち「中所得の罠」に陥るケースを想定している。すでに、多くの中南米諸国がこの状態に陥り、一部のアジア諸国にもその兆候が見られるとの指摘がある。はたしてどちらのシナリオが正しいのであろうか。またその理由は何であろうか。

筆者はこうした問題を考える場合、先進文明を生み出した西欧社会（西洋ではない）と西欧文明を摂取することで経済発展してきた日本やアジアを含む非西欧社会とを明確に区別する必要があると考える。特にアジアの長期経済発展を見るには、三〇年とか五〇年といった期間を見るだけでは不十分である。三〇～五〇年といえば、実際には長期であるが、ここではもっと長期を想定したいと考える。その理由は、世界で最も豊かな地域である西欧諸国が五〇〇年もの長期にわたって西欧文明を築いてきたという、歴史的発展過程をまず見てみることが必要かつ有益だと考えるからである。なぜなら、経済発展は基本的に西欧文明の産物であり、近代化の一環だからである。そこから、西欧の近代化過程を知ることで、西欧の経済発展はいかにして実現したのか、アジアの長期的発展を予測し、いかなる必要条件が考えられるか、西欧の経済発展とアジアのそれとがいかに異なるのか、などを知ることができる。筆者は、非西欧社会が自力で近代化を実現しない限り、西欧の近代化過程を知ることは、アジアの長期的発展考える上で決定的に重要と考える。少し遠回りで、面倒な問題設定に見えるかもしれないが、アジアをはじめ、非西欧社会の経済発展を考えるには、西欧社会の近代化過程を見ることから始めることが有益かつ必要なことと考える。

1 西欧の経済発展と近代経済成長

1 西欧経済発展の歴史過程

まず西欧諸国の経済発展過程やそのパターンを簡単に見てみよう。それは資本主義経済システムを通じて生産を行う方式であるが、基本的に生産手段を有する資本家がそれを持たない労働者を雇用することを通じて、利潤を追求する経済システムでもある。こうした資本主義的発展が開始するのは手工業が起きる一六〜一七世紀とみられるが、その最先端を行っていたのがイギリスである。その延長線上でイギリスは一八世紀後半から大量生産の技術や経営方式に基づく綿糸や毛織物、それに製鉄や機械器具などを中心とした産業革命を生み出した。一九三〇年代にイギリスの産業革命は一応完成し、工業化に基づく生産方式がヨーロッパ大陸やアメリカ大陸へと徐々に波及するにつれて、資本主義は本格化し、小企業が中心であった資本主義経済が次第に大企業主体の資本主義経済へと変貌していく中で、資本主義自体も徐々に変容していった。その結果、私有財産制や私企業中心の生産、自由競争を基礎とした市場経済（労働市場や財市場など）の中核的特徴に大きな変化はないものの、今日に至るまでそれぞれの文化や歴史などを背景に、イギリス型、ドイツ型、日本型など呼ばれる、多様な資本主義経済パターンを生み出してきた。だが、そこに至る過程にはいくつかの相違があり、それが今日に至っても影響を与えている。

資本主義的経済システムにおいて、しばしば指摘される典型的な相違はドイツとフランスのケースである。それには政治体制、市場形態、革命の影響、宗教の相違、人口問題、法律、などなど、数多くの要因が関わっている。まずフランスを見ることにしよう。ルイ一四世以来、フランスでは国営企業が重視されたが、それは中央集権的な政治構造を持っていたためで、国内市場、特に地方では競争的なメカニズムは発揮されなかった。このため、フランスは極度の絶対王政の下で、地方市場が開拓されずに資本主義時代に突入したため、長く資本主義の精神は根付かず、新たな産業も発達しなかった。それでも、フランスの産業革命は起きたが、それがいつかは十分明らかではない。ここではW・W・ロストウの離陸期とほぼ同じころとみなせば、一八三〇～六〇年ということになる。フランスは産業革命以前にはイギリスを上回る政治的・社会的・文化的水準に達しており、一七九〇～一八二五年のフランスを、カードウェルは多数の第一級の科学者、技術者を擁し、その知的卓越性はフランスが当時軍事的・政治的分野でヨーロッパを支配する十分な力を保持していたと指摘している(2)。また、それでもフランで最初に産業革命が起きなかった理由を、イギリスが一八世紀に非鉄金属のような鉱業の分野で長期に技術の向上にかかわり、それと密接に関連する相補的な技術のネットワーク（つまり、冶金、精錬、鉄鋳造、動力、運輸など）が発達し、ロンドン以外に重要な都市を地方にももったのに、フランスではこうした産業も地方都市も発達しなかった。さらに、イギリスの技術者は一般にフランスの科学者が理論的で科学的であったのに比べて、経験的で、技術者は実践的な要求に密接して、実りある発明を生み出す能力と手段をもち、効果的・経済的な技術革新を生み出した。これに対し、フランスの技術者たちは技術と科学に内在する未来の傾向や可能性を察知することにたけ、遠い未来には応用可能であった。またイギリスが地理的、政治的、地質的に恵まれ、その技術的資源の多くを経済的に不毛な軍事的な問題に振り向けることは拒否した。そうだからといって、フランスが工業化の重要性に気づかなかったわけではない、と経済史家・クラパムは指摘している[(3)]。たとえば、度量衡の合理化と統一、早期に土木および鉱業学校への政府の支援、科学者たちが国家補助により硝石の新資源とその精製法を発見し、利用可能な最高の知識を軍需品用の製鋼に応用し、塩素漂白を普及させ、代用コーヒーの発明などを行った。それでもフランスは産業革命を経験しなかったとの指摘がある。その理由の一つは、一八世紀フランスの最高の頭脳は経済革命より宗教・政治革命について考える必要があったからだといわれる。そのため、フランスの産業革命がイギリスに比べて、きわめて緩慢であったことは確かであろう。

これに対し、ドイツでは中世に発達した連邦国家制度の下で、分権化が進み、「プロテスタンティズムの倫理感」に基づき資本主義の精神が成立した。この点は新教徒を弾圧したため、疲弊したフランスとは大きな相違である。またドイツは、イギリスの産業革命や自由経済の影響を強く受け、一九世紀後半には企業が自由に栄え、国営企業への反対が強くなった。この点も国有企業が大きな役割を果たしてきたフランスとの大きな相違である。ドイツでは一九世紀以後、人口も急増し、大量生産の必要性が生じた。そこで、さまざまな産業が生まれたが、中でも有機肥料の使用とそれによる農業改革、繊維の染色のための安い合成色素の製造が可能となった。またフランスの鉄道網がパリを中心とするものであるのに対し、ドイツでは地方と地方を結ぶ鉄道網で、これも両国の市場構造や商品流通などの相違を反映しており、技術の性格の相違を表すものとみなされる。

しかし、欧米全体を見渡してみると、そこにはさまざまな経済パターンが存在することがわかる。たとえば、市場を中心に、ほとんどあらゆる分野が商品化された英米を中心としたアングロサクソン型（民間主導型）と、ドイツや北欧などを中心とし、非市場の存在を認めるライン型（政府主導型）、などの区別はその一例である。そしてしばしば日本はライン型に含まれるといわれるが、それが経済発展の開始とその後の発展をも規定するものではないし、一部を見て日本をライン型に入れるのが正しいとは言い難い。

このように経済パターンにはさまざまな類型が指摘できるが、だからといって経済の基本形態は結局多くの共通する生産要素によって成立している。リチャード・ギルが指摘するように、人口増加、天然資源、資本蓄積、生産規模の拡大と分業の発達、および技術進歩などが代表的な要素とみなされる(4)。これらは確かにすべての資本主義型の経済システムで発展開始後に、当初は政府主導型であっても、やがて市場経済化が進むため、主として経済要因が重要な役割を果たすことは欧米先進諸国の経験から明らかである。

　それでは、先進諸国が経済成長を開始した際の共通要因は何であろうか。R・ギルによれば、どの国にも、①発展の開始に先立って経済的・社会的・政治的変化を伴う準備期間が存在し、②技術進歩の速度が急速に高まり、③資本使用量が増加して、より大規模な生産単位が出現し、機械化と「分業」との進展に対して労働力が対応し、企業家活動の興隆などを含む生産組織上の大変化が発生したこと、である。(5)

　ここで、R・ギルはさらに正当にも、経済発展の開始のケースを二つに分けている。一つは工業化を自らの力で開始したイギリスのケースであり、もう一つは大陸やアメリカなどの諸国によるイギリスへの挑戦を通じて開始した工業化のケースである。つまり、そこではイギリスの産業革命の成果などを摂取するのではなく、挑戦ととらえていることに注目すべきであろう。それでは、挑戦とは何か。それは文字通り、「戦いをしかけること、戦いをいどむこと、攻勢」(6)、である。R・ギルが指摘するのはすべて欧米社会の経済発展であり、非西欧社会の経済発展は考察の外に置かれている。

　つまり、これら二つのパターン以外にも別の開始方式があるということである。それが非西欧社会のそれであり、その典型的なパターンが日本である。日本にとってはまさにアーノルド・トインビーの「挑戦と応戦」の問題とも密接に絡む。トインビーによれば、ある社会が優勢な先進文明に遭遇したとき、その社会にはヘロデ派とゼロテ派が現れる。西欧文明との関連でいえば、西欧化を主張する西欧派が前者、土着を主張するのが後者であり、前者の立場に立てば西欧文明に対立ないし挑戦するより、率先して摂取する努力を行うこととなる。(7) 日本はいわば先進西欧文明の挑戦を受けたことになり、結果としてゼロテ派が優勢となった結果、近代化への道を歩み始めたものと考えられる。なぜ日本はそうしたのであろうか。それは日本社会内部の反対勢力は弱体であり、強力な西欧の挑戦を退けるだけの根拠も力も存在しなかったからだと考えられる。

そうすると、科学技術の歴史を見れば、一九世紀の多くの欧米社会がイギリスに挑戦したことは理解できるが、日本をはじめとする非西欧社会はイギリスをはじめとする欧米社会に挑戦するには余りにも力不足であった。非欧米社会が欧米社会に挑戦して勝利を収めるには、歴史的に何百年もの準備期間を経て生まれた科学を理解し、科学技術文明を自らもある程度創出でき、西欧社会と対等に戦える潜在力があるとの確信を持てなければならない。そのことの意味は「科学による世界制覇」(8) によって明確となる。

それはどのような条件があれば生まれるのであろうか。その点は重要な点にもかかわらず、先進文明を摂取する側の問題としてほとんど議論されていない。その意味で、日本をはじめアジア諸国の工業化は大陸やアメリカからの「挑戦と応戦」の結果とみなすより、まず模倣し、摂取し、量的・形式的に受容することを通じて、とりあえずキャッチアップすることで獲得すべきものであった。こうして欧米と非欧米ではまったく異なる発展方式を生み出した。後者は量的・形式的にキャッチアップすることで自立する力を蓄えることができるとみなし、結果的に欧米と同じ土俵で戦う条件が整い、挑戦できるとの考え方が通例となってしまった。日本でさえ明治以後一四〇年程度しか経過していないため、今後五〇年、一〇〇年後には非西欧社会で西欧からの挑戦に応戦し、欧米を圧倒できるだけの成果を達成できるはずと考えるとすれば、いったい、いつ、どのような条件が整備されればそれが可能になるのかが明らかにされなければならない。

「挑戦と応戦」という観点から成功した事例を理解するには、ドイツを見るのが最も適切であろう。イギリスはその圧倒的に優れた技術に基づく産業革命の結果、大量生産とそれに基礎を置く大量輸出を可能にした。その影響を受けたために国内産業が大きな打撃を受け、危機的状況に陥った、最初の国がドイツであった。一九世紀後半から二〇世紀初頭にかけてのドイツは資本力も技術力も熟練労働者や起業家も欠如し、とうていイギリスに応戦するだけの力はなかった。ドイツは当初、多くの技術や技術者、企業家をイギリスから導入すると同時に、産業革命を開始するために鉄道建設をはじめ、紡績機の導入を図って綿業を発達させた。そこで、ドイツはカメラリストと呼ばれる人々が国内にいた職人技術を再編成して、近代化に対峙しようとした。しかし、ドイツが自立した経済システムを構築し、高い潜在能力を発揮してイギリスに応戦するだけの技術力や資本力を保有するには、イギリスの産業革命の開始から七〇~八〇年遅れの一八五〇年代まで待たねばならなかった。それでも後発国ドイツはイギリスへのキャッチアップを実現し、さらに技術的には追い越してしまった。それはまさにドイツの技術力によるものであり、それこそは真のキャッチアップであった。

アジア諸国の間にはさまざまな経済格差がある。その原因は経済的要因によって一応の説明は可能であるが、長期的発展にはさまざまな非経済的要因が関わってくるため、経済的要因だけで証明することは短期的な側面だけに注目することになる。たとえば、経済学者はそれを経済的要因によって主として現状を説明するが、その場合でも、説明方法は決して一様ではない。

欧米の歴史を見ると、産業革命以後一〇〇年も二〇〇年もかけて、独創的な技術を生み出し、それによって多くの優れた財貨や生産手段を生み出してきたことがわかる。こうして、欧米先進諸国は相互に競争や協力を通じて、高い技術力を生みだし、身近で新規の財貨・サービスを始め、紡績機、蒸気船、化学繊維、電気、電話、列車、自動車、飛行機、テレビ、最近では電子機器やコンピュータ、スマホ、などの高度で独創的な技術を次々と生み出してきた。これらはまさに創造的イノベーション（技術革新）そのものであり、それが生産の拡大に寄与してきた。

要するに、技術革新がなければ、経済は長期・持続的には成長しない、ことを示してきたのは欧米の産業革命以後の経済発展過程である。欧米の産業革命以後の生産方式は資本主義経済システムである。それはイギリスを中心とした西欧社会が産業革命以後徐々に完成させた生産方式であり、一つの経済発展モデルと呼ぶことができる。このモデルの出発点は、たとえばD・S・ランデスが指摘したように、「一連の発明の結果、綿製品の生産が一変し、工場制度という新しい生産方式が生み出された」(9)ことに見られる。欧米社会は工場制度という新たな生産方式を確立して以後、産業革命へと進んでいった。この生産方式は、その後、工業化過程として、大陸諸国やアメリカ、日本などに波及した。

産業革命の結果、何が起きたかといえば、大きく分けて、世界を豊かな社会と貧困な社会とに分裂させた。つまり、一人当たり所得で最も豊かな社会（アメリカ、カナダ及びニュージーランド）と、最も貧困な社会アフリカとの所得格差は一八二〇年には三対一であったが、一九九八年には二〇対一となり、最初のミレニアムの終わりまでに、中国とインドが豊かさを増し、技術的に進んでいた当時のヨーロッパと同じになった。一七〇〇年までに、ヨーロッパとアジアのコア地域は同様の消費水準と全体的な福祉水準に達していた。産業革命がヨーロッパで起きるまでは一人当たり所得格差は国際間でほとんど無かったが、産業革命が起きて、経済が成長すると、中国とインドのそれをはるかに追い越す結果となった[10]、と。

2 工業化の波及と産業革命

主として一八世紀後半以後のイギリスの産業革命をきっかけに、工業化が大陸諸国へと波及し、それぞれの国で産業革命を引き起こした。そのことについてはすでにランデスの前記文献をはじめ、多くの文献が明らかにしている。そこで、この問題を、主として本書の目的と問題意識に基づいて、考えてみたい。

まず今日の経済発展メカニズムは工業化を中心とした資本主義経済システムと呼ばれるが、それはイギリスを中心とした西欧社会が、主として一八世紀の産業革命開始以後、徐々に完成させた経済システムである。産業革命の間に、他の工業部門でも進歩が達成され、それら進歩は互いに相乗効果を及ぼし合って、広範囲にわたって一層大きな成果を生んでいった。これが資本主義システムの始まりである。そこでは、ランデスが指摘するように、新たな機械などの発明、無制限な新規エネルギー、そして新たな鉱物性原料の利用を可能にした発明などが生まれ、それら発明によって比類なく生産力が高まり、一人当たり所得を高めることとなり、産業革命が達成された。産業革命は経済活動の機会を増大させ、その成果を最終的に消費する人口増加を生み、経済も知識も急速に拡大し、投資と技術革新を生み出し、国民内部の、また諸国民間・諸文明間の政治勢力のバランスを変化させ、社会的秩序を根底から覆し、人々の行動様式や思考様式を大きく変えていった。

産業革命を、何をもって、いつ、始まりとし、どこをもって終わりとするか、などについて必ずしも一致した見方は存在しないが、それがどうであれ、西欧経済の近代化過程そのものを表すことは間違いない。近代化過程は一言では表現できない。そこで、ややおおざっぱに言えば、近代化過程とは西欧社会が中世から近世を経て、やがて社会のあらゆる面でそれ以前とは質的に大きく異なる社会を構築していった歴史的過程を指す。社会学者の富永健一によれば、まず「近代化とは近代的になること」であり、それには経済をはじめ政治、社会および心理の側面が含まれる。近代的な技術や経済が近代化の重要な部分だとみなし、近代化は産業化を一部含む総括概念として定義される。だが、それとは違って、近代化はさまざまな近代化と産業化をいずれも部分概念として相互に補集合の関係に立つものとして定義するものもあるが、富永は前者の定義の方が常識的な用語法に近いとして、それを採用する。(11) それでは、近代以前と近代以後で質的に異なるとすれば、それは何に基づくのであろうか。そこでは単に量的に異なるということはありえない。なぜなら量は連続的変化であるが、質的な変化は断絶的な変化を生むはずだからである。そう考えると、質的変化をもたらしたのは、科学であり科学的精神・科学技術である。もしそうなら、それこそが近代化を演出した西欧社会とそれができなかった非西欧社会とを分ける核心部分となる。K・メンデルスゾーンは、「どんな考えも…それらは人間の心の中で生まれ発展し、人間の心は環境によって左右される。発見者の人格のかなたに彼が生まれ育った世界があり、彼の脳が考え出すことはどんなものも、この世界によって作られ磨き上げられたものだろう。人間とその人格は、彼が提出する新しい思想の必須の部分を形成する。科学は西洋文明の本質的な要素であり、西洋文明と他の文明とを分けるものである」(12)と述べている。まさにその通りであろう。そうであるとすれば、それは個人主義の社会でなければ、あり得ないともいえる。したがって、科学と個人主義とは同時並行的に進んできたともいえよう。そうだとすれば、科学と近代化とは無関係ではない。

さて、富永の指摘に従って、ここでも技術と経済、政治、社会および文化の四つの近代化をもって近代化とみなしたい。それら四つの近代化は相互に無関係なものとして実現したのではなく、時間経過の中で相互に有機的関連性を持ちながら実現したため、長期間を要し、その過程は革命的な変動を社会ばかりか政治や文化にさえ、及ぼしたと考えられる。つまり、近代化を四つに分類するという形式的なタテの関係だけではなく、ヨコの相互依存関係を同時に考察しなければ現実性を持つ定義とはいえないが、一般化している分類の多くにはタテの関係だけが指摘され、ヨコの関係は軽視されがちである。歴史を見る場合、近代化の過程はヨコの関係こそが重要であるにもかかわらず、それがしばしば軽視されるため、非西欧社会は近代化といえば経済だけの近代化と勘違いし、経済と密接に関わる非経済分野は経済の近代化（経済発展とか工業化）に関わる部分に限定される傾向がある。西欧社会はやや偶然、近代化過程が開始する段階で経済の近代化の重要性に気づき、それまでに発展していた非経済分野の中で、経済発展に役立つ要素を動員することで、経済発展を推進し、さらに経済が発展するにつれて必要な非経済的要因の発展（つまりヨコの近代化）を誘発しながら、さらに経済発展を生み出し、それらが相互依存的かつ有機的関連性を持ちながら、総合的に発展した過程こそが西欧の近代化過程と考えられる。そのことは近代社会がそれ以前と以後とを科学によって区別するとすれば、メンデルスゾーンが五〇〇年前に科学を発見し、それが西洋社会による世界制覇を開始した、とする指摘は重要な意味を持つ。

そう考えれば、近代化も産業革命もいつ開始したのか、についての定説は存在しえない。産業革命は一般に一八世紀後半に開始したといわれるが、その始まりの時期については諸説ある。ごく一般的には、技術革新の最初であるジョン＝ケイの飛び梭の発明（一七三〇年代）もあるが、一七六〇年代のハーグリーブスやアークライトの紡績機やワットの蒸気機関などに注目する専門家もいる。(13) さらに、一七八〇年代に工業生産が飛躍的に増大した時期であるため、これを産業革命の開始期とみなす立場もある。(14) 中には、産業革命が真に勢いづくのは一八三〇年ごろだとする見方さえある。(15) さらに、軽工業での機械の出現と石炭エネルギーの開始をもって第一次産業革命とし、重化学工業の成立と石油エネルギーへの転換を図った一九世紀末から二〇世紀初めを第二次産業革命期とする考え方が一般化している。やや極端な表現を許されるなら、歴史の連続性の立場に立てば、イギリスの産業革命で特別な役割を果たした蒸気はそれ以前のはるか昔にさかのぼることもできる。そうだとすれば産業革命もずっと昔にさかのぼることができるのかもしれない。しかし、筆者の見方では、産業革命が科学技術に基づくとすれば、科学革命以前にさかのぼる見方は、妥当とは思えない。

このような産業革命がなぜイギリスで最初に起きたのか、産業革命の原因は何か、などに関してはすでに研究し尽くされており、ここで詳しく考察することは本稿の趣旨から見て必ずしも適切ではないため、産業革命が発生した最大の要因である技術革新に注目するにとどめよう。技術革新に注目すると、その起源は中世、あるいは古代にまでさかのぼることが可能である。しかし、ここでは産業革命に直接つながる技術について考えれば、一般には一八世紀後半のイギリスで、紡績機と蒸気機関の改良に端を発した一連の生産技術の革新が、半世紀ほどの間に、たちまちあらゆる産業分野に波及して、現代工業の基礎的形態たる工場制生産を支配的なものに確立せしめた点が重要である。イギリスでは、この生産技術の飛躍的進歩を基礎として、その後一九世紀後半まで産業的発展期を迎えた点を指摘すれば十分であろう(16)。

このように、一八世紀後半に開始する、技術を基礎とした経済の飛躍的発展をイギリスの産業革命だとすれば、それは経済の近代化を意味するものであり、そこで近代資本主義経済システムが成立した。だが、経済の近代化をもって、近代化そのものを意味するわけではない。

ここで、産業革命と近代化とか近代性との関連性に触れておきたい。近代化とか近代性という言葉はそれほど厳密に定義されていない。たとえば、この点について検討を加えたC・E・ブラックによれば、近代化の開始は一五〇〇年ごろであり、技術的・政治的・経済的・社会的発展の最も進んだ諸国に共通した特性を表すという[17]。

ブラックは、近代化とは最近一〇〇年間に知識が爆発的に増大した結果、長期にわたり革新過程が生じ、それが動態的な形をとった、その形態をいう、と指摘し、さらに政治学者はこれを工業化に伴う政治的・社会的変動に限定するが、この過程の現れる複雑さを把握するには、全包括的な定義の方がはるかに妥当であるとみなしている[18]。これらの点を考慮すると、産業革命は近代化の一部を占めるものであり、かつブラックが指摘する知識革命の結果でもあるといえよう。なぜなら、それ以前の知識革命、すなわち知的領域における、複雑な環境に対する理解と、その環境をコントロールする力の増加こそが、近代の変動過程で重要な役割を果たしているからである。

その近代的知識の起源は、ギリシャやアラビアに求めることもできるが、持続的な創造的活動が多くの領域で開始したのは一二世紀のルネッサンス期であり、そこから宗教改革期、啓蒙時代、などを経て、発展してきたヨーロッパ社会の連続的で漸進的な歴史過程とみなす方がより一般的といえよう。

3 資本主義の起源と生成：シュンペーターとウエーバー

産業革命の中で誕生した近代的な生産システムは資本主義経済システムであり、それは当初、西欧社会（特にイギリス）で、絶対王政の時代（一六世紀から一七世紀にかけて）の工場制手工業の形成という形で生まれ、産業革命によって成立した。換言すれば、それは後に見るように、一般に近代化の歴史的過程の中で生まれ、成立したと考えられる。

近代化はこのように幅広くかつ長期にわたる歴史過程の中から生まれ、形成された。近代化の中で重要な部分を占める技術と経済の近代化は、具体的には工業化とか資本主義経済システムとして現れる。資本主義については、それを連続的な歴史過程と見るか、非連続的過程としてみるかで、主要な二つの見方が存在する。たとえば、シュンペーターは前者の代表であり、ウエーバーは後者の代表といえよう。玉野井芳郎によれば、シュンペーターは資本主義の生成過程を以下のように見ている(19)。シュンペーターの資本主義観では資本主義経済を連続的過程とみなすのは、有名な創造的革新の過程の提唱者として知られるだけに、意外であるが、彼はその創造的革新でさえ突然現れるというより、小さな作用とできごとの堆積の上に次第に蓄積されて初めて現れるものとみなす。彼にとって、変動の多くは明確な時代区分がほとんど意味を持たないほど、小刻みな歩調で現れる。つまり、新たな事柄や終局的成功などは決定的な最初の一歩も、よく見ると、それ自体取るに足りない場合が多く、技術も社会制度や経済も飛躍的な変化はその変化を導く発展を顧慮することなくしては理解されない。資本主義の起源についても、その萌芽的形態である市場経済の発生も、一〇世紀にさえ見いだされる。また企業家にしても、近代以前に活躍した商業タイプの企業者が徐々に工業タイプの企業者へと変化したのであって、そこには連続性を持った歴史過程として説明できるとみなされる。それが次第に力を得て、重要性を高め、結果として近代社会を築き上げていったということである。そう考えれば、企業者はいかにして生まれるか、などと考える必要はないとの結論に至る。

承知の通り、ウエーバーの見方はこれとはかなり異なる。彼は企業者にしても資本主義にしても、その文化的契機として「プロテスタンティズムの倫理」に注目する。特に、資本主義の起源については、さまざまな見方があるが、ウエーバーの場合、プロテスタントという特別な文化的契機の理解を通じて生まれる「資本主義の精神」が特別な意味を持つことはよく知られている。[20]ウエーバーによれば、この「プロテスタンティズムの倫理」から生まれた資本主義の精神こそが一〇世紀にも見られた資本主義と近代資本主義とを決定的に区別するものだからである。それはシュンペーターでは無視されるが、ウエーバーでは特別な意味を持つものであって、単に営利欲とか利潤追求の精神ではない。ウエーバーにとって近代資本主義社会を形成していったエートスは資本主義の精神であり、それゆえ重要なのはその精神の担い手である人間である。それは産業的中産者層をはじめ、資本家や労働者などの社会的主体であり、彼らがそのエートスを体現することで、企業者となる。彼らは営利だけを追求する資本主義とは関係がない。営利追求だけならどこにでも、いつの時代にもあった。彼らの利潤の追求は主として完全に非合理的かつ投機的であり、さらには戦争などの暴力的行為による強奪など、さまざまな動機や条件下で実現したものである。これに対し、ウエーバーが考える資本主義の精神を体現した企業家は、特別な社会でしか生まれないものであり、彼らは自由な労働の合理的で資本主義的な組織の創造者として現れる。

そこで、ウエーバーの資本主義の精神に基づく経済行為は、資本主義的経済行為となる。「それは交換の可能性を利用し尽くすことで利潤の獲得を期待する、そうしたところに成立する平和な営利の可能性の上に成立する経済行為である」[21]。

その行為はプロテスタンティズムの倫理に基づいて生まれるが、元来プロテスタンティズム、とりわけその中のカルヴァン主義は最も禁欲的で、金儲けには否定的な宗教である。それにもかかわらず、結果としてプロテスタンティズムの倫理が利潤極大化を追求するはずの資本主義の精神を生み出した。ここでいう資本主義の精神とは、勤勉と節欲と正直、規律などの徳目により形成される倫理的な生活態度、倫理的な生活原則として合法的営利を追求する態度のことである。そこでは、プロテスタンティズムの倫理に基づく利潤の獲得もその追求を第一義と見るのではなく、禁欲的な行動を通じて天職（Beruf calling）とみなす仕事に勤勉に励んだ結果、利潤を獲得するとみなされ、その行為はいい生産物（財貨やサービス）を提供したことで隣人愛を実践した結果だとして肯定される。つまり、利潤は追求する目的ではなく、結果にすぎない。

ウエーバーに従えば、このように西欧でのみ生まれた資本主義の精神こそが近代資本主義を西欧でのみ生み出す原因となった。その資本主義は「自由な労働の合理的組織を持つ市民的な経営資本主義」のことである。ウエーバーによれば、近代資本主義はプロテスタンティズムの倫理を強く持つ西欧の一部でしか生まれなかった。なぜならプロテスタント（ルターの宗教改革運動を始めとして、カトリック教会から分離し、特に、広義の福音主義を理念とするキリスト教主教派を指す）、中でもウエーバーが問題にするのはスイスにいたフランス人亡命者カルヴァンが提唱し、後に一部の欧米地域に普及していった、禁欲的なカルヴァン主義である。プロテスタントには諸教派があり、最初期にはアナバプティスト（再洗礼派）、ルター派、カルヴァン派、ツウィングリ派、などは相互に影響し合いながらもまったく独立に成立した。ウエーバーが重視するのはカルヴァン派の提唱者カルヴァンである。[22] カルヴァンの名声によって、改革派教会の教理はカルヴァン主義と呼ばれるようになり、スイスからフランス、オランダ、イギリス、アメリカに広がった。カルヴァン主義が当時の西欧先進地域に広がり、カルヴァン派の人たちがイギリスのピューリタン革命、オランダの独立戦争を担ったことはよく知られている。

このように、ウエーバーの資本主義はシュンペーターのそれとは異なって、禁欲的なプロテスタンティズムという特別の宗教に起源をもって初めて成立する経済システムであるがゆえに、非連続的な歴史的過程として描かれる。シュンペーターは近代以前の資本主義と近代以後の資本主義とをまったく区別しない。それではウエーバーの資本主義は連続的な歴史過程とは無関係かといえば、そうともいえまい。なぜならプロテスタントといえども、キリスト教の一派にすぎず、カルヴァン派もキリスト教の歴史的過程から誕生したからである。そればかりか、これまでの研究から明らかにされているように、主としてドイツを対象にするか、イギリスを対象にするか、においても大きな相違が指摘される。資本主義的近代化の始発的条件には封建社会の解体と近代的ブルジョア社会の生成が必要であり、それには領主制の解体や市場経済の発展に連れ、都市と農村の貨幣財産の蓄積が必要なことなど、多くの要因が関わるが、中でも封建社会の担い手である農民の都市への参入を通じて労働者として工業化の開始に参加するという事実が重要である。イギリスでも、マルクスが指摘したように土地囲い込み運動の結果、プロレタリア階級が生み出され、それが資本の蓄積に先立って資本それ自身が発生するという歴史的過程、すなわち本源的蓄積過程が生じた。(23) このようにして資本主義の生成過程では歴史の連続的な側面を無視することはできないことも事実である。

こうしてみると、西欧で生まれた資本主義経済システムや工業化を受容し、移植する以外に方法がない、一九世紀以後のロシア、アメリカ、そして日本、さらに今日のアジア諸国の後進資本主義国を歴史過程の中で、どう位置付けるかが問題となる。いずれにせよ、西欧と非西欧、特にアジア諸国との歴史過程の決定的相違は何を意味するか、そしてそこから何を教訓にすべきか、を以下において考察しよう。

2 近代経済成長と技術革新

1 クズネッツの近代経済成長

サイモン・クズネッツはほぼ西欧の産業革命とその後の歴史的発展過程に合致する状況を近代経済成長として定式化した。クズネッツの近代経済成長（ＭＥＧ）の概念も近代という概念をどう見るかで、連続的ともいえるし、非連続的ともいえよう。クズネッツがいう近代経済成長とは、イギリスの産業革命以後の西欧の経済成長を指すが、それは基本的に工業化の発展過程であり、その中心は製造業である。クズネッツは先進一三カ国経済の一六〇年間程度（国による相違はある）を対象にした経済成長を分析した結果、主役は工業部門の伸びであり、それは約六〇%強を占めるが、そのうち全体の三分の一を占めるのが製造業の伸びであることを指摘した。クズネッツによれば、MEGの推進力は基本的なレベルでは「人間の経済力に対する供給拡大への欲求」と規定され、それには生産性を高める必要がある。そのため、社会的に受容可能な手段の利用可能性が決定的に重要な要因とみなされる。かくして、MEGにおいては、有益な知識を探究する科学と新知識に関連した技術の役割が重視される。クズネッツによれば、MEGの際立った特徴は人口の高い増加率と人口一人当たり生産物の高い増加率とが結びついていることであり、その結果は総生産物の高い増加率となる。(24)

要するに、MEGの過程では技術革新の結果、要素投入を上回る生産性が上昇したことを意味する。MEGの開始期間で、最も早いのはイギリスでほぼ一七八〇年頃を出発点（ただし統計は一七〇〇年からとっている）とする。遅いのはアメリカの一八三九年から日本一八七九～八一年、スイス一八九〇～九九年、オランダ一九〇〇～〇四年などである。いずれにせよ、クズネッツが対象とする期間はほぼそれぞれの国の産業革命の開始時期ないしは後に見るように、ロストウの離陸期に近い。

クズネッツは経済成長が社会と密接に結び付いた歴史過程とみなしており、経済成長は社会のさまざまな階層に多様かつ複雑な影響を及ぼすと考える。要するに、MEGは西欧近代化の過程そのものであり、そこでは生産力の革命的な変化を伴うため、人々の価値観、態度、法制度、国家の在り方など、あらゆる非経済的側面に密接にかかわると同時に、循環的で累積的な因果関係を通じて、それらの発展と変動を引き起こす。

クズネッツの分析は欧米を対象とした経済分析を中心としており、量的な分析に基づいている限り、それは連続的な経済発展といえる。だが、そのような現象が起きた原因は各部門の所得の弾力性に相違があるからで、それを一層促進させた要因は技術革新であるという。技術革新をどう見るかが重要であるが、シュンペーター的な見方に基づけば、基本的にはやはり連続的とみていいであろう。

クズネッツの経済成長論で重要な概念に経済的エポックがある。それは近代の経済成長がそれ以前とは質的に異なるとみなす、クズネッツの認識の出発点でもある。彼は西欧の一一～一五世紀における中世都市経済や一五～一八世紀には商業資本主義といった経済的エポックが存在したとみなす。それはまたエポック的革新によって特徴づけられる。クズネッツによれば、エポック的革新とは、「それに統一性を与え、それ以前とそれ以後のエポックからそれを区別するような特徴をもった比較的長い期間（優に一世紀をこえる）のことであり、近代というエポックでの経済成長がMEGである。

2 近代経済成長とエポック的革新

近代経済成長の最大の特徴は近代科学技術の広範囲な経済・社会への適用であり、科学的エポックとも呼ばれる。それは持続的成長の潜在力となる人間知識のストックの大規模な増大を意味するため、それを開発し、利用するには人間社会のエネルギーを吸収し、経済史で一つのエポックを形成するほど長期間にわたって。人間社会の発展を支配する。クズネッツはここの特有の概念に関連して、次の点を指摘している。エポック的革新は一つのエポックを通じて一貫して作用すること、その中には主として技術的なものもあり、それによって与えられる成長の潜在力を引き出すには、たとえば人々を経済活動に共同で参加させる仕組みの変革など、多くの社会的発明が必要なこと、一つのエポックにおいて秩序だって形成される成長パターンはすべて技術的変化と社会的変化との間の相互関連性が必要なこと、膨大な知識の利用のため、社会に長期にわたる習得過程が必要なこと、人間行動を支配する観念体系の変化が生じること、などがそれである。これらのことから、クズネッツは経済的エポックとエポック的革新とに関連して、技術的変化、社会的変化、精神的変化の間の相互関連性の存在を強調し、近代の経済的エポックと結びついた普遍的な観念として、世俗主義、平等主義およびナショナリズムを強調している。

要するに、クズネッツによれば、経済成長は社会と密接に結び付いた過程であり、それは社会の種々の階層にさまざまな形で影響を及ぼす。MEGは生産力の革命的な変化を伴うため、人々の価値観、態度、法・制度および国家のあり方などに大きな影響力を持つ。こうした見方は、経済成長過程を経済要因だけに限定して考えていないことを意味する。経済的非理論的要因があいまって、MEGを促進しており、中でも、そこで中核をなす要因は技術革新である。彼はまた経済成長との関連で、主として以下のような分析結果を示している。(25)

①技術革新はＭＥＧでの生産物と生産力の増大における中核的要素であり、労働や生活条件の重要な転換を誘発すること、②それらの誘発は新たな技術が効果的に機能するよう仕向けるためであり、それらの転換が生産を支配したが、それは初期の諸制度上の組織的な変化を意味した。その結果、積極的な参加者たちの労働条件の変化が生活条件の変化の決定的な要因であった。③大幅な経済的ショックを伴うような技術革新には半世紀ほどの長期のライフサイクルに及ぶ一連の局面を伴うが、それには新たな技術的可能性を知覚してから大量生産へと進むまでに時間がかかり、経済的・社会的変動を伴う。④主要な技術革新でさえ群起して、技術革新とそれへの社会的・制度的調整に関わる変動を引き起こすため、一連の別々の局面を長引かせ、一層複雑化させる。⑤技術革新の焦点は経済部門から他のそれへと移動し、新たな部門を生み出す。⑥労働と生活条件の必要な変革と従来からの経済的投入量の結合、ならびに従来からの産出量と技術革新の誘発された経済成長による新規の副産物との結合のために純粋な技術革新と経済成長に対する貢献を量的に測定する適切な尺度として全要素生産性は技術的変化を反映するとしても、従来の投入・産出面に限定されているなどの欠陥があること。⑦技術に誘発された経済成長はさらに技術革新を誘発するが、技術革新はさまざまな面でさらなる技術革新を生むために貢献する。

要するに、一つの創造的な技術革新がそれにかかわる多くの技術革新を、国内ばかりか国際社会でも、次々と誘発するという因果の連関過程を引き起こすということである。これをミュルダール風に、「技術革新の循環的・累積的因果関係」と呼ぶなら、これこそが西欧の近代化過程の一つの重要な特

徴とみなしていいのではないだろうか。(26)

3 西欧の経済発展と工業化

1 西欧の経済発展パターンの波及と「工業化モデル」

本稿における、最終的かつ最大の関心は、日本を中心にした非西欧社会が経済を中心に、政治的にも社会的にも長期持続的に発展し、西欧社会に真に追いつくことができるか、という観点に立って、日本の長期経済発展の可能性を検討することである。クズネッツの用語を使えば、日本をはじめとするアジア諸国も近代経済成長を通じて西欧水準に追いつくことはできるか、それにはいかなる条件や方法が考えられるかを知るために、西欧の歴史的過程を知る必要があると考える。

それには西欧の経済の近代化、その出発点としてのイギリスの産業革命をはじめとした西欧の工業化過程をどう見るかが重要であろう。すでにみたように、イギリスで開始した産業革命は、単純化すれば一般にはまず木綿工業分野での機械の発明、蒸気機関の出現、それに必要な石炭の活用などに基づく生産技術の革新とエネルギーの変革という革命的な変化を意味している。その後、技術革新は機械工業をはじめ鉄鋼業、石炭産業などの重工業へと波及し、鉄道や汽船などの交通面での変革を生んだ。しかも、それは単に経済的・技術的側面にとどまらず、人口増加をはじめ新しい市場の創出、新しい商業手段の開発、人々の生活の変化に合わせて、伝統的な社会がもつさまざまな規制や古い観念を打ち破り、変化と発展への意識を生み出すなど、激しい社会・心理的変動を長期にわたって引き起こし、経済発展に適合的な銀行制度などの諸制度が生み出され、人々の意識を変えていった。さまざまな意見があるとはいえ、こうした一連の変革を産業革命と言う言葉で表現するが、それだけで十分とはいえないほどの、幅広い革命的な変革といえよう。要するに、西欧の革命的変革は経済に限定されるものではないということである。

その後、イギリスで開始した工業化ないし資本主義的経済発展システムは、長い時間をかけて西欧を中心に多くの国や地域に波及していった。フィリス・ディーンが指摘するように、イギリスの産業革命は民間による自発性によって実現したが、ほとんどのその後の波及国では政府の助力無くしては起きなかった。[27] 後に見るように、この点の指摘はきわめて重要である。なぜなら、波及した国の多くで、いまなお政府の役割は決定的に必要かつ重要だからである。

それでは、いかなる国や地域に波及したのかといえば、それは多岐・多様な国と地域に及ぶが、その原因として考えられるのはまず経済システム、特にその核心をなす技術革新が一定の普遍性を持っていたことだ、と考えられる。主としてこの普遍的な技術革新に基づく資本主義経済システムをイギリス型経済システム（BES）と呼ぶなら、BESの波及の仕方には2種類があった。一つはフランス、ドイツ、ルクセンブルグ、スイス、などの西欧諸国やアメリカを中心としたもの（これを欧米社会とする）であり、もう一つはヨーロッパでいえば南欧、東欧、それに日本など、西欧以外の国々（いわば非西欧社会）への波及である。むろん、非西欧社会は多様であり、それらをひとくくりにすることは正しいとはいえない。厳密にいえば、非西欧社会は南欧や東欧はある程度キリスト教文化を持つという点で西欧社会とは同質的であり、類似性を持つが、それでも、たとえばローマ・カトリック教会の腐敗をただすために始めたマルチン・ルターによる宗教改革の経験を持つプロテスタントとその総本山であるバチカンですら腐敗がささやかれるカトリックとの相違は決して小さくない。要するに、筆者が次章で示すように、西欧科学技術文明（これは多くの国にとって、いまや与件ないし供給要因）には多くの普遍性があるとはいえ、重要なのはそれを受容する社会の需要要因（特に政府の役割をはじめ、伝統的価値観や教育熱心なこと、など）との調和ないし一致点を見出すことが決定的に重要だということである。これらの点は筆者の考え方の基礎をなすものであり、本書の構成に重要な意味を持つため、その詳細については、後ほど詳しく説明し、検討したい。

要するに、西欧社会と非西欧社会とでは、伝統も文化も大きく異なることを認識する必要がある。そこで、必要に応じて西欧と南欧、東欧とを区別するとして、ここではとりあえず、西欧とそれとはまったく異質の非西欧社会、ここでは基本的に日本を中心としたアジア諸国への波及について考えたい。なぜ欧米社会と非欧米社会とを区別するのかといえば、第一に科学技術をはじめ、多くの近代的な要素を創造した社会とそれを模倣するしかない社会との区別の必要性であり、もう一つは波及の仕方や工業化過程に決定的な相違があるからである。その後の歴史を見ればわかるように、単に、普遍的だからどの国にも簡単に波及するというわけではないことは、多くの学問分野で検討されてきた(28)。

工業化の仕方とかBESにある程度の普遍性があるという指摘はきわめて重要である。フィリス・ディーンは、産業革命または工業化には相互に関連する要因が含まれると指摘することで、その普遍的性格を以下のように要約している。(29)

①市場向けの生産過程への近代科学と経験的知識の広汎な適用、②自家消費あるいは地方的使用のためよりは、むしろ、全国的かつ国際市場のための生産に向かって方向づけられた経済活動の専門家、③農村共同体から都市社会への人口の移動、④家族あるいは部族に基礎を置く度合いが減じ、協同のあるいは公的な企業に基礎を置く度合いが増してくることになる、典型的な生産単位の拡大と非人格化、⑤一次産品の生産にかかわっていた諸活動から製造品およびサーヴィスの生産への労働の移動、⑥人力にとって代わり、またそれを補充する資本蓄積の集約的かつ広汎な使用、⑦土地以外の生産手段、すなわち資本の所有、あるいはそれに対する関係によって決定される、新しい社会階級および職業階級の出現、がそれである。フィリス・ディーンが指摘するように、これらが相互に関連する変化が同時かつ十分な程度に発展することで産業革命が実現するとすれば、それは後発のすべての国にとって追求すべき一つのモデルともいえるのではないか、と考える。またそれは西欧の経済的近代化を考えるうえでも重要である。そうだとすれば、それは「西欧工業化モデル」(非西欧の波及社会にとっては、供給要因)ということができよう。これは西欧以外の社会の工業化問題を考える場合、きわめて重要であるので、後にもっと詳しく検討したい。

2 西欧の経済発展過程と「工業化モデル」

ところで、この「西欧工業化モデル（WIモデル）」の大陸への波及が西欧の産業革命を引き起こしたが、それはどこに、いかなる形で波及したのであろうか。波及した国は上述のように、まずイギリスの近隣諸国である大陸諸国であるが、大陸諸国の中でも限られた国々である。しかも波及が決して早くはなかったことは、ロストウのいう離陸期の規定を見ればわかる。[30] ロストウによれば、最も早期に離陸したのはフランスで、イギリスの産業革命が起きてからおよそ五〇年が経過した一八三〇年であった。次いで、ベルギーがそれより三年遅れ（一八三三年）、続くアメリカはさらにそれより一〇年遅れ（一八四三年）、以下ドイツがアメリカより遅れること七年（一八五〇年）、スウェーデン一八六八年、日本一八七八年、などとなっている。波及した国ですらこうしたタイムラグが存在するのはなぜかを問うべきであるが、波及しなかった国はなぜかもさらに問われるべきであろう。だが、いまはその点は触れないことにしたい。波及した社会の間にもそれぞれの事情があるが、それは一つには筆者の見解としては、その国が持つ多様な社会的能力の相違が重要だと考えるが、ロストウがいう「離陸への先行条件」の相違の中にそれを見出すこともできよう。たとえば、一六世紀と一七世紀にかけて起きた絶え間ない宗教戦争や局地的混乱がイタリアとドイツを後進国に転化させ、相互に敵対する小国に分裂させたのもその一つである。[31]

ここでは先行条件の創出に関する若干の点に触れたい。ロストウによれば、離陸するために必要な先行条件を作り出すうえで、確立している伝統的社会の中で根本的な変化を引き起こす必要がある。

それには国によってさまざまな側面が関わる。特に、その一つは生産技術をはじめ社会構造や政治組織などすべてにわたって作り変える必要があることである。そのことは、裏返せば、生産技術、社会構造、および政治組織の再構成が不要な国には先行条件を作り出すことが容易だということでもある。それはアメリカ、オーストラリア、ニュージーランドおよびカナダなど、イギリスの植民地から派生した国々では経済成長という魅力的な刺激さえ与えれば、それを拒む要素は存在しない。そのため、それらの国では、経済的要因や技術的要因だけで成長が実現できる可能性が高く、受容に当たって必要な、ある程度同質的な要因（詳しくは、第2章参照）が事前に存在したことを意味する。

それらの中には、産業革命期にはとりわけ重要な「企業者精神の供給」、すなわち企業者の移住の問題も当然含まれる。イギリス産業革命期に活躍した人々が国際的に移動したところでは科学技術の導入に成功した。移住した国には、当初、アメリカ、オランダ、ドイツ、フランス、スウェーデン、その後スペイン、イタリア、ロシアなどが入る。企業者の移住は機械と同時に、歴史上のハンディキャップをも飛び越えることを可能にしたが、それがどこまで成功するかは、主として周りの社会経済事情、すなわち、それが労働、管理、資本の必要を満たすことができるかどうか、だとJ・ヒューズは指摘している(31)。そうすることで、早々とWIモデルが移転されるきっかけとなったと考えられる。これは筆者の「工業化の需給理論」の考え方にも通じるものである。

それらの国で問題になったのはほぼインフラだけであり、農業ないし商業から製造業への移行を有利にするための経済的環境さえ見つければ、すべてうまくいった。それに対し、南米諸国は持続的な経済成長を実現するには、それら諸国が出発点で持っていた伝統的なラテン・ヨーロッパと土着の伝統文化の混合を根本的に変革する必要があった。スカンジナビア諸国の場合、特にスウェーデンは、イギリスに若干類似しており、ヨーロッパの他の国ほど厳しい問題には直面しなかった。

こうして離陸したヨーロッパ諸国における初期の、本質的な特徴として、ロストウは以下のように指摘している(32)。一つに新地域の発見、近代的な科学的知識・科学的態度の発展、食糧と繊維の貿易拡大(これらはロストウによって蒸気機関や紡績機械がタテの革新に対し、ヨコの革新と呼ばれる)、第二にアシュトンが「工夫する衝動」と呼んだ科学と生産的工夫の精神、そして政治的・社会的柔軟性に欠けたフランスやオランダなどと違って、イギリスが最初の産業革命を生み出す原因の一つとなったナショナリズムによって促進された、比較的柔軟な社会構造である。

問題はイギリスとは異質の諸国の場合である。そこでは、非経済的要因が密接に関係するからである。第一にロストウが注目するのは、新しいエリートである。それは土地を基盤としたエリートから社会的・政治的権威を持つエリートへと変化する必要がある。それ以外にも、社会的、心理的変化に加えて、態度、価値観、社会構造、期待などの他に政治的動機の役割の重要性を指摘している。それらの中でさらに過渡期にはナショナリズムの重要性にも触れているが、要するに彼が重視する要因を筆者なりに解釈すれば、経済の近代化には非経済面での近代化が伴う必要性と社会が持つ社会的能力の重要性を強調しているといってよい。それが伴ってこそ、ＷＩモデルの移植が可能になるということでもあろう。

ところで、ロストウが指摘することはおおむね承認できるが、筆者の見方では、上で取り上げた諸国は概して伝統的社会に西欧文化の影響があるため、ある程度の変革によって、ＷＩモデルの受容と移植の可能性が高い場合である。これに対し、日本をはじめ、アジア諸国の場合は、歴史的に見て、西欧文化の影響が小さいかまったくないか、さらには複合的な影響を受けたケースがほとんどである。それら諸国の場合には、いわば歴史を大きく転換させる必要が出てくる。それには西欧の経験から見ても、市場のメカニズムに任せるだけでは前進は困難であるがゆえに、政府が決定的に重要な役割を果たす必要性が出てくる。事実、ロストウは西欧社会では先行条件期あるいは伝統的社会から離陸期までに、いかに多くの時間とエネルギーが必要であったかについて、アメリカの学者ローレンス・バースの所見を紹介した後、各国における才能やエネルギーがナショナリズムの諸目標の中で、国内近代化の仕事にどれだけ振り向けられるか、の程度に依存するとし、その方向付けが大部分政治指導者の役割だとみなしている。つまり、経済とその一部をなしている社会の近代化に向けて道を開き先導するという、重要な役割を政府は負うべきだと指摘している[33]。当然とはいえ、非西欧社会の開発問題を考えるうえで、重要な指摘である。

そこで、経済発展とか経済の近代化を考えるには、西欧の経験からどのように学ぶことができるかを考える必要がある。その一つとして、工業化とか産業革命、あるいは近代化が歴史上に突然現れたと解釈すべきか（断絶派）、それとも連続的な過程（漸進派）と見るべきか、という二つの見方に注目したい。なぜなら、ときに日本の近代化は西欧へのキャッチアップとみなされるが、それは単なる模倣によって伝統的社会にそれを移植しても、はたしてうまく機能するのか、という疑問が残るからである。後に見るように、模倣による量的な欧米経済水準へのキャッチップだけでは真のキャッチアップではなく、長期的に問題が生じる可能性が高いからである。

真に西欧社会にキャッチアップするには、西欧社会と同一の質的水準、つまり政治、社会、文化などの側面での発展ないし近代化を実現しない限り、自力での技術開発や持続的な経済発展に必要なアイデアや法制度などを次々と生み出すことは難しいため、長期的には成長の限界にぶつかる可能性が高い。それを回避するには単に政治や社会の変化と言った問題をはるかに超える改革や大きな変革（あるいは革命的な変革）が必要となる。だがそれは超長期的次元の問題になるか、それでも不可能かもしれない。そうだとすれば、ほぼ半永久的に模倣によるキャッチアップを繰り返す以外に方法はなく、長期停滞から自力で脱却する自己革新力を育てることは難しい。

4 産業革命の歴史的解釈

1 産業革命は漸進的過程か断絶的過程か

そこで、そうした問題を考えるうえで密接な関係を有するのは、産業革命を歴史の中で徐々にかつ発展的に現れたと見るか、それとも突然生まれたと見るか、という問題である。非西欧社会にとって、経済発展、つまり経済の近代化は突然現れる問題であり、それゆえそれが歴史を一転させる可能性がある。要するに非西欧社会にとって近代化は歴史の断絶をどう自国の歴史と接合するかという問題になる。そのことは、当然それまで続いた自国の歴史は自然に生まれ、根付いてきただけに、国による相違はあるが、強力な抵抗力として作用する可能性があり、それが近代化を阻止したり、遅れさせる力として作用する。

ヒューズは上で示した二つの立場を、前者は「漸進主義派」、後者は「断絶派」と呼んで区別した。産業革命を歴史的発展の断続的過程の中に位置づける、代表的な見方は発展段階論を提唱したロストウであり、漸進主義的過程とみなす代表にはイギリスの歴史家ヒューズをはじめアメリカの歴史家J・U・ネフなどがいる。ヒューズは断絶派の立場も無視しないとしながらも、前者の立場をとる理由として、以下の点を指摘している。その一つは、投資の準国民生産比率が一七七六年頃には五%から六%に上昇し、一八〇〇年頃にはさらに七%へと徐々に上昇し、一八五〇年頃には一〇%に達した、という研究結果である。[34]

この立場から、ヒューズは、制度的要素と技術的要素が相互に依存し合って初めて工業は発達したと考える。すなわち「産業革命の本質は、競争がそれまで富の生産と分配を統制していた中世的諸規制に取って代わったことだ」、というアーノルド・トインビーの言葉を引用した後、産業革命の前提について以下の点を指摘している。中世から産業革命に至る過程で、きわめて柔軟な市場秩序である、資本主義社会が持つ競争市場によって、中世都市の諸規制は取って代わられ、社会は趣味、生産、技術の不断の変化を伴った工業活動の、とどまることのない盛衰に自由に対応するために変化が必要であり、また労働の移動や新たな経済的、政治的諸勢力を包含すべき階級構造への不断の圧力に、自由に対応できるように変化する必要があった。そして、ヒューズは産業革命を以下の四つの部分からなる機構とみなし、それらは人口増加に直面する中で作用し、生産資源の自由市場的配分制度の枠内で機能するという。すなわち、それは、①黒死病以後に開始した農業の商業化、②蒸気力の開発が、規模の内部経済の結果、工場制度を発達させ、③立地と技術の外部経済により、都市が発展し、④需要条件の変化への労働と資本の対応により、工業の発展過程を不安定化し、それが継続的な制度的変化を生み出し、さらに工場法や自由貿易などの商業政策にも変化をもたらしたことである(35)。こうしてヒューズはこれらの点から、歴史の連続性・漸進性を強調した。

歴史過程を連続的とみなすネフも、歴史の本質的連続性を強調し、大規模な工業と技術的変化の始期を一六世紀および一七世紀までさかのぼらせ、それから一九世紀末の産業国家の究極的勝利に至る長期の過程とみなす。さらに、外国貿易の変動が産業革命の統計的解釈を主に規定するとみなすもので、P・マントゥーは、一九二〇年代の著作ですでに輸出入とイギリスの諸港を出る船舶のトン数についての統計曲線が、アメリカ独立戦争によって惹起された、一七八一年の不況に続く一八世紀の終わりにほとんど垂直に上昇することをもって、歴史の連続性の証拠とみなしている。これらの統計的事実から、イギリスの国際貿易の統計が著しい上昇傾向を示す一七八〇年代から第一次産業革命が開始したとみなす通説が生まれたというわけである(36)。

これに対し、ロストウなど、ドイツ歴史学派の流れに立つ歴史家の言説は基本的に断絶派とみなされる。産業革命に関連していえば、ロストウがイギリス経済の持続的成長の開始時期である離陸期を一七八三年から一八〇二年に設定し、近代社会の生涯における大分水嶺とみなしたことはよく知られている。(37)

上記の問題は非西欧社会が経済発展を開始する場合、漸進主義か断絶主義かでは大きく異なる。一般に、非西欧社会は突然経済発展を開始しようと考える。その意味では非西欧社会はすべてある意味で「断絶派」であるが、部分的に見れば「漸進派」でもある。ここが大きな相違点であろう。断絶派か漸進派か、という問題はイギリスの産業革命に関する限り、それほど大きな問題ではないように思われるが、非西欧社会にとっては決して無視できない、重要な観点である。その理由は上でも若干触れたが、キリスト教文化の影響や地理的に近い国や地域を除く非西欧社会にとっては、西欧社会の文明や経験を受容しようとすれば、それはすべて断絶的にならざるをえないからである。非西欧社会の離陸はロストウがいうような離陸への先行条件期の諸条件はほとんど充足されていないのが一般的であろう。たとえば、日本の江戸時代に西欧社会の先行条件を見出そうとして、教育に注目する見方もあるが、かりにそれが日本の離陸につながるとすれば、西欧からの影響が存在しない場合でも、そこからデカルトの機械論的哲学や力学の伝統が生まれるか、つまり科学が生まれるかどうかが大きな問題であり、それには多くの人が疑問を感じるのではなかろうか。その意味で、大雑把に教育というだけでは不十分であり、当時の教育がどのような内容を持っていたかを深く問うべきであろう。

西欧で発展した民主主義や法制度も同様である。なぜならそれらが西欧社会で発展したのは、一つにはそれらが歴史の発展に必要であり、長い歴史や伝統の中での苦闘の末に生まれたものだからである。技術史家のR・J・フォーブスが指摘するように、「産業革命は機械と技術の近代世界の出現を特徴とし、文明世界の社会的・経済的・政治的諸制度の広汎な変革と激動とを伴った[38]」という指摘は、まさに西欧の経済発展過程が連続的で、循環的で累積的な因果関係の発展過程を示しており、非西欧社会との決定的な相違を示す一つの重要な事例ともいえよう。

むろん、日本社会にたとえば発展や合理的・科学的精神などの考え方が生まれていれば、そうした過程の必要性があったともいえるが、それらの概念が日本で生まれる契機も可能性も、まず皆無であった[39]。

2 産業革命と民主革命

離陸への先行条件期を経て、一八～一九世紀にかけて西欧の多くの国が離陸し、産業革命を開始した。ロストウは離陸が二つの形をとったと言う。一つは最も一般的な事例で、離陸の先行条件を達成するために、政治的・社会的構造をはじめ有力な社会的価値観でさえ大きな変革が必要であったこと。もう一つはそれらの障害ではなく、土地および自然資源の開発によって達成されうる高度の福祉水準、がそれである[40]。ロストウによれば、離陸が開始するには通常「特殊な強い刺激」にその原因を見出せる。いわゆる一八四八年のドイツ革命や日本の明治維新に見られるような政治革命であり、それ

表 1-1　近代化の分野別概念と主要指標

部　門	部門別近代化の概念	具体的な代理指標
①技術と経済	近代資本主義システムの確立，産業主義の形成，近代科学技術	産業構造の高度化（工業化・サービス化），GDP，一人当たり GDP，技術革新率，労働生産性，全要素生産性（TFP），ジニ係数，都市と農村の所得格差，貧困率
②政　治	近代主権国家の成立，近代官僚制度と近代民主主義の形成，議会制民主主義制度	民主化度，政治的自由度，報道の自由度，国民の政治参加，国会議員に占める女性の割合，自由選挙
③社　会	共同体の解体と近代的な核家族化，機能集団である組織や市場の形成，近代都市の形成，封建制度や権威主義の一掃（個と公正の確立，身分階層の平等化，など）	腐敗度，様々な地域格差，男女格差，男女不平等度，女性の管理職・専門職割合，女性の議員比率，報道の自由度，ジニ係数
④心理・文化	宗教，思想，科学などでの合理主義・科学的精神の確立（精神構造の変化）	合理性または合理的精神，初等・中等教育進学率，高等教育進学率，技術革新力，特許出願（ないし取得）件数
⑤総　合	全部門に関連	近代的法制度，HDI（人間開発指数），幸福度

注）ここで「近代」とか「近代的」という名がつくのはすべて，西欧社会が近代以後生み出した概念を示している。
資料）富永健一（1995）『近代化の理論』講談社学術文庫，ほか，各種資料から筆者作成

が社会的勢力や有力な価値観のバランス、経済諸制度の性格、所得の分配、投資支出の型、潜在的技術革新が実際に採用される割合、などに直接的な影響を与える(41)。

一八世紀に開始したイギリスの産業革命以後の西欧社会の長期的な歴史過程を見ると、ここでいうロストウの離陸の定義はやや狭い感じを持つ。彼は離陸を、以下の三つの条件をすべて備えたものとして定義する。すなわち、①生産的な投資比率が五％以下から一〇％以上への上昇、②複数の製造業の高い成長率、③経済成長に漸進的性格を与える政治的・社会的・制度的枠組みの存在ないし急速な出現、がそれである(42)。だが、それらは経済成長の実現と促進に焦点を当てた分析に基づく経済的・非経済的要因の重要性を指摘するにすぎない。

本稿が目指す、西欧社会の長期持続的な成長や近代化がなぜ実現して来たか、という観点に立てば、むしろ先行条件の中身と同時に、離陸以後の政治・経済・社会の相互連関的な発展こそが問われなければならない。

それには経済的側面に限定すれば、重要なのは離陸であるが、むしろさらに重要なのは社会全体の近代化である。近代化の中には経済の近代化、つまり工業化があり、それには技術と経済発展が中心となる。しかし、この点について、ヒューズは次のように指摘している。ちょっと長いが、厳密を期すために引用しておこう。「新しい工業制度の発達がヨーロッパ諸国に与える影響は既存の社会経済的枠組に左右される。農村から都市へ、あるいは都市相互間を、労働者が自由に流動しうる場合には、新しい工業文明に合致した環境がつくりだされることになろう。新しい工業は、都市を作り出すのである。また、契約の自由、信頼に足る法律、原料や市場への近接性、友愛的で経済効率の良い累進課税政策、所得（それゆえに、市場）拡大産業の存在である。他にも挙げることができようが、こうした要素はすべて、産業革命がヨーロッパに拡大する速度の決定因子である」[43]。

もちろん、こうした決定因子が作用するには、封建制度の完全な変革が必要であり、そのためには、さまざまな紆余曲折と何十年もの時間を要したことはいうまでもない。またヒューズは、「ヨーロッパ人の生活から、中世的秩序の中心となった経済的基盤を取り払うために、一七八九年以来、四分の三世紀という期間が必要であった。…ヨーロッパの工業化にとって、極めて重要なのは、まさしくこの点、すなわち、農奴—領主関係の絆から、大半のヨーロッパ人を最終的に開放したことにある。封建的土地関係は、すべての生活慣習の基礎となっていた。農奴制が消滅した時、新しい社会構成が形成されなければならず、イギリス資本主義社会のいたる所でみられる商業主義が、その基本的モデルとなった(44)」、と述べている。

当初は産業革命との直接的関連性はなく、むしろ産業革命を遅らせる原因になったとすら考えられるフランス革命も、長期的に見れば、結果としてヨーロッパの近代化を促進し、長期発展の原動力になったともいえよう。この点について、歴史家のウイリアム・H・マクニールは以下のように記している(45)。西欧型社会がその領域を拡大し続けていくのを支え、同時にそれを促進したのは西欧文明の中心部で起きた革命的な変化、すなわち産業革命と民主革命である、としたうえで、次のようにいう。民主革命と産業革命の二つが「いずれも西欧世界の人々に、これまでに考えられなかったほどの規模で、しかもより遠く、より長時間にわたって、人間と物質を動員する力を与えた」、と。ここで民主革命の源泉はいうまでもなくフランス革命に求められるが、それ以前に「政府が持つ正当な権力は、被統治者の同意に基づき、他の何ものにも依拠しないとする原則、すなわち民主主義の概念が一七七六年にアメリカの反逆者によってイギリスの国王ジョージ三世に対して発せられ、その具体的な表れがフランス革命となって現れた。一七八九年の革命によって直ちに民主主義が成立したわけではないが、一七九九年にナポレオンがクーデタで権力を掌握し、契約の自由、民事婚と離婚の自由、法の前での平等などを定めたナポレオン法典を定めて以後、法律改革の規範となった(46)。ナポレオンが支配する地域の拡大に連れて、その支配下地域へのナポレオンの影響が拡大していった結果、民主革命が全ヨーロッパに広がった。主たるヨーロッパ諸国の生活を支配する中世的秩序の中心的基盤をなしていたのは農奴制であり、それを消滅させることで、産業革命による工業化に必要な労働移動や都市化、市場経済の支配などの諸条件が実現することになる。中世ヨーロッパでは封建的土地関係がすべての生活慣習の基礎となっていたため、それが消滅することで新たな社会構成の形成が必要であった。そこで上述のように、ナポレオンがヨーロッパの産業革命や工業化にとっても、極めて重要な役割を果たしたというわけである。それは「農奴―領主関係の絆から大半のヨーロッパ人を最終的に開放する役割を果たしたことになるからである(47)」。

このように、西欧社会が産業革命ないし工業化と民主革命という、近代化の中心的な部分を完成させるために、長い時間とさまざまな要因との関連を必要としたということであろう。その点については、マクニールの次の指摘が的を射ている。すなわち、旧体制からブルジョア体制への西欧文明の移行（これが一般に近代化）を分析する場合、社会学では、経済面、政治面、知的文化面、の三つ（社会学ではこれに狭義の社会面を加える。表1－1を参照）に分ける方法は便利だが、それはタテの関係を説明するものではあっても、ヨコの関係をあいまいにするものであり、不完全だと、筆者（マクニール）は考える。現実はそれほど単純ではない。たとえば、産業革命により大量の富の剰余が生み出され、多くの人がより多くの時間を知的、芸術的探求に費やすことができるに至った。さらに、民主革命により封建的身分制度が消滅し、各身分間にあった障壁が取り払われたことで、才能さえあれば実業、政治、芸術の分野の仕事に就くことができるようになった。こうして、政治、経済、文化の変化は相互に複雑かつ緊密に入り組んで、西欧世界が体験した三つの様相がすべて一つとなって全体を構成する。[48] 要するに、結果的にはそれぞれの分野の近代化が独立に発展したように見えたとしても、現実の歴史的過程では相互に緊密に関連しながら、相互依存と相互関連を持ちながら発展したことが明確となる。

それゆえ、マクニールが指摘するように、政治、経済、文化といった分類だけでは、それら相互の関係（ヨコの関係）は出てこないため不十分であると考える。主として一九世紀以後の西欧の近代化過程では、それ以前のさまざまな要因が相互に関連することで、経済の発展過程が生じて豊かさが先行し、それに基づき、衛生、健康、快適さの水準を引き上げ、公正や平等、自由を拡大し、それに伴った法制度や意識改革も伴う過程を生み出したのであり、それがまた経済発展を促進する源泉ともなった。要するに、古い西欧世界が近代社会へと変貌を遂げるには、どれか一つの側面だけを改革するだけでは不十分であった。相互に関連するヨコの関係という一面的な関係というより、むしろ両者が混在する、ダイナミックな循環的で累積的な因果過程であったというべきであろう。これをいま、筆者は「タテの近代化とヨコの近代化との相互依存関係」（ミュルダールの言葉を使えば、循環的・累積的因果関係）と呼ぶことにしたい。これこそが西欧社会の近代化と非西欧社会の近代化を分ける決定的な相違点である、と考える。

以上で、やや詳細に西欧社会の近代化過程─マクニールの言葉を借りれば、産業革命と民主革命─について考察した。ここで西欧社会の近代化の形成過程にこだわったのは、西欧社会と非西欧社会との間にある、大きく、かつ決定的な相違点を明確にするためである。それでは非西欧社会はこれらの西欧社会の経験をどう受け止め、そこから何を学べばいいのであろうか。

5 西欧の経済発展と科学技術

1 西欧の発展パターン

以上で見たことから、西欧の近代社会がそれ以前の社会とでは決定的に異なることがわかった。これに対し、非西欧の伝統的社会は農業、漁業、狩猟などが中心の社会であり、そこでは循環の思想が中心であって、発展の思想は生まれなかった。その伝統的な社会は放置しておけば、繰り返すことが理想の目的であり、ロストウは端的に、その社会は「ニュートン以前の科学と技術とに基礎をおくとともに、外的世界に対するニュートン以前的な態度に基礎をおいた。…ここでニュートンという言葉を用いたのは、外的世界にいくつかの認識可能な法則にしたがうものであり、かつ生産のためにそれを操ることが体系的に可能である、ということを人が広く信じるにいたったあの歴史上の分水嶺を象徴するため」だと述べている(49)。ロストウが指摘するように、伝統的社会は生産に上限があったとはいえ、静止的ではないし、産出量も増加した。しかし、伝統的社会の多くは農業中心の社会であり、生産性の上昇は限られていた。こうした状況を打ち破ったのが近代的な科学技術であり、それと同時に重要なのは「伝統的社会以後の社会、つまり伝統的社会のもつ主要な特質のそれぞれ―すなわち経済はもとより政治・社会構造それから（ある程度は）価値観といったもの―が経済の規則的成長を可能にするような形に変えられた社会である」[50]。ここでロストウがいいたいのは、伝統的社会から離陸へと進む際、重要なのは経済発展を支え、かつ促進する非経済的側面との、ヨコの関係の重要性であろう。つまり、離陸とそれ以後の経済発展には政治・社会・文化が経済発展を支え、促進するような形で発展することが不可欠なのだということである。

この点は非西欧社会の近代化を論じる場合にきわめて重要な点である、と筆者は考える。キリスト教に一つの淵源を持つ発展の思想は西欧社会においても中世以後、自然哲学とともに徐々に生まれ発展したものであり、非西欧社会はその西欧思想の影響によってはじめて発展の意味を知ったにすぎない。それゆえ、発展の思想はイギリス産業革命が世界に波及するにつれて、世界に拡大していき、アジアで最初にその影響を受け、発展への動きを開始したのは日本である。明治維新はその具体的な表われでもある。

しかし、発展パターンは同じく工業化が早期に波及した国の中でも、日本の方式は西欧社会とはきわめて異質であったがゆえに、当初は単なる波及というより、WIモデルの模倣ないし移植という方が正確であろう。それは、しばしば「キャッチアップ型工業化」という言葉で表現されるが、先進文明の模倣・受容という観点から見れば、その表現は不適切といえよう。なぜなら、キャッチアップというのは先を走る西欧諸国の経済、たとえば西欧諸国の一人当たりGDPが平均一〇〇〇ドルで、日本が三〇〇ドルだとすれば、日本のそれが一〇〇〇〇ドルに達することが、西欧諸国にキャッチアップしたことになる。だが、それでは単に量的・技術的（すなわち所得水準）に追いついたにすぎず、一時的な現象に過ぎない。つまり、日本が西欧社会に追いつくとすれば、その後、西欧社会と同一の改革やイノベーションを自力で実現できる力、すなわち同じ土俵上で競争する力、独創的アイデアや知識、技術開発力などを持つことを意味するはずである。それには質的・非経済的側面でのキャッチアップが必要となる。それができなければ、半永久的に模倣し続けるほかはなく、キャッチアップしたことにはならないからである。アメリカに留学する学生から聞くと、授業で、今なお、日本は欧米のまねをしているにすぎない、というので驚いたと聞く。彼らの発想はフランスの社会学者ガブリエル・タルドがかつて指摘したように、欧米に追いつくには学習、模倣の段階から独創の段階へと進むことであって、それにはやはり科学的・合理的精神をいかに獲得するかが問われる。しかし、それが容易でないことは誰もが認識している。問題は教育や経験、制度などを通じて、どれだけその努力をするか、が重要である。

たとえば、イギリス産業革命に果たした、初期の科学技術に関する、フォーブスの言葉はきわめて重要な意味を持つ。「この時期を特徴づける大きな事件は鉄冶金の進歩、蒸気機関の進化、木材にかわる石炭の全般的使用、工業化学の交流、および機械工場の確立である。これらのことは食糧・燃料・鉄・糸・輸送の供給不足に原因する障害を除くことに役立った。これらの事件は、フランシス・ベーコンからアイザック・ニュートンまでの間の世代に属した科学者たちから与えられた科学思想の背景なしには起こりえなかった」[51]。ここで一言付言すれば、イギリスなど西欧社会の当時の科学者は、市井の科学に関心を持つ人々（たとえば政治家、軍人、商人、中には画家、素人の発明家、など）が少なくなかったことである。そのことは換言すれば、社会全体に科学的・合理的精神、さらには進歩の精神が浸透していたことを意味するともいえるのではないだろうか。

非西欧社会にこうした動きを期待するわけにはいかない。そうだとすると、非西欧社会が経済発展するには、いわば第一義的にはＷＩモデルを所与（供給要因）とみなし、それを受容し、伝統的な社会に移植し、機能しやすく改良する以外に方法はない。その場合、制度論で問題になる「実効化可能性（enforceability）」の問題が発生する[52]。だが、実効化を可能にするには、政府が中心となって工業化モデルを機能しやすい環境をつくるしか方法はない。それを可能にする条件を受容能力あるいは社会的能力というなら、社会的能力はその社会が伝統的に有するか、改良することでさらに高めることができる需要側の要因である（この点の詳細は、第2章を参照せよ）。そこで、非西欧社会がまったく異質の西欧科学技術文明、中でも工業化を実現するには、ＷＩモデルを所与とし、それと伝統的な社会が持つ受容のための需要側の要因との均衡を実現することが必要となる）。アジア諸国の近代化への動きを見ると、比較的早期に工業化に成功した日本は外部からの優れた文明を受容する経験が豊富で、高い能力を持つことが有利に働いたと考えられる。日本社会の特性は、歴史的に見れば随唐の時代（六〜七世紀）に示したように、先進文明を率先して摂取した経験を持ち、先進文明を積極的に導入する態度と、それを改良し応用する能力に長けていると同時にそれらを阻止する要因はほとんど見当たらないことである。

2 西欧の経済発展は連続的か断絶的か

社会が近代化しようとする場合、経済発展ないし近代化の過程を連続的と見るか、断絶的と見るか、二つの見方があることを産業革命を中心に、先に検討した。その場合、何をもって連続的と見るのか、断絶的と見るかの判断基準は明確ではない。このため、どちらが正しいかの判断は決して容易ではない。上で見たようにヒューズも両者を明確に区別する基準を示していない。そこで、筆者は、その一つの判断基準として、連続的か断絶的かを分けるのは、それが内部要因に基づくものか、それとも外部要因に原因があるのか、という基準をもって判断できると考える。その場合も、ある程度曖昧さが残るのは、とりわけ西欧社会ではどれを内部要因と見るか、どれを外部要因と考えるか、の判断に難しさが残るからである。また外部要因という場合、何をもって外部要因と判断するかも重要であろう。たとえば、断絶的要素は外部から入ってきた外部要因であるという場合、外部要因は国外に起源をもつ要因と、たとえば経済面から見た場合、国内の非経済要因にその原因を求める場合が考えられる。特に、科学技術は主として産業革命以前は非経済面から現れたが、産業革命以後は経済内部から生み出されるに至ったと考えることもできよう。その場合にも、その技術革新の起源をどこに求めるべきかと考えた時、それを確定することは困難なほど遠い過去にさかのぼる必要性があるかもしれない。

その点について、西欧社会を中心に考える場合の典型的な事例は技術革新である。技術革新をどう扱うかについては、それが外部要因かそれとも内部要因か、について二つの見方がありうる。今日ではそのいずれか一つというより、両者が混在する場合も考えられる。ここでは産業革命の初期から重要な役割を果たし、現代にいたるもきわめて重要な役割を果たし続けている技術は少なくない。それらの技術革新の過程をみると、ほとんどの技術（科学ではない）がその淵源は遠く古代ギリシャをはじめ中国やアラビアに求めることができる。むろん、それが古代から現在の科学技術に至るまで連続的・段階的に発展して来たわけではない。しかし、少なくとも古代の記述の中に技術思想の萌芽がみられるかどうかで判断することも、無意味ではないが、究極的な問題は、その技術が近代科学技術へとどのようにつながり、発展したか、が重要ではないかと考える。

そこで、そうした観点から見て適切な事例の一つとして、筆者は多くの技術の中で、産業革命の中核を担い、その後の経済発展に決定的な役割を果たし続けてきた技術として、動力革命にかかわる発明があり、その代表的な事例が蒸気機関の発展過程である、と考える。[53] それを見れば、西欧の技術革新の歴史的連続性は明確だからである。その点は非西欧社会の技術革新を考えるうえで特に重要である。そのことを認識するには、非西欧社会が西欧の技術革新の導入・模倣だけでは、長期的かつ持続的に発展することが困難であることを知る必要がある。西欧社会にとって歴史が連続的であろうとなかろうと、アジア諸国にとって、西欧文明（工業化）の受容は、伝統的な歴史過程を大きく転換させるという意味で、断絶的であるだけに、長期的に見れば単なる形式の模倣や受容だけでは済まないということである。以下の章で、この点をさらに詳しくみてみよう。

（注）

（1）ADB, *Asia 2050 – Realizing the Asian Century*, 2011.

（2）D. S. L. Cardwell, *Technology, Science and History*, 1972.（金子務訳『技術・科学・歴史—転換期における技術の諸原理』河出書房新社、一九八二年）を参照せよ。

（3）J.H. Clapham, Development of France and Germany. 1815 ～ 1914, 1921, 林達監訳『フランス・ドイツの経済発展（上）』学文社、一九七二年、六一～六四ページ。

（4）Richard T.Gill, *Economic Development, Past and Present*, 1963. 安場保吉・幸子訳『経済発展論』東洋経済新報社、一九六五年、五～六ページ参照。

（5）『上掲訳書』五九ページ。

（6）『広辞林』三省堂。

（7）Arnold Toynbee, *A Study of History*, ABRIDGEMENT by D.C. Somervell, 1945, Oxford U.P. 長谷川松治訳『歴史の研究』社会思想社、一九七五年、『邦訳・縮刷版、第3巻・第9編第33章』参照。

（8）Kurt Mendelsssohn, Science and Western Domination, 1976. 常石敬一訳『科学と西洋の世界制覇』みすず書房、一九八〇年、以下『世界制覇』とする。

（9）David S. Landes, *The Unbound Prometheus: Technological Change and Industrial Development in Western Europe from 1750 to the Present*, 1969. 石坂昭雄・富岡庄一訳『西ヨーロッパ工業史Ⅰ』みすず書房、一九八〇年、五二ページ、以下『工業史Ⅰ』とする)。

（10）The Solow Growth Model,
http://www.fidrmuc.net/ec5518/01.pdf（二〇一六年一〇月二二日アクセス）

（11）富永健一『近代化の理論』講談社学術文庫、一九九六年、三二一～三三二ページ、以下『近代化の理論』とする。

（12）『世界制覇』一六ページ。

（13）T. S. Ashton, *The Industrial Revolution, 1760–1830*. 1948. 中川敬一郎訳『産業革命』一九七三年、岩波書店、など。

（14）Eric Hobsbawm, *The Age of Revolution: Europe: 1789–1848*, Vintage Books, 1962. ホブズボーム『市民革命と産

業革命』岩波書店、一九六八年など)。

(15) R. J. Forbes and J. E. Dijksterhuis, *A History of Science and Technology*, 1963. 広重徹、ほか訳『科学と技術の歴史』みすず書房、一九七七年、以下『科学と技術』)。

(16) 大塚久雄編『西洋経済史』筑摩書房、一九六八年、一二三ページ)。

(17) C.E. Black, *The Dynamics of Modernization, A Study in Comparative History*, 1966. 内山秀夫・石川一雄訳『近代化のダイナミックス』慶応通信、一九六八年、一〇ページ、以下『ダイナミックス』とする。

(18)『ダイナミックス』一二ページ。

(19) 以下は、玉野井芳郎監修『社会科学の過去と未来』ダイヤモンド社、一九七二年、における玉野井芳郎「シュンペーターの今日的意味」、以下、「今日的意味」などを参照)。

(20) 当時、ウエーバーと並び称されたゾンバルトはこれとはまったく異なり、恋愛や贅沢と結びついた諸産業の発展に基づく資本主義の誕生、さらには外国貿易さえも、「奢侈とか贅沢」にその源泉を求める論理を展開した。ヴェルナー・ゾンバルト『恋愛と贅沢の資本主義』講談社学術文庫、二〇〇〇年、を参照。

(21) 以下は、玉野井芳郎監修『社会科学の過去と未来』ダイヤモンド社、一九七二年、における玉野井芳郎「シュンペーターの今日的意味」、以下、「今日的意味」、などを参照。

(22) 彼の著書『キリスト教綱要』は一五三六年に出版され、各国語に翻訳され、『綱要』と共に彼の論争的、牧会的な働きと、聖書註解は、教会の信仰告白文書に大きな影響を与えたとされる。

(23)「今日的意味」八四ページ。

(24) Simon Kuznets, *Modern Economic Growth, Rate, Structure, and Spread*, Yale U.P. 1966. 塩野谷祐一『近代経済成長の分析』(上)、東洋経済新報社、一九六八年、六一ページ、以下『近代経済成長』とする。また、文章中、クズネッツに関わる部分はほぼこの文献による。

(25) S. Kuznets, *Growth, Population and Income Distribution*, W.W. Norton & Co., 1979, pp.95-96.

(26) G. Myrdal, *Economic Theory and Underdeveloped Regions*, 1957. 小原敬士訳『経済理論と低開発地域』、東洋経済新報社、一九五九年、を参照。

(27) Phillis Deane, *The First Industrial Revolution*, Cambridge U.P., 1965. 石井摩耶子ほか訳『イギリス産業革命分析』社会思想社、一九七三年、一〇ページ、以下『イギリス産業革命』とする。

(28) これらの点の詳細は、以下の筆者の著書を参照。長谷川啓之『アジアの経済発展と日本型モデル』文真堂、一九九四年、以下『日本型モデル』および『アジアの経済発展と政府の役割』文真堂、一九九五年、以下『政府の役割』、長谷川啓之編著『アジア経済発展論』文真堂、二〇一〇年、以下『アジア経済発展論』およびアジア近代化研究所紀要、*IAM e-Magazine* に寄稿した筆者の論文、などを参照せよ。

(29) 詳しくは、『W. W. Rostow, *The Stages of Economic Growth, A Non-Communist Manifesto*, Cambridge U.P., 1960. 木村健康ほか訳『経済成長の諸段階』ダイヤモンド社、一九六四年、四四〜四八ページ、以下『諸段階』)。

(30) 『イギリス産業革命』九〜一〇ページ。

(31) Jonathan Hughes, *Industrialization and Economic History : Theses and Conjectures*, McGraw-Hill Inc., 1970. 角山榮ほか訳『世界経済史—工業化の現代史』マグロウヒル好学社、一九七七年、一〇三〜一〇七ページ、以下、『世界経済史』とする。

(32) 詳細は、『諸段階』を参照。

(33) 『諸段階』四一〜四二ページ。

(34) 『世界経済史』六二〜六四ページ。

(35) 『世界経済史』七〇〜七一ページ。

(36) 『世界経済史』七五ページ。

(37) ロストウ『段階論』を参照。

(38) R. J. Forbes, *Man the Maker*, 1950. 田中実訳『技術の歴史』岩波書店、一九五六年、一七一ページ、以下『技術の歴史』とする。

(39) この点は、和辻哲郎『鎖国（上）』、特にその序説を参照、岩波文庫、一九八二年、以下『鎖国』とする。

(40) 『段階論』四九ページ。

(41) 『段階論』五〇ページ。

(42)『段階論』五三ページ。
(43)『世界経済史』一一一ページ。
(44)「『世界経済史』一一七ページ。
(45) William H. McNill, *A World History*, Oxford U.P. 1998, 1967. 増田義郎・佐々木昭夫訳『世界史(下)』中公文庫、二〇〇一年、二〇六ページ、以下『世界史』とする。
(46)『世界史』二二一～二二三ページ。
(47)『世界経済史』一一七ページ。
(48)『世界史』二〇七～二〇八ページ。
(49)『段階論』七ページ。
(50)『段階論』九ページ。
(51)『技術の歴史』一八二ページ。
(52) 青木昌彦「制度とは何か」を参照せよ。rieti.go.jp/Users/aoki-masahiko/chapt1.pdf(二〇一七年六月一〇日アクセス)
(53)「アジア諸国は西欧の経済発展から何を学ぶか」*IAM e-Magazine* 第17号、特定非営利活動法人アジア近代化研究所、二〇一六年六月一五日発行、を参照。

第2章 経済発展と「工業化の需給理論」

はじめに

日本をはじめとしたアジア諸国の経済発展の方法や発展過程は、第1章で見た、西欧の経済発展や経済発展過程とは大きく異なる。その理由の一つは後者が長い試行錯誤と苦闘の末、自力でそれを達成したのに対し、前者はそれを短期間に模倣・受容し、機能させることで、経済発展することである。しかし、安易な模倣や受容は長期的に見ると、問題が起きる可能性があるのではないか、ということが懸念される。この点についてはさまざまな角度からの考察が必要だと考える。

もう一つは、既存の経済理論、特に成長理論は歴史的現実や西欧社会の文化的要因などを前提に、欧米社会を対象として構築された理論モデルであり、それをそのまま非欧米社会に当てはめても、重要な点で当てはまらない部分が少なくないことである。西欧の経済発展（つまり、経済の近代化）は主として近代以後の現象であり、それは非西欧社会とまったく異なって、歴史的には連続的であるがゆえに、非経済的要因との関連性が強い。そうした相違を前提にすれば、近代化とか経済発展という次元に限定する限り、それらを構築した西欧ないし欧米社会とそれができなかったために、それを形式的に受容し、キャッチアップする以外に方法がない非欧米社会とは明確に区別すべきだと考える。そこで、残念ながら非西欧社会（とくに、日本やアジア諸国）の発展の開始、促進、長期的持続の過程を説明できる理論仮説は存在しないため、筆者はその一つの代替仮説として、「工業化の需給理論」を提起したい。ここで工業化の需給理論という代わりに、産業化ないし民主化などを含む、「西欧文明の需給理論」とすることも可能である。それは従来の成長仮説が概して、供給側に焦点を当てるのに対し、工業化などを受容する側の需要要因に焦点を当てるものであり、それによって非西欧経済、とくに日本や他のアジア経済の発展に関わる多くの問題を解明する仮説として提起するものである。

1 経済発展の開始および持続と「工業化の需給理論」

❶ 工業化と西欧モデル

日本を含むアジア諸国（ここでは一応、日本とアジア諸国とは分けて考える）が経済発展を開始するには、西欧の経済発展過程から多くを学ぶ必要があるが、それをそのまま模倣しようとしても、不可能なことは第1章を見れば明確である。つまり、よく知られているとおり、西欧社会は長期間に、産業革命を通じて、それ以前からのさまざまな要因（特に、科学革命など）とも相まって、資本主義経済メカニズムを構築し、技術革新を中心に工業化し、生産の拡大、そして急速な経済成長に成功してきた。

第1章で説明したように、農業社会から工業社会ないし産業社会へと転換させた工業化は、イギリスから開始し、一九世紀になると大陸諸国へと波及し、ドイツやフランス、さらにアメリカへと拡大し、イギリス、ドイツ、アメリカなどを中心に、相互関連を保ちつつ、次々と技術革新を生み出し、長期にわたって経済発展した。それが産業革命であり近代経済成長である。こうした成長のメカニズムを非西欧社会が自力で生み出せないのは、欧米社会がほとんど類似した歴史・経験、伝統、宗教・文化などを背景に持つ同質的社会であるのに、非西欧社会は独自の文化や歴史的経験を持ち、各国がまったく異なる歴史過程を歩んできたため、欧米社会とは完全に異質の社会だからである。つまり、西欧社会の多くは自力で近代社会を開始できないまでも、多くの技術革新の開発過程に直接・間接に参加し、当初こそイギリス経済に敗北を喫したが、やがてドイツやアメリカなど、イギリスに追いつき、追い越す国が出てきたことを見れば理解できよう。そのことは、西欧社会が他で生まれたイノベーションを導入し、さらによりいい技術へと発展させ、また新規の技術革新を生み出したことに表れている。それこそ真のキャッチアップであり、ときには自力で技術開発も可能な発信型社会となったからである。そこで共有した最大の要因は科学であり、科学が生まれない限り、科学技術も生まれず、近代社会を迎えることもなかった。

日本も明治維新以後、いち早く欧米化を目指し、近代化へと向かった。しかし、日本が西欧の技術開発に直接参加し、西欧の科学技術をさらに発展させ、西欧と一緒になってイノベーションを生み出すという事実は、近年に至るまでほとんど見られない。その理由はそれほど単純ではないが、考えられる最大の要因の一つは、西欧社会と共通の歴史や経験、類似の伝統や文化を持たないため、科学を前提とした科学技術文明を自力で生み出せる社会的基盤を西欧諸国と共有していないことである。この点の認識が希薄だと、西欧文明を単純に模倣・導入すれば、西欧に追いつけるとする単純な発想に結びつき易い。その結果は大きな落とし穴へと向かう可能性が高いにもかかわらず、多くの非西欧社会は近代化を追求するために、まず西欧社会が生み出した多くの近代的要素を形式的に模倣・受容し、改良・応用へと向かうことになる。

そこで、非西欧社会は過去との断絶と西欧文明の受容問題に直面する。その場合、経済的には資本主義経済メカニズムや工業化、政治的には民主化、社会的には人権とか平等―公正、文化的・心理的には科学的・合理的精神、などは自力で生み出せなかったがゆえに、欧米社会が構築した形式を一つのモデルとして、受容する以外に方法はなく、そのモデルは受容すべき供給要因となる。それに改良や修正を加えることは可能ではあるが、基本的な点で西欧モデルに変りはない。そうだとすれば、問題はその供給要因をどう受容するか、受容してからどうするか、が重要な課題となる。社会による相違はあるが、受容するために必要な要因は無数にある。ここでは受容するために必要な要因をまとめて摂取型需要要因としよう。それは基本的に伝統的社会が持つ能力（たとえば、教育レベル、価値観、政府の態度と能力など）を表す。非西欧社会は西欧が生み出したさまざまな供給要因（たとえば工業化モデルとか近代民主主義などが考えられるが、さらに具体的には法制度をはじめ、態度や価値観など近代文明のすべて）を受容するには、それらの供給要因と自身が持つ需要要因とをいかに効果的に組み合わせるか、換言すれば両者の均衡点を見つけるか生み出し、有効に機能させられるか、さらにはかりに見つけることができないとすれば、自力で作り出すことすら、必要かつ重要となる。静態的にはいったん両者の均衡点を実現できれば、それで工業化は開始するが、それ以後は自力で発展させることができるとは限らない。供給要因自身もそれを創造した経路に沿って変化し、発展するからである。そうだとすれば、変化や発展に応じて需要要因も変化し発展する必要がある。それが可能となって初めて、非西欧社会は西欧の物資文明を持続的かつ動態的に受容可能となる。こうした考え方を工業化（ここでは、西欧文明を代表するものとして工業化）に適用したのが、以下に示す「工業化の需給理論（The Demand and Supply Theory of Industrialization、以下、ＤＳ理論）」である。それは一言で表せば、近代と伝統とをどのように組み合わせるかの問題である。

2「工業化の需給理論」とは

今この問題を主として、西欧社会が生み出したさまざまな近代的要素を受容する側から考えてみよう。西欧社会が生み出した工業化の方法は資本主義経済方式に基づくものであり、資本や労働、技術革新などの投入量を使った機械制生産方式に依拠しながら生産活動を行うもので、形式的にある種の生産関数を使って表現できる。この方式は西欧社会では近代以後ほぼ確立された方式である。歴史的に見て、西欧社会も非西欧社会も当初、機械制生産活動はできず、それが可能となったのは紡績機などの技術開発を通じて発生した産業革命以後である。それ以前に中心であった農業生産や工業生産ですら、機械制生産は行われなかった。

アジア諸国が工業化するには、西欧が創ったWIモデルを形式的に模倣するしかない。また、経済発展に成功するか否かは、工業化できるか否かにかかっている。さまざまな工業化論があるが、それらはいずれも非西欧社会がいかにして工業化を開始するかを論理的に説明するというより、工業化の結果を問題にすることが多い。そこで、いまWIモデルがいかに他の国々に波及し、受容に成功するかを考えてみたい。たとえば、アジアの工業化に関する仮説としてよく知られる雁行形態論は基本的に工業化開始以後を対象にし、どのようにして工業化を開始し、持続するか、さらにはそれを生かして経済発展を促進できるか、などについてはまったく明らかにしておらず、工業化した結果だけを問題にしているにすぎない(1)。そのため、ある国がなぜ雁の先頭に立つのか、二番手はどこか、三番手はどこか、その理由は何か、などの説明はまったくない。それでは雁行形態そのものが成立しない。

重要なのは工業化の開始メカニズムを解明し、なぜある国が最初に工業化を開始するのか、それはいつまで続くのか、それに続く国はどの国で、どうすれば発展させられるのか、なぜ工業化の発展段階に国際間で相違があるのか、などについてのメカニズムを具体的に説明することである。そのため、なぜある国が「中所得の罠（MIT）」に陥り、欧米諸国がほとんど「低均衡の罠」やMITに陥らないのかの理由、さらにいえば、非西欧社会では日本のような高所得国が長期停滞（これを高所得の罠ＨＩＴとする）に陥る理由、などを説明できなければならない。

西欧社会と非西欧社会の発展方式がまったく異なることを前提にすれば、西欧社会では、基本的に工業化や経済発展を開始するメカニズムがそれを生み出した社会的基盤と一体となり、その後の発展もイノベーションや革新的な政策を通じて、同一の基盤から必要な要素や条件を生み出してきたことが理解できる。これとは逆に、非西欧社会には自動的ないし自力で工業化を開始し、発展させることを可能にする社会的基盤は仮に伝統的に存在したとしても不完全なことである。

そのため、非西欧社会の工業化の開始は、外部から先進文明（ここではＷＩモデル）に依存するしかない。そこで、工業化の開始に必要な基本条件（たとえば、産業政策をはじめ、開発計画、先進技術を理解し、受容する能力の育成や、技術者や起業家を育成する教育・訓練、法制度など）を整備し、工業化が開始したあとも、より高い技術水準に適合できる人材を養成し、やがて自力での技術開発や先進技術の改良や応用が可能となる条件を持続的に整備する必要がある。工業化を開始した後でも、それを持続的に発展させるために自ら技術改良や国産技術の開発は可能であっても、大小の創造的な技術革新（イノベーション）を次々と生み出せない限り、先進国から多くの創造的で革新的な技術を受容し続ける以外に方法はない。

しかし、そうしたやり方は永続しない。問題は、基本的に改良型技術革新を続ける限り、工業化は開始すればそれですべて終了というわけではなく、開始以後も先進技術を受容し続けるか、自ら革新的イノベーションを生み出す必要に迫られる。それができない限り、やがて技術的限界に達し、ＭＩ

Tに陥る可能性が生じる。こうした問題を考えるために、筆者は工業化に関するさまざまな問題を説明する仮説として、供給要因(近代的要素の一つ)と需要要因(伝統的要素)の均衡点の有無によって、工業化の開始とその持続的発展を説明するDS理論を提起したい。

そこで、このDS理論を少し詳しく説明する必要があるであろう。まず、非西欧社会の工業化は、西欧社会が作り出したWIモデルを含む西欧科学技術文明の受容が必要となる。そのことはWIモデルを供給要因とし、その受容、さらにそれを自らの経済や社会に組み込むことを意味する。しかし、供給要因も非西欧社会の発展段階に応じて、受容対象が変化する可能性がある。WIモデルがすべての国に等しく与えられているとはいえ、静態的・固定的なものとは限らない。歴史的に見れば、それは欧米経済が発展していくに連れて、内容も進化・充実していったように、工業や経済の発展に応じて変化するため、非西欧社会が変化を自ら演出できるか否かも重要な課題となる。西欧社会が歴史的に生み出してきた産業も、たとえば、軽工業から重(化学)工業へ、と発展した。非西欧社会も発展段階に応じて、軽工業から重工業へと進む。それゆえ、発展段階に応じて、摂取するための需要要因ないし社会的能力の内容も次第に高度化させ、改革する必要がある。当初は、簡単な技術や初等教育であっても、やがて高度な技術や高等教育が必要となる。供給要因の変化に、非西欧社会が柔軟かつ巧みに対応することで、需給の均衡点を生みだすべきことに変わりはない。つまり、従来の経済理論の考えは、第四~五章で見るように、工業化が仮に開始すれば、その発展のために、自らが技術革新をはじめ資本蓄積、労働の質の向上が必要であり、それが自力で可能だとの前提に立っている。それは自力での実現可能性を持つ西欧社会のように、さまざまな前提の上にしか成立しない。それは、いわば多くの非西欧社会にとって無縁の世界ともいえよう。

問題は技術革新の創出、資本蓄積、労働の質の向上、企業家の創出などとそのための環境整備につながる要因は基本的に近代的要素を示しており、それらを受容できるかどうかは摂取する社会の需要側に関わる長期的な要因であり、それらが可能かどうかは伝統的な社会や文化によって異なる。特に、技術革新の創出可能性は、西欧社会と非西欧社会とでは社会・文化的基盤が決定的に相違するため、大きく異なる。そのため、いったん工業化を開始した後、自動的に発展できないとすれば、長期にわたる持続的発展のために、教育を例にとれば、初等・中等教育から高等教育へと進む必要があるように、需要要因の充実・発展が大きく関わってくる。その場合、イギリスを除く西欧社会と同様、非西欧社会の発展過程を見ると、とりわけ発展初期に最も重要な要因は政府の役割である。伝統的な社会が生み出せなかった法制度や技術革新など、先進文明の受容を開始し、持続するには民間ができることは限られており、持続的発展過程を演出するために政府が重要な役割を果たす必要がある。このように、筆者が提起するＤＳ理論は、主として非西欧社会の工業化や経済発展など西欧科学技術文明が生み出した価値や諸要因とその受容・摂取・発展に関わる問題を説明するための仮説である。

ところで、西欧社会の特徴は、工業化を自力で自らの社会的基盤に基づいて、自らの必要と願望に応じて、ＷＩモデルを作り出したことである。換言すれば、主として、近代化開始以後、「自らの社会的基盤に基づいて、自らの必要や願望」を実現するために、「ＷＩモデル＝供給要因」を生み出したことを意味する。自らの必要や願望を実現することは、西欧社会が何か求めるべき目標があれば、それを自力で創造するために、西欧社会が伝統的に持つ社会的能力ないし需要要因（ここで需要要因とは創造するために伝統的社会が持つ需要側の要因全体を指す）を発揮することであり、いわば同じ需要要因でも発信型ないし創造型需要要因といえる。これに対し、西欧社会が生み出した目標は非西欧社会にとっては一様に与えられた供給要因であり、それを自らのものにすることは受容するために、摂取型需要要因あるいは摂取のための社会的能力を動員することである。かくして西欧社会にとって供給要因は目指すべき目標であり、西欧社会が努力と能力に応じて生み出した産物である。これに対し、非西欧社会にとっては受容すべき供給要因である。そのため、同質性の高い西欧諸国にとっては需要と供給はほぼ一致するか、当初から均衡点を多数もっており、西欧社会自身が生み出したＷＩモデルを改めて摂取する必要はない。そこで、西欧社会は需要要因の改善や発展を考えると同時に、完全ではない供給要因の改善や発展も考える必要がある。他方、供給要因ないし創造すべき目標を自ら生み出せなかった非西欧社会では常に需給は一致していないと同時に、それらを絶対化し、固定化するため、自ら改善や発展については基本的に考えようとしない。この点こそが西欧社会と非西欧社会との決定的な相違点である。

このように、日本やアジア諸国を中心とした非西欧社会では需給の要因は当初は不一致なため、需給の均衡点を自らの社会に見つけ出すか、作り出す必要がある。すべての非西欧社会にとって、供給要因は外部から既に与えられ、存在している。その受容には、受容する社会が本来持つ摂取型需要要因との均衡点を一つでも多く生み出すことが必要であり、それは基本的に政府の役割である。それゆえ、工業化を開始できるかどうかは政府がどれほど積極的か、信頼に足る存在か、能力を発揮できるか、改革志向か、先見性を持つか、などに大きく依存する。G・ミュルダールが指摘したように、発展途上国の工業化や経済発展が可能かどうかの一つの要因は、政府がソフト・ステートであるかどうか、だと考え、それを最重要視したのは、まさにこのことと密接に関連する。

そこで、供給要因の受容には、供給要因の中身より、非西欧社会が持つ需要側の要因の中身こそが重要となる。需要要因の中身は伝統的な社会の歴史や価値観が多様であるように多様かつ無数にある。たとえば、政府や国民が供給要因の受容にどの程度積極的か、その能力はどの程度か、工業化に役立つ文化とか伝統的価値観がどの程度備わっているか、などである。それらの相違や均衡点を政府が生み出せるかどうかで、国による発展の開始時期や速度に相違が生まれる。また、逆に、受容に対立的な要因の存在にも注目すべきである。そのことが、雁行形態論で見れば、どの国が先頭に立つのか、先頭に続く国がどの国なのか、などを決定するからである。またそれらはロストウが指摘したように、「ある特殊な強い刺激」に基づいて前向きに反応する可能性もあるが、逆に後ろ向きに反応する場合もある。前者は供給要因の受容に役立つが、後者であれば受容の阻止力として働く。こうした問題が雁行形態論でいう雁の群れに入る国と入らない国との差であると同時に、後に再度触れるように、制度論で問題となる「実効化可能性」の問題とも深くかかわる(2)。

3 需要要因とは何か

そこで、非西欧社会が西欧文明を受容するうえで決定的に重要な需要要因について少し詳しく考えてみたい。科学技術文明はそれを生み出す国と生み出す経験を持たない国とで分けて考えると、国による相違を生み出す原因が理解できる。非西欧社会が西欧科学技術文明を自らの社会に植え付け、実効化可能なものにするには、伝統的社会が持つ需要要因（大部分が伝統的価値に基づく要因）によって、工業化モデルや、市場経済モデルないし資本主義経済モデル（すべて近代的価値が生み出した供給要因）の導入にどの程度の適合可能性があるのかを理解することが必要である。そこで、まずＷＩモデルの受容のための主たる需要要因を四つに分けて、以下に示すことにしよう。

まず受容にプラスの影響を与える需要側の要因（受容促進要因）を二つに分ける。（1）一つは西欧文明の受容に有利に働く社会・文化的な環境要因であり、これを間接的・一般的需要要因（ＧＲ）と名づける。（2）二番目は、ＷＩモデルなど西欧文明の成果を積極的に受容するうえで、直接役立つ需要要因であり、これを直接的・積極的需要要因（ＰＲ）と呼ぶ。これらの受容促進要因に対し、受容を阻止する要因（受容阻止要因）も考えられる。その一つは（3）間接的・一般的阻止要因（ＡＧ）であり、もう一つは（4）直接的・積極的阻止要因（ＡＰ）、である。これら四つの需要要因で需要側の要因は構成されると考える。

ところで、上記四つの需要要因の内容については、以下のように考えることができる。

（1）まずＧＲに入る主要な要因には、たとえば、道教、神道、アニミズムなどの現世利益的宗教、強いナショナリズムや共同体主義、儒教などの秩序維持的な思想、政治・社会的安定、強い倫理感、自由競争の是認、社会や組織への高い忠誠心などの伝統的な価値観、外部からの文明の導入を容認ないし拒絶しない雰囲気、などである。

（2）PRは西欧科学技術文明を摂取するための積極的な需要要因である。これにはたとえば、明治維新政府をはじめ近年のアジア諸国で政府が取った積極的な西欧化への態度、改革や政策に見られるように、まずは政府の態度、対応、能力が深く関わる。それには政府の断固とした腐敗防止、秩序維持、対外投資の誘致や外資系企業への優遇政策、産業政策、経済計画などのほか、インフラ整備、金融制度や教育制度など、近代的な法制度の整備、などが重要である。これらはすべて、個人の役割や知識は限定されているため、その実現は政府の態度や能力にかかっている。このため、非西欧社会が経済発展をはじめとする西欧化を実現し、成功するか否かは決定的に政府の役割が重要である。政府は追求すべき目標の明示と同時に、需要要因を発見もしくは創出し、それを供給要因の効果的な受容に役立てるという役割を担う。かつてG・ミュルダールが指摘したように、発展途上国が経済発展できない主要な理由の一つは、政府が先進国と違って腐敗や汚職を厳しく管理し、自らを規制し国民に平等や公正を与える断固たる態度を取らないソフト・ステート（SS）に原因があるとすれば、逆に経済発展するには規律あるハードステートが必須の条件となる。優れた政府と同様に優れた官僚組織も重要であり、国民の態度や行動も政府の政策や法制度によって大きく変化する。いずれにせよ、当初の近代化への動きは政府の態度次第で大きく変わるともいえる。その意味で、G・ミュルダールの指摘は、ここでのDS理論に完全に符合している。

これらの受容促進要因とは裏腹に、科学技術文明を摂取するうえで、あまり有効でないか阻止的な要因も考えられる。それらも間接的・一般的受容阻止要因（AG）と直接的・積極的受容阻止要因（AP）に分けて考えてみよう。

（3）間接的・一般的な阻止要因であるAGに入る主な要因は、たとえば西欧科学技術文明に否定的な思想や宗教が存在する場合である。その典型的な事例の一つとして反西欧文明を掲げるイスラムが考えられる。イスラム思想がどの程度国民の意識や行動を左右するか、によっても異なる。そこで、筆者は受容態度に応じて、これをイスラム中心社会と周辺社会に分けて考察することも必要ではないかと考える(3)。

イスラム圏が概して西欧的な近代化（＝ある種の西欧化）に成功していないのは、程度の差はあるが、この点と無関係ではないと思われる。なぜなら彼ら自身が近代化、すなわち西欧的社会＝キリスト教世界、と一線を画し、西欧的な科学技術文明を基本的に拒絶するか、積極的に受容したがらないからである。イスラム技術の歴史を見ると、確かにアフマド・アルとドナルド・ヒルがイスラム技術として指摘する、機械工学、建築と土木、軍事、船舶と航海術、化学技術、織物、紙、皮革、農業と食品技術、採鉱と冶金、などの技術は優れている。それにジクリト・フンケが指摘するように医学・医薬、なども優れたものである。とはいえ、それらは彼らが指摘するように、西欧的な近代科学技術とは結びつかない(4)。つまり、科学を前提として持たない限り、基本的に技術の域を出られない。それらは技術としては優れたものであり、かつてアラブ社会が中国から受容した技術を独自に発展させ、西欧に伝えて科学と結びついた技術へと発展する橋渡しの役割を果たしたことは周知の通りであるが、そこからいかに発展させられるかは科学との必然的な因果関係に注目すべきである(5)。

また、政治的不安定、独裁や軍事独裁などもAGに入るが、国により独裁政権が一時的であってもそれが開発を志向することで発展につながったように、すべて経済発展を阻害するとは限らない。問題はかつての独裁政権のように、近代化を志向することで、政治・社会を安定させ、経済発展を実現したが、マルコスやスハルトのように開発独裁を通じて経済発展を志向しながら、結果的にネポティズムや腐敗・汚職のために、政治・社会の不安定を引き起こし、崩壊した独裁政権も存在する。概して、独裁下で経済発展しても、結局は長期に持続しないため、民主化を通じて実現する経済発展しか認めない、とか、民主主義体制下で初めて経済は発展する、などといった意見がある。だが当該国民から見れば、まず豊かさや生活の維持が優先され、豊かになって初めて自由や民主主義を求めればいいといった考え方があることも事実である(6)。

イデオロギー的には独裁そのものは否定されるべきだが、客観的に見れば過去の韓国、シンガポール、台湾、現在の中国のように、長期的には独裁政権下での経済発展は行き詰まることが十分考えられるとはいえ、現実に存在することは容認するしかない。問題は、原因と結果をどのように考えるかである。つまり、独裁だから経済発展したのではなく、経済発展するために独裁政権が必要だというケースも考えられる。概して、主としてイデオロギー的に共産主義的ないし社会主義的見地から独裁

＝悪とみなす発想があり、独裁政権の経済発展は認めないようだが、現実には共産党一党独裁の下で、中国は経済発展を実現しており、ラオスやベトナムなども、それを「中国モデル」と称して、追随する動きもある。事実、工業化の当初から民主主義でなければならないとすれば、ほとんどの非西欧諸国の工業化は不可能だったはずである。

現実的には独裁が受容阻止要因だとは必ずしも断言できないとすれば、とりあえず独裁を、一つは恣意的独裁体制、もう一つは近代化指向型独裁体制、と名づけて区別することもできるのではないか。前者はアジアではマルコス、スハルトなどの一時的で独善的な独裁政権やミャンマーの軍事独裁政権がそれである。後者はシンガポールや朴正熙政権下の韓国、現在の中国、ベトナムなど、結果はともあれ、ある意味で近代化を志向し、経済発展した後、真の民主化を追求するケースが入るであろう。もっとも、高所得国シンガポールは民主化を実現していないが、亡きリー・クアンユーは経済発展したのち、民主化すればいいと考えていたことは知られている。鄧小平の改革開放以後の中国共産党による一党独裁も後者に入ると見ていいのではないか。

（4）積極的で直接的な経済発展の阻止要因であるAPに入るのは、たとえば以下の要因である。現実にどの程度存在するかは別として、腐敗・汚職がはびこり、近代的な法制度の整備や執行については不十分な軟性国家の存在、排外的で反西欧文明的な政府やその政策、国内で政府と民族、宗教などでの反政府勢力との対立や、弾圧による政治・社会的不安定、対外戦争や内戦などの存在は、経済発展を求めるうえで直接的な阻止効果を持つ可能性が高い。

これら二つの阻止要因は主として東アジアを中心に近代化を追求する国々を対象とする本稿の考察においては、それほど重要ではないが、アジアでも、ＡＰ要因が強く作用する場合には、経済発展を開始するうえでかなりの阻害要因となろう。これらの要因を西欧社会に当てはめて考えれば、その重要性は明白となる。

4 需要要因と社会的能力

ところで、需要要因が単に受容するための摂取型需要要因に限定されないのは、文明を発信してきた西欧社会で需給がほぼ常に一致している場合を考えれば理解が容易である。需給が一致するのは需要要因が先進文明を受容するための摂取型需要要因と違って、何か必要に応じてアイデアや知識を創出したいという場合、やはり自らの需要要因を使うことになる。そう考えると、需要要因は社会的能力と考えるとわかりやすい。つまり、社会的能力は受容のための社会的能力と発進のための社会的能力に区別できるため、社会的能力を需要要因と置き換えると、摂取型需要要因と発信型需要要因に区別できる。ここでは需要要因を単に社会的能力と表現すると、プラスに作用する場合だけを表現する印象を与える。しかし、上述のように、先進文明を阻止する場合や必要に応じて受容する場合も考慮すれば、社会的能力というより、需要側がもつあらゆる需要要因として、摂取型需要要因と発信型需要要因を区別する方が適切ではないかと考える。

たとえば、非西欧社会が持つ需要要因から創造的な要素を生み出す段階に達すると、それが社会全体に浸透していなくとも、部分的にでも創造的なアイデアや知識を生み出せれば、部分的な発信型需要要因を持つことになり、さらに社会全体に発信型性が浸透し、もはや西欧社会から受容する必要がなくなれば、非西欧社会も発信する側に回り、発信型需要要因を有することになる。その場合も摂取型需要要因から発信型需要要因へと転換し、需要要因に基づいてアイデアや知識、技術を発信することになるわけで、それができれば常に需給は一致した状態となる。ここで問題にする非西欧社会はほぼ受容が必要な社会であるが、たとえば高所得国になった日本が長期に停滞し、一人当たりＧＤＰが欧米の水準に達することができないのは、受容側から発信側への転換ができないところに最大の理由があると考えられる。

これまで非西欧社会の摂取型需要要因について考察したが、西欧社会でも非西欧社会とも関わる需要要因について考えてみたい。西欧社会では、基本的に需要要因は供給要因とはつねに一致すると指摘した。その場合、少し説明を要するのは、西欧社会の需要要因はアイデアやイノベーションを生み出す社会的能力を示すもので、発信型需要要因であるが、非西欧社会の場合、作り出された供給要因を受容するための摂取型ないし受容型需要要因である。このように需要要因には新たな創造的な技術、アイデア、知識などを創出する需要要因とそれを受容・摂取するための需要要因があり、基本的には新たな要素を創造するか摂取するかは社会が持つ能力に依存することを示している。たとえば、西欧社会の政府がこれまで存在しなかった独創的なアイデアや知識、政策を案出するという場合も、西欧社会が創造し発信する能力を社会が持っているからこそできると考えるわけである。これに対し、非西欧社会では基本的にそれと同じことができないなら、西欧社会が作り出した、創造的なアイデアや知識、技術を摂取し続ける必要があり、摂取する能力も社会的能力であると同時に、一つの摂取型需要要因である。また非西欧社会が西欧社会と同様、独創的な技術、アイデアや知識を考え出すことができれば、社会が発信型需要要因を持っていることになる。つまり、受容のための摂取型需要要因と発信型の需要要因は区別することが可能であり、また必要に応じて区別すべきである。そう考えると、需要要因とはその社会が持つ能力ということもできる。それが先進文明の摂取に向けられるか、それとも独創的なアイデアや知識を生み出すことに向けられるかの相違にすぎない。以下で、非西欧社会を対象とする考察では、特に断らない限り、需要要因は摂取型需要要因を指している。

5 摂取型需要要因が規定する四つの発展類型

そこで、非西欧社会は基本的に西欧文明を受容することを考える場合、上述の四つの摂取型需要要因、すなわち伝統的価値に基づく受容促進要因と受容阻止要因とが考えられるため、これらを使って、需要サイドから見た発展パターンのイメージ図を描いてみよう。縦軸の上にPR、下にAPを、横軸には左にGR、右にAGを取ると、以下のようなイメージ図を描くことができる。

その結果、図示したように「理念型」としての四つのパターンが区別できる。それらは工業化や経済発展を開始し、欧米先進諸国に追いつくまでのパターンを表しており、それ以後は欧米先進諸国の発展パターンに追いつくことができるか否かが問われる。ところで、これら四つのパターンは、それぞれ、(1)経済発展促進型、(2)準経済発展促進型、(3)準経済発展阻止型、そして(4)経済発展阻止型、と名付けることができる。(1)は経済発展阻止の要因がほとんど皆無であるばかりか、発展への一般的な雰囲気や環境が存在する中で、政府を中心に発展を促進する政策や政府の方針に基づいて、法制度を整備し、多くの企業家を輩出して、彼らが導入技術に基づいて、活発な設備投資を行い、国民がまず初等・中等教育から開始し、発展段階に応じて高等教育を受けるに至り、高い勤労意欲を発揮する場合、などである。日本をはじめ、韓国、台湾、シンガポールなどのアジアNIEsは基本的にこのパターンと考えられる。このタイプの国が持続的に成長できるのは、供給要因の変化に合わせて、需要要因を改善・拡大し、さらには創り出し、改革し、ダイナミックな変化に対応して、需給均衡の持続的維持に努力することである。

(2)は発展を阻止するような雰囲気や環境があっても、政府がそれらの阻止要因を打ち消すほど、強力な産業政策ないし開発政策を実行すれば、経済発展が可能となるパターンである。改革・開放以後の中国や一九九一年の自由化政策以後のインドはその一つの典型例であるし、かつての韓国や台湾も近代化開始以前はこのタイプであった。インドネシアやマレーシアもこの領域に入るのではないか。両国とも優れた指導者が現れることで、ある程度の経済発展に成功したが、一時的に優れた成果を上げても長期的に成功しないケースもありうるのがこのパターンの特徴であろう。つまり、アジア諸国の経済発展を見れば、日本をはじめ、アジアNIEs、続いてASEAN諸国、九〇年代以後の中国はこのパターンで説明できる。

かくして、政府が大きな役割を果たすことで、経済発展を開始し、国民がそれに呼応することで持続的な経済発展を遂げることができれば、「政府の成功」、それを成し遂げようとしないか、失敗すれば、「政府の失敗」ということができる。

図 2-1　需要サイドから見た経済発展パターンのイメージ図

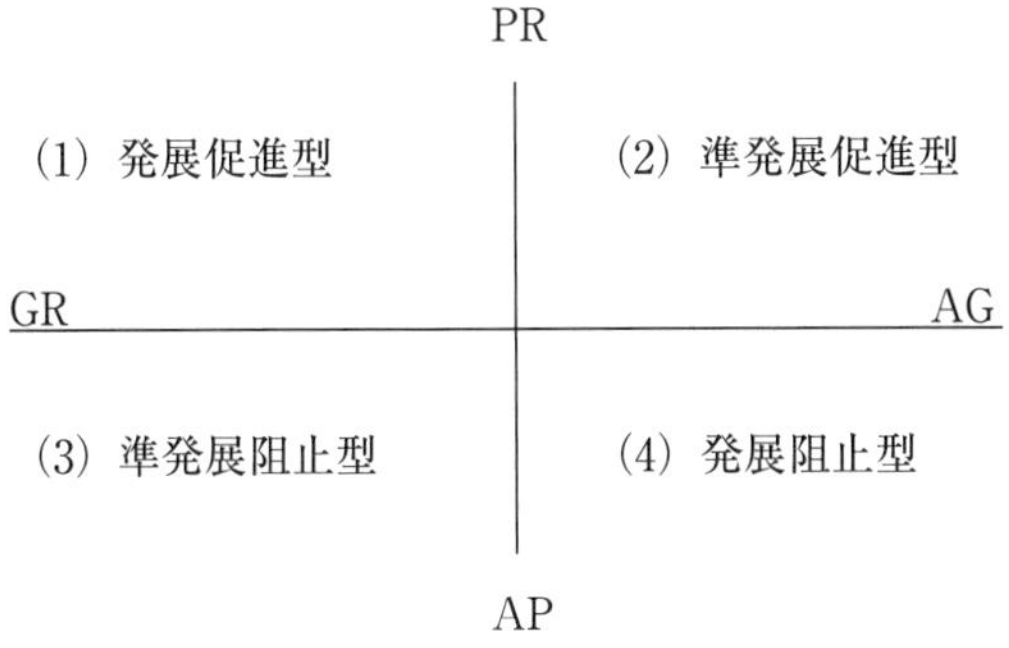

出所）筆者作成

（3）は一般的な雰囲気としては発展を受容するうえで大きな障害は無いが、政府が発展政策に不熱心か、阻止要因（特に腐敗・汚職など）の除去に乗り気でなければ、少なくとも急速な発展は見込めない。アジアでみれば、独立以後のインドや鄧小平以前の中国、そして過去のバングラデシュやアフガニスタンなども、基本的にはこのタイプと考えていいのではないか。

また（4）は工業化や経済発展に反する政治・社会・文化的環境のために、経済発展を開始できない場合や、政府がまったく開発政策を優先せず、むしろそれに反する政策をとる場合などがこのタイプである。このタイプに入る国は近年、減少しつつあるが、これにやや近い典型的な例はかつてのカンボジア、ラオス、ミャンマーなどであり、ある意味で北朝鮮もここに入るかもしれない。いずれにせよ、経済発展は時間の関数とみなせば、状況は常に変化するため、それにいかに適合するかが重要である。

このように見ると、上記のどのパターンに入るにせよ、非西欧社会が工業化や経済発展を開始し、持続的にそれを促進するかどうかを決定するのは、基本的に政府の態度や具体的な政策、先見性、指導力など、政府の役割が大きい。そのため、工業化や経済発展の成功に向けて、政府は重要な役割を果たすだけに、政府のあるべき型が求められる。

2 「工業化の需給理論」から見たアジア経済

1 日本およびアジア経済の発展過程をどう見るか

かくして、需要側の要因から工業化や経済発展を分析することができるし、伝統的価値や能力に基づく需要要因と近代社会が生み出した供給要因との関連性から経済発展の独自性を理解できる。さらに、工業化や経済発展の国際間の相違や経済発展過程の相違、すなわち以下の「3つのアジェンダ」を、一貫して説明することも可能ではないかと考える。

アジア諸国の経済動向を見ると、主として三つの現象が観察される。①まず工業化を開始できない国である（「アジェンダ1」）。それはインフラを整備し、先進国からある程度の科学技術や資本の導入可能性はあっても、目立った発展が見られない国々である。たとえば東アジアではかつてのミャンマー、ラオス、カンボジア、北朝鮮、南アジアではバングラデシュ、アフガニスタンなどが考えられる。これらの国々が工業化の努力をまったくしていないわけではない。それでも、目立った工業化も経済発展も開始し持続していないのはなぜであろうか。またイスラム圏、特にイランなどのイスラム中心国に工業化しない国が多いのはなぜだろうか。②第二に、工業化を開始しても、一人当たりGDPで見て、順調に発展できない国々である（「アジェンダ2」）。たとえばアジアでいえば、フィリピンがその典型であるが、インド、インドネシア、タイ、マレーシアなども、かなりの成長が見られるとはいえ、独立後四〇～五〇年たっても依然として中進国化ないし先進国化できないケースである。さらにいえば、なぜいったん工業化や経済発展を開始しながら、順調にそれが持続しないのか、である。その意味では、これら諸国には何か共通の原因ないし要因があると考えるべきであろう。工業化を開始した後、順調に発展して、先進国へと進む国もある。アジアＮＩＥｓや今後の中国などはその事例である。そこにも、共通の要素が存在するように思える。もう一つは、③いまは日本だけにみられるように、経済発展して先進国水準に到達しながら、それが持続できず、長期停滞に陥り、欧米の水準に並ぶか超えることができない国々が存在するケースである（「アジェンダ3」）。現状では日本だけだが、やがて韓国、台湾、シンガポール、中国なども、ＤＳ理論から見ると、適切な改革ができなければ先進国化した後、この事例に入る可能性が高い。たとえば、先進国化した韓国企業の行動様式はアジア型とはいいがたいが、自力でのイノベーションを欠く点では日本や他のアジア諸国と類似する。他方、シンガポールのように、一人当たりＧＤＰでは日本を超えるが、シンガポールはアジアではやや例外的に強力な政府指導者とその周辺のエリートの存在と外国人労働者・研究者や外国資本の大規模な導入、などを中心にやや強引に経済発展を実現してきた。それは基本的に摂取型需要要因をフルに活用した結果であるが、ほぼ限界に近付いている。これ以上続けるには無理があり、今後どれだけ持続できるかは大きな課題である。

このように、アジア諸国を見るだけでも、国による相違は歴然としている。そこで、これら「3つのアジェンダ」を一つの仮説で説明できない限り、アジア型の成長モデルは生まれない。そこで、まずこれら三つのアジェンダをDS理論に基づいて説明してみることにしたい。

2 東アジア経済の現状

それにはまずアジア経済の現状を理解しておく必要がある。統計に基づいて、東アジア経済の過去と現在を簡単に見てみよう。まず表2－1には一九七〇年代からの経済成長率が示されている。それを見ると、七〇年代から九〇年代にかけて、フィリピンを除き、多くの国の経済が輸出志向工業化政策の下で、急速に伸びたことがわかる。むろん、その速度には相違はあるものの、他の地域に比べて東アジア諸国は明確な高度成長を示している。だが、二〇〇〇年度以降、中国を除けば、高い成長を実現してきた国もそうでない国も含めて、すべて徐々に成長率が落ちており、特に目立つのは日本をはじめ、アジアＮＩＥｓの成長率の低下である。中でも日本、次いで台湾が最も急速に低下しており、香港、シンガポール、韓国の低下傾向も著しい。それら以外の国では、フィリピンの成長率が近年や

表 2-1　アジア諸国の経済成長率と輸出の対 GDP 比

		日本	韓国	シンガポール	マレーシア	タイ	インドネシア	フィリピン	中国	香港	台湾
成長率	1971～80	5.2	9.0	7.9	7.8	7.9	7.7	6.0	7.9	9.3	9.3
	1981～90	3.8	9.9	6.3	5.2	7.8	5.5	1.0	10.1	7.2	8.5
	1990～99	1.5	6.3	7.6	7.2	5.3	4.8	2.8	10.0	3.6	6.5
	2000～09	0.7	4.4	5.6	4.8	4.1	5.1	4.6	10.3	5.0	3.6
	2010～15	1.5	3.7	5.9	5.6	3.6	5.8	6.3	8.3	3.6	4.4
	2016	1.0	2.8	2.0	4.2	3.2	5.0	6.8	6.7	1.9	1.4
輸　出	1990～99	9.9	30.8	—	91.2	43.0	30.1	38.1	19.6	133.3	45.7
	2000～09	13.6	40.7	215.0	110.5	69.9	32.4	46.1	31.1	179.7	62.1

注）(1) 成長率も輸出（製品）の対 GDP 比も。単位は%，—は不明，(2) 2010～15 年の値には 2015年の予想を含む，(3) 日本の成長率の70年代と80年代はそれぞれ1970～79，1980～89年。

資料）The World Bank, Putting Higher Education to Work: Skills and Research for Growth in East Asia 2011, and ADB, *Key Indicators 2015 and Asian Development Outlook 1993*, 2015, および「世界経済のネタ帳」

や顕著な上昇を見せているが、それ以外の国もそれなりに低下傾向を示している。それでも「アジアの時代」を称賛する声は依然として高く、いくつかのアジア諸国はやがて日本を超えるとの見方もある。だが、このまま推移すれば、アジア経済には驚くほどの早さで低成長時代が来る可能性もあると想定することができる。いったいどちらが正しいのであろうか。

　そのことを象徴するのが日本である。アジアで最も早く経済発展を開始した日本は、一九五〇～六〇年代に年平均九～一〇％台の成長率を実現したが、七〇年代の二度の石油危機を経験する中で徐々に低成長へと向かった。大雑把にいって、日本に次いで経済成長を開始したアジアＮＩＥｓ諸国は六〇年代から徐々に発展し始め、七〇年代から八〇年代にかけて高い成長率を実現したが、その後は徐々に低成長へと移行した。このようにみると、遅れて発展を

表 2-2　アジア諸国の一人当たり名目 GDP

	1960	1980	2000	2010	2015	2021	2015/60	2021/60
日　本	479	9,313	37,302	42,943	34,524	45,126	72.075	94.209
台　湾	148	2,325	13,890	19,262	22,358	26,750	151.068	180.743
マレーシア	275	1,900	4,287	8,920	9,766	15,260	35.513	55.491
インド	84	276	463	1,430	1,582	2,611	18.833	31.083
香　港	429	5,664	25,578	32,421	42,423	52,386	98.888	122.112
インドネシア	38	673	870	3,178	3,347	5,099	88.079	134.184
韓　国	155	1,711	11,947	21,320	27,222	35,078	175.626	226.310
シンガポール	433	5,004	23,793	46,569	52,889	60,944	122.145	140.748
フィリピン	253	753	1,055	2,155	2,899	4,719	11.458	18.652
タ　イ	97	719	2,028	5,063	5,816	6,955	59.959	71.701
中　国	89	308	951	4,504	7,025	12,857	78.933	144.461

注）(1) 単位は名目 GDP（米ドル），(2) 2021 年は予測値，(3) 2015/60，2021/60 は 60 年から 2015 年，2021 年までの倍率。
資料）List of countries by past and projected GDP, https://en.wikipedia.org/wiki/List_of_countries_by_past_and_projected_GDP_(nominal)_per_capita, The World Bank data, http://data.worldbank.org/indicator/NY.GDP.PCAP.CD

開始した国ほど早く成長するという「後発国の利益（ガーシェンクロン）」仮説が成立するが、この仮説もどこまで成立するのか、なぜそれが成立するのか、は不明確である。それ以外の諸国は中国を除けば、日本やアジアＮＩＥｓと同じパターンは見られない。しかし、中国は改革開放政策が明確化した八〇年代以後、およそ三〇年以上にわたって、急速な成長を記録してきた。中国はシンガポールなど、多くの先進アジア諸国とともに、九～一〇％の高いＧＤＰ成長率を記録した後、徐々に低成長へとランディングしていくことがわかる。それは一人当たりで見ても同様である。

次に、一人当たりＧＤＰ（名目）の動きを見てみよう。アジアの中で、一九六〇年時点で最も高かったのは高度成長期に入っていた日本であるが、次いでシンガポールと香港が高い。逆

表2-3　アジア以外の先進諸国一人当たり名目GDPの推移と変化

	1960	順位	1980	順位	2000	順位	2015	2015/1960
デンマーク	1,364	10	13,610	8	30,034	9	53,015	38.87
フランス	1,320	12	13,111	19	23,318	24	36,353	27.54
ドイツ	Na	19	10,699	20	22,318	19	41,179	Na
オランダ	1,069	11	13,288	12	25,732	14	44,291	41.43
イタリア	804	26	8,336	25	19,452	27	29,993	37.30
ルクセンブルグ	2,235	5	17,737	1	46,514	1	99,718	44.62
ノルウェー	1,442	8	15,569	2	37,391	3	84,482	58.59
スペイン	396	31	6,001	29	14,456	29	25,685	64.86
スウェーデン	1,983	7	15,781	10	27,836	12	50,585	25.51
スイス	1,776	4	17,851	5	35,739	2	80,999	45.61
イギリス	1,381	22	9,630	14	25,415	21	43,930	31.81
アメリカ	2,881	14	12,576	4	36,433	8	56,116	19.48

注）(1) 1960年は世界銀行統計，1980年以後はIMF統計，日本と韓国の順位は，1980年23位と58位，2015年にはそれぞれ22位と28位，(2) 単位はUSD，(3) 2015/1960は1960から2015年の間の倍率，(4) Naは不明。

資料）WB，http://data.worldbank.org/indicator/NY.GDP.PCAP.CD，Wikipediaおよび「世界経済のネタ帳」

に最も低かったのは、インドネシアであるが、インド、タイ、中国も一〇〇ドルを下回っていた。一九六〇年から二〇一五年までの五五年間の伸びを見ると、最も高かったのは韓国で約一七五倍、続いて台湾一五一倍、シンガポールの一二二倍であり、この二カ国一地域だけが三桁の伸びを示した。それ以外の国は二桁であるが、三桁に近いのは香港、インドネシアの二カ国である。それら以外の国もかなりの成長を見せたものの、あまり伸びなかった国もある。

しかし、予測値を入れた二〇二一年までを含め、一九六〇年から二〇二一年までの倍率を見ると、三桁の伸びを記録する国は、韓国、台湾、シンガポールを始め、中国、インドネシア、香港など四カ国二地域に増える。逆に、あまり成長が見込めない国のトップは長い間フィリピンであった。そのフィリピンの成長率も近年若干高まっており、今後それが維持できればある程度の成長は見込めるかもしれない。だが、さまざまな面から考察して、長期的にある水準を超える持続的成長（たとえば、平均六〜八％の成長率を一〇年から二〇年継続）を可能にする条件は十分とはいえそうもない。要するに、一人当たりで見たアジア諸国の経済はある水準に達した後、その伸びは急速に低下することがわかる。

それらの国々は他の東南アジア諸国（たとえば、インドネシア、タイ、フィリピン、マレーシアなど）とでは、経済と同時に非経済的な摂取型需要要因が関連しているのではないか、とも考えられる。それは、たとえば政治、社会、文化などの諸要因であり、一時期話題を集めた儒教文化圏仮説などはそのことを説明しようとした典型的な仮説であろう。しかし、それらの仮説も結局、発展した結果を説明するだけで、それ以上には発展していない。要するに、国際比較をするには経済要因以外の要因が必要であるが、経済モデルと違って、それらをどう説得的に説明するかは明確ではない。

3 「3つのアジェンダ」と「工業化の需給理論」

その中で、最初の二つのアジェンダを、DS理論ではどう解釈すればいいのかを簡単に見てみよう。まず工業化の開始や持続が困難なケース「アジェンダ1」をみてみよう。ここに入ると想定されるのは、かつてのミャンマー、北朝鮮、バングラデシュなどである。これらの国は若干の相違はあるが、一般にいわれる「低位均衡の罠」に陥ったままの国ともいえよう。DS理論でいえば、低いレベルで需給均衡が成立したまま、摂取型需要要因が不十分なため、上方にシフトできないでいるケースである。

一般論としていえば、低いレベルでの均衡が成立する状態は、国内的には政府が発展政策を実施しないか、政府の態度や政策が誤っており、発展を開始できない場合、などが考えられる。つまり、受容のための需給均衡点がほとんど存在しないケースであるが、それを生み出すのは政府であり、政府の態度や能力次第で、経済発展の可能性が生まれる。その際、政府が発展を生み出すか抑制するか、で結果は大きく異なる。かつての中国もミャンマーも独裁国家の下で、経済より政治ないし／および軍事優先であった。それではアウンサンスーチー政権になって、直ちに高度成長するのかといえば、それには大きな疑問がある。はたして、ミャンマー政府が正しい政策や改革ができるかが重要だからである。シンガポールの亡きリー・クアンユーは「軍事政権の高官たちは経済感覚がまったく欠如している。多くの天然資源に恵まれているミャンマーの経済がどうすれば現在のような困窮状態に陥るのか分からない」と指摘しており、さらに軍事政権指導者がいつまでも生き残ることができるとは思わない、とさえ述べている[(7)]。結果は軍事政権の崩壊、アウンサンスーチー政権の誕生となったが、それですべて問題が解決すると信じるわけにはかない。DS理論の観点から見て、多くの問題が残されているからである。

これは北朝鮮にもほぼ当てはまる。北朝鮮指導者には軍事優先の先軍政治や金王朝の維持といった国民不在の目的があり、それが経済発展と無縁どころか阻止要因として働いていることは明らかである。しかし、情報化やグローバル化が進む現在では、対外関係によっては独裁政権であっても経済発展しないと断言することはできない。独裁政権を正当化すべきではないが、問題は指導者の態度や政策がどの程度国民のための経済発展を志向し、周辺関係諸国との関係なども考慮し、それに適合的かつ改革的な政策を実行できるか、対外開放を進め、外部からの発展要因をどれだけ取り込めるか、などが重要である。たとえば、朴正熙やリー・クアンユーは明らかに国民のために大胆な開発政策を行った独裁者であるが、経済発展や国民生活の向上に貢献したことは明白である。独裁ではない民主的な方法で内発的に経済発展することが理想ではあるが、国民や指導者がどういう開発政策を選択するか、を外部から非難するだけでは問題の解決にはならない。これらはDS理論から見れば、独裁国家であろうと民主主義国家であろうと、供給要因は平等に与えられているのだから、需要要因をどういう目的に利用するか、が問題なのである。

4 「中所得の罠」と「工業化の需給理論」

いったん工業化を開始しながら、順調かつ持続的に発展させられないケース、「アジェンダ2」を見てみよう。ここに入る典型的な国はアジアではフィリピンが考えられる。工業化を開始し、そこから先進国へと一気に駆け上がれない国々をも対象にすれば、典型的なのはむしろマレーシアやタイであるともいえる。これらの国は「低位均衡の罠」を脱出した国であるが、今度はMITに陥っている、との指摘もある。それはある程度の所得水準、たとえば、国にもよるが、一万~二万ドルの一人当たり所得水準が想定される。中南米はもっと高い国も多いが、長期にわたって、成長率が低下し続け、三万～五万ドルの先進国水準には達することができず、MITまでは行くが、停滞する場合である。NIEsの中でシンガポールを除く韓国や台湾でも、二万ドルを越えて、さらに三万から四万ドルへと進むにはかなりの足踏みが見られる。これは筆者が「アジェンダ2」と呼ぶものに近い。しかし、MITと「アジェンダ2」とがやや異なるのは、「アジェンダ2」は一つの連続的な発展過程として説明できるが、MITは、やや唐突に出てきて、その概念も曖昧であるため、論理的な研究はなされていないのが現状である。DS理論で見れば、明らかに異なるものであり、フィリピンやインドネシアなどの一万ドル以下の諸国と、一万ドルを超えながら、先進国水準に長い間到達できないマレーシアやタイの二つのグループを、一貫した論理でどう説明するかであり、MITでは説明不能である。一人当たりGDPの動きだけを見て、結果だけで、MITを指摘するだけでは、解決策も見いだせない。いわば前者は伝統的な概念では、「低所得の罠（LIT）」といってもよい。それはフィリピンを見ればわかるように、いったん開始した経済発展や一人当たりGDPを低い水準のままにとどまり、発展させられない状態の国である。両者は一見して別の問題に見えるが、一貫性のある論理的な説明が可能である。もう一つは、多くの人が指摘するMITから脱却する条件（たとえば生産性を上げるために、要素蓄積型から技術革新型や初等教育から高等教育への人材育成、腐敗・汚職の撲滅、など）は文化とも密接にかかわり、それらは筆者が指摘する摂取型需要要因にかかわる。したがって、DS理論を使えば「低所得の罠」もMITも、需要側の効果的な動員や発展水準との差で説明でき、それをいかにして供給要因との均衡点を増加させ、均衡点の安定と発展を実現するかの問題として、連続的に説明できる。要するに、需給均衡点の量的な少なさ、結びつきの弱さ、阻止要因の多さ、などが複雑に絡んで生じた結果にすぎない。それにもかかわらず、技術導入、資本蓄積、人材育成といった供給側の要因に注意やエネルギーを集中するだけでは問題は解決しない。

5「工業化の需給理論」でみたアジアの事例

そこで、DS理論を使って、さらにアジアのいくつかの国を例に取り、工業化と経済発展について、考えてみたい。最初にフィリピンを取り上げてみよう。フィリピンは五〇年代にはアジアの優等生といわれた。一九五〇年の一人当たり名目GDP（国内総生産）は一五〇ドルで、台湾（一一〇ドル）、韓国（七〇ドル）をはるかに上回り、日本の一九〇ドルに近かった。だが、二〇〇九年現在一七五〇ドルにすぎず、一九五〇年には韓国の二倍以上であったが、〇九年には一万七二二六ドルの韓国の一〇％程度にすぎない。また五〇年代の平均成長率も六・五％でタイ（五・七％）、シンガポール（五・四％）、韓国（五・一％）を上回っていた。フィリピンの成長を支えていたのは、砂糖、ココナツ、鉱産物などの第一次産品輸出および輸入代替産業を背景にした軽工業であった(7)。

このように、戦後順調に出発したフィリピン経済もその後は伸び悩み、次々とNIEsなどアジア諸国に追い越されていった。その間の詳細な分析は他に譲るが、概していえることは高い教育を受けた人材の多くが外部に流出し、製造業やITなどのサービス産業が未発達のため、国民の勤労意欲は高くても希望する仕事がなく、それらに対し、歴代政府の多くは適切な対策を打っていない。要するに、経済面でいえば、政府の産業政策や工業化政策の弱さが最大の課題の一つであるが、政府はそれらを解決するだけの能力を持たない、軟性国家の一つであるといえよう。まさに「政府の失敗」の典型的な事例である。フィリピンが工業化を進め、持続的な経済発展を実現する機会は十分存在したのに、長期的に見てなぜ他の東アジア諸国、特にＮＩＥｓに遅れをとったのかを問うなら、不運とか農業部門の遅れだけで説明できる部分はそれほど多くないのではないか。その点は資源も少なく、人口規模も小さい韓国、シンガポールと比較することで、問題点はかなり明確となる。なぜならクローニー・キャピタリズム（ＣＣ、縁故資本主義ともいう）を打破できないのも、麻薬の社会的浸透、腐敗・汚職を払拭できないのも、政府が有効な手を長期にわたって打たなかったことに原因があるし、さらには非論理的で慣習的な価値観が支配するといった、社会・文化的要因などの非経済的需要要因が密接に関係するからである。そうした問題は日本や他のアジア諸国にもかつては存在したのに、日本だけが経済発展に成功してきた。そこには需要要因の差が働いたとしか考えられない。

さらに、適切な政策を実行しなかったフィリピン政府は国民の期待を裏切り続けたため、政治や社会は安定せず、長期的に政府が適切な開発政策、産業政策を実行できない結果生じる「政府の失敗」を生んできた。近年のドゥテルテ大統領の麻薬患者に対する厳しい態度もその一つであるが、問題はそれを短期間に終了し、一刻も早く目標とする供給要因と強力な摂取型需要要因との均衡点を見出すことが求められる。筆者が知る限り、フィリピンの教育程度は高く、人材も政治的指導者も優秀かつ豊富であるが、彼らの才能や知識は有効に活用されていない。

次に、マレーシアを取り上げてみよう。マレーシアは一九六〇年に一人当たり名目GDPは二七五ドル、独立時の六五年には三一二ドルであった。八〇年には一七八七ドルとなり、二〇〇〇年には三八三三ドル、一五年には一万五二六〇ドルになった。これだけを見ると、かなり順調に経済成長しているように見える。だが、シンガポールと比較するとその遅れが明確となる。シンガポールの一人当たり名目GDPは六〇年に四三三ドルであったが、マレーシアとの格差は年々拡大し、六五年に五一一ドル、以後八〇年四八六二ドル、二〇〇〇年には二万二七五五ドル、〇九年には三万七三七〇ドル、一五年には五万二八八九ドルとなった。六〇年にはマレーシアの所得水準はシンガポールの六三・五％だったが、一五年には二八・九％にすぎず、もはや格差は縮小できないほどに拡大した。さらに、マレーシアより低かった韓国や台湾の所得もマレーシアを大きく超えた。

なぜこのようなことが起きたのか。それには初期条件の相違など、さまざまな要因が絡んでいることは確かであろう。その中で重要な要因の一つとして、以下の点を指摘しておきたい。一九八一年以後、マハティール元首相はルックイースト政策を行い、経済特区を作って韓国や日本の企業を誘致し、マレー人優遇政策（ブミプトラ政策）を実施した。それ自体は、日本企業や韓国企業による技術移転などを通じてある程度成功した。だが、他方で自ら技術の開発や改良には消極的で、マハティール自身が認めた「マレー・ジレンマ」を解決しないままに、優れた経済力を持つ華人起業家を冷遇し、逆に華人に比べて経営能力や商業の才能が欠如するマレー人に政府系企業を任せる、など、起業家を人為的に生み出して優遇し、ニュー・リッチと呼ばれる一部の富裕階級を生み出し、所得格差も拡大した。彼らの中には優秀な人物も少なくないが、華人に比べて、起業能力は低く、科学技術開発力も弱い。マレーシアで「マレー・ジレンマ」に関わる問題を口にすると、敏感問題だとして罰せられかねない。現実を直視しないで、問題は解決するであろうか。

当面、彼らが自力で技術開発やビジネスの能力を発揮して、華人や他の外国人と対等に競争するだけの能力を期待することはできそうもない。政府は適切かつ強力な役割を発揮することで、需要要因は充実しつつあるとはいえ、先進国入りを目指すマレーシアがさらなる工業化をはじめとする産業構造の高度化を実現し続けるうえで、必要な摂取型需要要因はなお不十分である。それをどう強化するかも政府の大きな課題である。これまで同様、あくまでも日系、韓国系をはじめとする外資系企業に依存する状況に大きな変化はない。マレーシアはシンガポールや韓国、台湾、最近では中国なども、政府の役割が大きいことで共通するが、その他の需要要因では大きく異なる。結局、マレーシアが歴史的特性から脱却するには単に時間の経過を待つしかないのであろうか。

そういうわけにはいくまい。「アジェンダ2」を抜け出すには、ブミプトラ政策を検討し直すと同時に、自らの技術改良を徹底的に追求し、優れた起業家を生み出し、これまで以上の競争政策を通じて「マレー・ジレンマ」を脱却するための人材育成や新たな価値観を造成すべきであろう。それらは需要要因そのものであり、またすべて政府の役割にかかっており、政府がそれらに成功するかどうかで、需給均衡点を増やすと同時にその結びつきを強化し、それぞれの均衡点を安定させ、発展させることが可能となり、ＭＩＴからの脱却が可能となる。

６「高所得の罠」とキャッチアップ論への疑問

最後に、ＤＳ理論を使って、「アジェンダ３」の問題を考えてみよう。現在、このアジェンダに関わる国はアジアでは日本だけであるが、所得水準だけから判断すれば、シンガポールも入れるべきかもしれない。日本経済はほぼこの二〇年以上にわたって、長期の停滞状態にあり、早急に回復する可能性は小さい。その理由は日本経済が先進国水準に追いつき、もはや先進諸国から受容するものが、精神的・文化的要因を除けば、ほぼ皆無になったにもかかわらず、依然として受容ないし模倣・改良に終始しているからである。それはＤＳ理論から見れば、重要なのは日本人自身が供給要因を受容するのではなく、創造し発信することである。換言すれば、摂取型需要要因を改革し、発展させる能力を発揮して、西欧と同様の発信型需要要因を生み出し、需給均衡点を上位に押し上げ、自力でのイノベーションなど、西欧と同じ供給側にも立つことである。それができて初めて、日本は欧米にキャッチアップしたことになる。そこに至るまでは、キャッチアップ過程にあり、欧米先進諸国が生み出す創造的成果を受容し続けるしかない。一刻も早く需給均衡一致の状態を構築すべきである。

この点をもう少し具体的に説明してみよう。今日、供給要因にはさまざまな次世代の技術革新や社会イノベーション、政策革新、など無数にある。たとえば、ＩＴ、ＩＣＴをはじめバイオ技術（ＢＴ）、ナノ技術（ＮＴ）、Internet of Things（ＩＯＴ）、人工知能（ＡＩ）、など多くの次世代技術がある。

それらの技術開発はいまや欧米を中心に世界中が追求している。ということは、それらを開発できれば、供給要因の開発に参加創出することになり、それを可能にする発信型需要要因が国内に存在することを意味する。それが実現できれば、つねに需給はほぼ均衡する。これまでの欧米社会は必要なものを自ら生み出し、それを非欧米社会は供給要因として受容してきたため、需給の均衡を実現する必要があった。だが、非欧米社会といえども、自らそれを生み出せれば、欧米社会と同様、自動的に需給均衡を達成・維持することになり、改めて受容する必要はない。ここに初めて真の意味で先進国になり得る。日本は既に部分的な需給均衡一致の国であるが、全面的受給一致を目指すべきである。

それゆえ、ＨＩＴに陥るのは、ＤＳ理論から見れば、日本的な摂取型需要要因を改革しないまま、それを動員し続けることで、経済的に成功してきたがゆえに停滞に陥ったともいえる。その意味は以下に示す通りである。日本が明治以後、欧米科学技術文明を受容し、その社会的受容能力が高いか摂取型需要要因が十分存在したがゆえに、非西欧社会の中で唯一早期に西欧科学技術文明を受容し、定着させることに成功した。しかし、それは日本の文化、社会、政治、経済、法制度など、すべてのシステムを形式的に受容し、欧米のそれに調和させること（需給均衡の実現）で、欧米への接近に成功したにすぎない(8)。

その意味で、日本ほど工業化をはじめ西欧文明の受容に適合的な摂取型需要要因を持つ国はないといえよう。たとえば、外部からの文明受容の阻止要因はほとんど存在せず、受容を促進する要因はきわめて多い。上で見た摂取型需要要因のうち、直接的要因も間接的要因もほぼすべて整えており、逆に阻止する要因は直接的・間接的にもほぼ皆無といっていい。これほど供給要因としての西欧文明と日本が持つ摂取型需要要因との均衡点を完璧なほどそろえている非欧米社会は存在しない。それ自体は誇れることであるが、問題は所得だけでも先進国水準に達した現在、それを実現してきた摂取型需要要因をどう改革し、発信型需要要因へと転換できるかが問われている。

この問題はキャッチアップ型工業化といわれることと密接な関係がある。一体、何にキャッチアップするのであろうか。筆者の見解では、それは経済を中心とした量的・形式的なキャッチアップであって、西欧への精神的・質的なキャッチアップではない。たとえば、西欧文明が世界を制覇する源泉となった科学的精神へのキャッチアップは無視され続けてきた。換言すれば、量的・形式的なキャッチアップだけなら、多くの非西欧社会が達成可能であって、それだけでは真のキャッチアップではないであろう。なぜか。もし日本がキャッチアップに成功したとすれば、一度は国際競争力でトップに立ちながら、なぜ現在は先進国中最下位に沈んでしまったのか、他の多くの国際比較統計で見ても、日本が低位に甘んじたままなのか、さらには欧米を追い越せなかったのはなぜか、を説明する必要があるからである。要するに、摂取型需要要因に基づく形式的なキャッチアップでは、一時的に西欧社会に近づくことはできても、真のキャッチアップも追い越すこともできない。

その理由を説明するには、まず量的・形式的キャッチアップを見直さなければならないと考える。なぜなら量的・形式的キャッチアップに成功するには大雑把にいって、模倣でも形式的受容でも可能であるが、それを続ける限り、自力での創造や技術革新力は生まれにくい。真に欧米にキャッチアップするということの意味は、欧米と同じ創造性や技術開発力を発揮できなければならないということである。西欧社会が根本的に変化したのが五〇〇年前の科学の発見にあったとすれば、いったい日本の根本的変化は何によって生まれるのであろうか。そう考えれば、欧米と日本との相違は依然として科学や科学的精神の有無にあると考えるべきことは自然の成り行きである。それこそはここで問題にする需要要因の根本をなすものといえよう。

3 需要要因の改革

1 摂取型需要要因から発信型需要要因への転換

非西欧社会が自らの持つ、受容のための摂取型需要要因をほぼ完璧に実現しながら、長期停滞に陥るとすれば、その原因を解明する必要がある。そうした事態が起きるのは、DS理論から見れば、繰り返しになるが、需要要因が受容や模倣のための伝統的価値を源泉とする摂取型需要要因にとどまり、創造のための発信型需要要因（近代的価値に基づく社会的能力）へと転換しないためである。なぜ転換しないのであろうか。それは受容した先進文明の形式を受容することには成功したが、それを生み出した社会的基盤の背景要因である精神的・文化的側面の受容には成功しなかったからである。精神とは、たとえば単純化すれば科学的精神や合理的精神であり、模倣を嫌い、自力で技術を生み出す独創性であり、伝統的要因と近代的要因との一貫性、すなわち横並び意識の改革、個人主義ないし個権の確立、主体性、自己責任、甘えの構造からの脱却、自由や平等、公正の徹底、などである。要するに、そこでは西欧文明の背景をなす精神的・文化的要素がほぼすべて抜け落ちているからである。それはある意味で、非西欧社会が西欧社会と同質化することを意味するが、それは確かにきわめて難しい。それでは、どうすればいいのかと問われれば、一つの方法として、政府が率先して、教育や法制度を通じて、時間をかけて、目標の実現に向かって努力する以外に方法はないのではないか。それは西欧社会でも一朝一夕に誕生しなかったことを考えれば、必要に応じて実現の努力を怠るべきではないであろう。これまでの科学技術は、日本的な直線思考や慣例思考に基づき、欧米からの導入技術の模倣、改良、応用、そして国産化することに集中し、しかももの作りを中心とした「改良・応用型イノベーション」に偏ってきた。そのため、供給要因の受容には成功したが、自力での独創的なアイデアや技術革新を自ら発展させることには成功していない。その原因の多くは発信型の需要要因の欠如である。裏返せば、長期にわたる近代化＝欧米化、は本気で取り組めば取り組むほど、日本が育成すべき創造性を失うことでしか達成されなかったといっていいであろう。

2 需要要因の改革と真のキャッチアップ

このように、ＷＩモデルを受容すれば、特に非西欧社会では、その後の発展が自動的に自力で実現できるわけではない。まず自力での発展を目指すにはＷＩモデルを効果的に受容し、それに真の意味で欧米への質的キャッチアップを目指す必要がある。そうでなければ自力で工業化を達成し、さらにはそれを発展させる必要があるからである。

一般にキャッチアップという場合、具体的な供給要因を受容する意思や能力が必要であり、それにはまず政府が積極的な態度を取り、適切な政策を実行し、受容に必要な近代的法制度やインフラなどの環境整備が必要となる。そのうえで、国民の意思と能力が問われる。たとえばその国の工業化、特に技術の受容を可能にする人材をどの程度育成できるか、である。そこで教育制度が重要であるが、それは一朝一夕にはできない。キャッチアップには、明治維新政府が行ったように、政府が構築した法制度の中でも工業化に不可欠な金融や教育に関する制度をまず整備することである(9)。これらはすべて需要要因、中でも政府がいかに先見性を持ち、需給の均衡点を見つけ、それを実行できるかを示している。換言すれば、近代的要素を導入するために、それに伝統的要素をいかにして適合させるかを示している。

このように、非西欧社会の工業化は国による差（つまり摂取型需要要因ないし受容のための社会的能力の差異）はあるが、自動的に波及も受容も起きにくい。また工業化には国による多くの相違がある。そこで、筆者はＷＩモデルを受容し、需給の均衡状態を維持し続けるために適合的な社会・文化的な諸要素や政府の役割が工業化の開始とその持続的発展の条件として決定的だと考える。中でも、政府が中心となって、需給の均衡点を生み出し、必要に応じて持続的に維持すること、それには国民の協力をいかに獲得するか、などが重要である。しばしば非西欧社会の近代化（工業化や民主化）の初期には、偉大な政治的リーダーが現れ、その人物が近代化を推進することが少なくないのはこのことを示している。

政府と並んで、重要な社会・文化的要因があたかも経済問題とは無関係のように考える意見もあるが、それはミスリーディングである。西欧社会では近代経済成長[10]の開始以前に、ギリシャ科学の影響や、デカルトらの自然哲学を始め、キリスト教の影響や長い思想的、宗教・文化的、社会的発展の歴史が存在し、それらの影響下に創出された技術革新と科学・科学的精神が一体となって科学技術文明や工業化・経済発展、さらには近代化が生まれた。イギリス以外では民間人が中心となって、産業革命を起こした国は無く、ヨーロッパ主要国でも当初は、民間に代わって政府がまず率先して工業化の実現にのりだし、その後は、民間の能力を最大限に活用する政策がとられ、民間もそれに応えてきた。これは西欧社会といえども、需給の均衡を政府が中心になり率先して実行し、短期間に需給均衡の永続性を創出したことを示している。

だが、日本をはじめ非西欧社会は西欧社会とは異なる歴史過程を経験してきたために、政府が中心となって、民間とともに西欧社会が生み出した文明を単に模倣し受容するだけで、欧米諸国と一体となって先進文明の発展に貢献する部分は限定的であった。つまり、西欧社会は多くの需給均衡点をいち早く実現し、その持続のための改革に成功したのに対し、非西欧社会には、近代科学技術に基づくＷＩモデルを生み出す社会・文化的基盤や歴史過程は存在しなかったため、需給均衡点も少なく、改革も進まなかった。要するに、西欧社会と非西欧社会の相違の一つは、経済発展初期に政府が摂取型需要要因を動員して、模倣→学習・受容→発信、へと進むか否かである。

また、資本主義経済システムの中で、科学技術を生産に結びつけるのは企業ないし企業家である。M・ウエーバーによれば、西欧キリスト教文化の中から企業家が生まれ、経済成長につながった。非西欧社会は西欧社会と同じように考えることはできない。欧米社会が生み出した科学技術や工業化モデルを真に受容するだけでも、まずそれらを生み出したものと類似の社会を想定する必要がある。それは模倣から創造へと進化することであるが、どこかで模倣を創造に転換する契機やそれに続く革新が必要である。その意味で、かつてドイツの産業革命初期にイギリスから技術やノウハウを導入し、企業家を招いて、学んだ後、自力で多くの技術や起業家を生みだし、独自の技術革新を引き起こした例が参考になる。日本などと異なり、重要なことは、こうしたメカニズムは経済面に限定されるものではなく、社会のあらゆる分野で起きたことである。

日本では下級武士を中心に、豪商、富農などから企業家が生まれたとの説がある。なぜ彼らが起業家になれたのかを、ロバート・ベラーはプロテスタンティズムの倫理や資本主義の精神と類似の倫理観が存在したからだとみなし、それを儒教倫理に求めた(11)。しかし、そうした指摘は概して間違っている。彼らはロストウが指摘したように、「ある種の特殊な強い刺激」を受け、西欧化するには企業や企業家の役割やノウハウの重要性を知って、西欧の企業活動を模倣し、開始した人々である。しかし、彼らを次々と生み出すメカニズムは伝統的社会には存在しないばかりか、外部からの刺激や影響を受けて、経済面で起きたことが、非経済面には波及しないことである。このことの認識はきわめて重要ではなかろうか。

こうしてグローバル化が進む現在の世界で、西欧科学技術文明から発したさまざまな現象を自ら生み出すことが不可欠であるなら、単なる形式的受容の段階を超えて、西欧社会との同質化や、自力で新たな文明を作り出す精神的・社会的基盤の確立が必須の課題ではないかと考える。それには摂取型需要要因の改革や充実以外に方法はない。それは、量的で形式的・部分的なキャッチアップから西欧社会が持つ科学的精神などを総合的に受容し、自力で文明を発展させる段階に達して初めて真のキャッチアップが可能なことを意味している。むろん、日本社会が持続的成長を可能にし、欧米と並ぶ西欧的価値を実現できれば、西欧社会と同質化する必要はない。

こうした状況を見ると、欧米社会が追求してきた近代化の歴史過程が、非欧米社会ではまったく追求されてこなかったことがわかる。その結果、グローバル化が進むにつれて、非欧米社会もますます先進国化（あるいは欧米化）を迫られ、それを拒めば、それだけ国際競争の負け犬の立場に追いやられるか、これまで以上に欧米への追随を余儀なくされる可能性が高まるといえよう。そう考えると、日本をはじめとしたアジア諸国の将来は、多くの予測が示すように、ここ数十年の経済発展の延長線上だけで考えることには大きな疑問が生じる。

4 「工業化の需給理論」と政府の役割

1 持続的経済発展と政府の役割

ＤＳ理論から見れば、需給の均衡点を実現・維持・発展させるのは、基本的にまず政府の役割である。政府の役割は、しばしば市場の役割との関連で取り上げられる。政府の役割については、私的利益と公共利益の調和とか、市場の失敗への介入など、が古典派経済学の教えるところである。そこから出てくる結論は、市場への政府の直接介入や大きな政府の否定である。また、日本では政府介入への不信感が専門家を中心に強い。それは、アダム・スミスの影響が強いからであろう。しばしばみられるのは政府が介入しなかったために成功したのだとの事例を持ち出し、政府不介入の正当性を主張する意見も多い。しかし、それは有能な個人や組織による例外的な事例が多く、そうでない事例を数え上げればきりがない。逆に、政府が育成した事例も少なからずあることも事実である。戦後日本経済の発展に果たした産業政策はその好例である。また政府介入を市場への短期介入に限定し、長期介入を無視する傾向がある。

スミスが指摘する「政府の不介入」の原則には、個人の主体的な競争や工夫、完全競争市場の重視、個人の才能や偶然得たチャンスによる成功、あるいは個人に依存することが多い、独創的なアイデアや知識の創出能力、それに市場への短期的介入、などが前提となる。政府不介入＝市場中心でうまくいくのは、市場が個人主義的で、ほぼ一〇〇%機能する場合であり、DS理論からいえば、基本的にまず需給が常に均衡している場合である。たとえば欧米社会は個人主義の社会であり同時に市場と政府が明確に並立する社会である。それでも政府は何もしない方がいいという考えはリーマンショックを見れば、説得力を失う。特に発展途上の非欧米社会では欧米社会とは前提が異なり、一般に、前者では市場が十分機能していない場合が多く、政府が介入しなければ、市場も機能しないかゆがめられる可能性も考慮する必要がある。

それゆえ、古典派の政府観には西欧社会特有の前提が隠されており、普遍的に妥当するかのような印象を与えるため、必ずしも正当化されない。そうした西欧社会を前提とした政府観には西欧社会にも、多くの反論もある。その典型的な反論は、たとえば、政府の役割の重要性を積極的に容認するG・ミュルダールの見解である。彼は西欧社会と同時に、非西欧社会をも同時に考察する立場から、市場のメカニズムには徹底的な不信感を持っている。彼は市場の諸力に任せておく限り、現実はやがて累積的因果関係の原理により、同一方向への累積的過程が作用し、不平等化を激化させるため、これを逆流させるには国家の役割が不可欠だとみなすもので、政府の介入に否定的な古典派の理論は自然調和を価値前提とするものだとして批判している(12)。しかし、これも政府の役割を限定的にしか見ていない。筆者の観点からはミュルダールの指摘にはそれなりに賛成であるが、基本的に筆者は、ミュルダールがいうとおり、非西欧社会が抱える多くの問題を市場の諸力で解決することは不可能と考える。なぜなら、後にみるように、社会の改革(ここでは搾取型需要要因の改革)は政府にしかできない、と考えるからである。

古典派などの正統派経済学が教える政府不介入論は、概して主体性と才能を持つ個人尊重の考え方や完全競争ないし自由競争による市場経済が前提をなす欧米社会（とりわけアングロ・サクソン社会）に限られる。さらにいえば、そこでは需給の乖離を心配する必要が無いため、持続的な需給均衡維持のために、需要要因改革の必要性が無い、いわば一種の永続的需給均衡の状態であるために生じる限定的な見方といえよう。だが、市場に任せておけば、需給均衡が実現せず、またそれが常に乖離しやすい場合や、組織優先の社会では規制緩和しても、個人の自由競争は不完全であり、多くの個人が権利も自己責任も果たせない場合には、市場のメカニズムで問題を解決できる保証はなく、政府の役割は小さくない。

そこで、非西欧社会では必然的に政府は長期的観点からも、効率的で革新的な能力を発揮しなければならない。国際社会との調和や国内の法制度改革など、市場化やグローバル化によって、乖離しやすい需給均衡点を維持し続け、それらを確固としたものにすることも重要である。だが、DS理論の観点からは政府が果たすべき役割は、もっと広範囲に及び、しかも決定的である。経済発展の初期にはいうまでも無いが、発展開始後も国民が知ることのできない知識や法制度の構築、組織への働きかけ、外部からのさまざまな知識や技術の導入、経済ばかりか持続的な経済発展の維持のためにも、政府は政治・社会・文化面での改革など、多くの面で市場を超える役割を果たさなければ、摂取型需要要因の変革や需給均衡の持続的な維持・発展は難しいと考える。要するに政府自身が近代化する必要がある。

長期的視点から見て、市場か政府かといった問題の立て方は、社会や文化の前提を無視しては十分効果的とはいえない。非西欧諸国にとって、重要な経済的イノベーションを促進するため、市場にかかわらない分野での社会や法制度の変革をはじめ、教育改革などを通じて意識改革を図ることも需給均衡点を維持・拡大する上できわめて重要である。それを市場や民間に任せて実現できるはずはない。それには政府は個人の権利と責任を前提に、個人の能力を発揮させるべく、リーダーシップを発揮し、進むべき方向やあるべき姿を示すべきである。これらは個人の役割が弱く、組織や政治・社会の力が強く働く諸国ではとりわけ重要な意味を持つ。このような改革は静態的でキャッチアップ型で歴史的非連続性に基づく近代化を追求する日本やアジア諸国の宿命と考えることもできよう。その意味で、政府の役割は、高所得国に達した後には、第1に「摂取型」の「日本型モデル」を一刻も早く脱却するための改革を断行すること、それには絶えず長期を意識し、摂取型需要要因から発信型需要要因への改革、すなわち受信型から発信型への転換を断行すべきと考える。

2 効率的政府か革新的政府か

これまで筆者は政府の役割をやや誇張しすぎたかもしれない。そこで、以下では政府が果たす役割がいかに持続的経済発展に大きな影響を与えるかを知るために、もう少し政府の役割について考えてみたい。多くの政府の役割の中で、特に政府の効率性を問題にすることが一般的である。そこで、日本を例にとってこの点を考えてみたい。近年、日本の国際競争力ランキングは著しく低下した。その要因の一つとして、政府の効率性が大きな問題になる。ＩＭＤ（国際経済開発研究所）は国際競争力に関連する分野を、①経済状況、②政府の効率性、③ビジネスの効率性、および④インフラ、の四項目に、さらにそれらを五つのサブ・ファクターに分け、合計二〇項目のランキングを発表している。それらはすべて国際競争力に与える影響を表すが、その中で、長期の経済発展に果たす政府の直接的な役割は「政府の効率性」である。「インフラ」の充実や「ビジネスの効率性」を高める上でも政府は大きな影響を与える。しかし、それらは政府の直接的な役割というよりやや間接的な役割に近い。

直接的には、まず「政府の効率性」を見るべきであるが、その国際ランキングは、「ビジネスの効率性」とともに低く、競争力ランキング低下の主要因はこれらの低さに起因するとも指摘される。中でも日本「政府の効率性」は欧米諸国の中でも際立って低い。さらにその原因は表２－４からある程度知ることができる。表の五つのサブ・ファクターの中で日本のランキングが低いのは、①財政（国家予算が黒字か赤字か、中央政府の内外債務、脱税など）と、②租税政策（徴税、実効個人・法人税）、である。残りの三つ、③制度的枠組（信用の格付け、外貨準備高、為替の安定性、国家の効率性として政府の意思決定、透明性、官僚支配など）と、④ビジネス規制（関税障壁、保護主義、など）、および、⑤社会的枠組（司法、個人の安全保障、老齢化、政治不安リスク、女性の地位と両性の不平等など）も高くはないが、まずまずの水準を維持している。ここで財政のランキングが低いのは一〇〇〇兆円を超える財政赤字や公的債務が原因である。また租税政策では国際レベルから見て高い法人税も外資

表2-4 「政府の効率性」の分野別ランキング(2013年)

	財　政	租税政策	制度的枠組	ビジネス規制	社会的枠組
日　本	60	37	17	29	24
アメリカ	55	26	11	12	22
イギリス	48	31	12	13	21
ドイツ	26	53	9	21	9
フランス	54	60	26	26	13
スウェーデン	10	47	5	5	2
デンマーク	21	41	7	9	4
オランダ	28	51	4	8	5
シンガポール	6	10	1	2	19
香　港	5	3	3	1	26
韓　国	9	18	19	39	42
中　国	14	55	13	55	44

資料）IMD, *World Competitiveness Yearbook*, 2013.

流入を阻止し、日本企業の海外流出の促進要因の一つである。政府の効率性を低めている要因とし、以下のものを指摘したい。農業政策の遅れ、社会保障政策の失敗、非効率な官僚制度や租税制度など、制度面での弱さも日本経済の競争力を押し下げる原因である。また、その背景には非論理的な多数決主義と並んで、普遍的価値の認識不足、論理的に国民を説得する科学的・合理的精神をはじめ、指導力、説得力、説明責任、透明性、公正性、誠実さなどの欠如、などの要因が指摘できる。要するに、DS理論から見ると、それらは西欧文明の受容には一定の役割を果たしたが、改革が必要な時代になっても、摂取型需要要因を改革しないまま放置し、明治以後だけを見ても、何ら決定的な改革は実行されて来なかったことを示している。

いま「政府の効率性」ランキングを長期停滞との関係でみると、両者はほぼパラレルに動いてきた。欧米先進諸国の経済成長率は低いが、長期的に見る限り、日本経済ほど落ち込んでいない。そのことは一人当たりＧＤＰ、国際競争力ランキング、民主化指数や人間開発指数（ＨＤＩ）の高さ、など、重要な経済・非経済指数で圧倒的に日本を上回っており、全体にバランスがとれている。いくつかの分野別ランキングから判断する限り、日本政府の効率性は欧米政府のそれより概して低く、それが日本経済の停滞や競争力の低下に大きな影響を与えていると考えられる。

日本は、高度成長期以前には、需給均衡に成功し目覚ましい成果を上げたが、それ以後の政府は需要要因の改革に真剣に取り組まず、短期政策でも、長期政策でも失敗し続けてきた。たとえば、前者の例で見ると、数え切れないが、その中の一つはバブル経済の処理の間違い、歴代内閣の景気対策や成長政策も完全に失敗に終わり、ただ巨額の財政赤字をつくっただけである。その最大の原因はＤＳ理論でいえば、摂取型需要要因を改革しなかったために、生産性を上げられず、一定の経済成長率を持続して実現できなかったことである。後者であれば、成長政策や、社会保障政策の失敗、技術革新を生み出す環境（特に、特許法や高等教育改革など）整備の遅れ、頭脳の流出、技術革新力の強化、などで遅れをとってきた。[13] これは安倍政権が自信満々で推進するアベノミクスにも同じことがいえる。つまり、アベノミクスは短期政策でも長期政策でも、疑問が少なくなく、多くの専門家が否定的に見ていることは明白である。これらはいずれもＤＳ理論から見れば、最大の問題の一つは需要要因の改革を進めてこなかったために、生産性や技術革新を生み出せなかったし、徹底した改革がない限り、これからも可能性はきわめて低い。それは一つに、需給均衡点の乖離ないし維持・発展をはじめ、高い水準での需給均衡の実現の失敗である。そこに最大の責任を負う、政府の役割の貧弱さがあるといってよいのではないか。まさに、「政府の失敗」であり、政府自身の近代化の遅れである。政府が成功するには、短期的にも長期的にも、摂取型需要要因を見直し、受信型の需要要因から発信型の需要要因への転換を、論理的でスピーディに実行することである。そのための具体的で断固として実行する決意、政策、法制度の整備、計画などを是非、国民に示す必要がある。

3「理念型政府」と「効率的政府の理念的特性」

政府の果たすべき役割は決定的であるが、それが適切に行使されないなら、それは政府の能力ややる気を疑わせる。西欧社会でも、北欧を中心に、多くの国で政府は市場の役割を超える大きな役を果たし、その多くは成功している。だが、日本政府は必ずしも、適切かつ必要な役割を果たしていないし、熱意も感じられない。日本政府の問題点は、高度成長期には成功したが、それ以後は失敗続きである。なぜであろうか。その原因として、欧米の政権や指導者と比較すると明白なのは、短命内閣（政権発足後、低下し続ける内閣支持率）、低い指導者の資質、実力より人間関係、閣僚の失言や失態、期待に応えられない官僚制度、教育制度など、改革すべき制度の放置、打ち出せない適切かつ革新的な政策、短期政策と長期政策の混在、長期的視点に立った成長政策とそのメカニズムの不明確さ、ほとんど実現しない政権交代、等々を指摘せざるをえない。

具体例を示すと、近年では、女性の社会進出（低い女性議員率や企業の女性役員比率）が遅れているがその理由を分析しないで、場当たり的に女性をもっと登用すべきだというだけでは、目標は達成できない。いまや、社会を総合的・有機的・論理的に把握し、日本社会の根本的で長期的・根本的変革なくして、ＨＩＴは回避できない段階にある。日本社会が持つ需要要因は新しい時代に適合的な需要要因への改革が不可欠であり、それをスローガンに掲げるだけでは、何の問題解決にも繋がらない。

この点を考える出発点として、筆者はここで「理念型政府」論を提起したい。それはＭ・ウエーバーが使用した「理念型」（理想型ではない）という概念装置を採用することで、現実の政府がそこからどの程度かい離しているのかを示すことができる。理念型政府とは、大雑把にいえば、ある種の理念に基づく政府像であり、それは現実には存在しなくても、それを想定することで理念から現状がどの程度近いか、かい離しているか理解しようとするものである。それは完全競争を理念とすれば、そこから現実の市場がどの程度不完全かを理解することができる。現実には、完全競争のように、効率的政府の「理念型」を示すことは難しい。抽象的には完全競争に倣って表現すれば、「完全なる政府」であるが、それは具体的に存在し得ないし、想像することも難しい。そこで、さまざまな現実の政府を見て、筆者なりに一つの仮説としての「理念型政府」を想定することにしたい。

非西欧社会のあるべき政府形態には多くの型が想定できる。その一つは効率的政府であるが、それだけでは非欧米社会が欧米への量的・形式的キャッチアップはできても、国際舞台で対等に競争したり、国際市場をリードする力が出て来る保証はない。しかし、「政府の効率性」の上位にランクされる国の具体的な特徴を見ると、やはり非西欧社会の政府が目指すべき形が見えてくる。

たとえば、ランクの高いシンガポールをはじめ、香港、などのアジア諸国の政府、多くの北欧・西欧諸国の政府には、以下のような特徴が指摘できる。①優れた指導者と指導力、絶えざる改革的な態度や政策などの結果の重視、責任の所在の明確化、高い政治力、②進むべき方向の明示、柔軟な態度、速い意志決定、論理的明確さ、説得力および実行力、議論やディベートの重視、③高い清潔度、透明性、公正性、誠実さ、④論理の一貫性と強い説明責任、⑤高い先見性と発信性、⑥効率性と積極的なリスク負担、⑦独創的なアイデアや革新的・戦略的思考、⑧目的合理的法制度の整備、⑨高い国民的支持と近代民主化度、⑩グローバルな視野、国際社会との協調性および動態的発想、などがそれである。これらをいま、「効率的政府の理念的特性」（以下、理念的特性）と呼ぶことにする。それはある意味で「理念型政府」の特性を示すと見ていいのではないか、と筆者は考える。

4 政府の改革目標

筆者の目から見て、アジアで最も強力な政府の下で、不完全とはいえ、多くの成果を生み出してきた典型的な事例はシンガポール政府である。そこで、日本とシンガポールの政府の特徴ないし特性を比較することで、政府の一つのあり方を考えてみたい。上で示した「理念的特性」は欧米、非欧米を問わず「効率的な政府」の具体的な役割を表すが、非西欧社会が自力での技術革新とその基盤の構築ができるために何をなすべきか、という観点に立てば、結果的には、「効率的政府」よりまず問題解決のための「革新的政府」の方が重要と考える。それはＤＳ理論の観点からも容認できる。革新的であれば、結果として効率的政府になると考えられるからである。そこで、改革のために政府が実行すべきことは、独創的な科学技術を生み出す社会と日本の伝統的社会との矛盾ないしかい離状態を解消し、自力で技術革新ができる社会的・文化的基盤を構築するべく社会や文化を改革し、非経済面の近代化を目指すことである。つまり、伝統的要素と近代的要素との対立や矛盾を極力小さくすることと言ってもよい。

伝統的社会で生まれたルールや制度は自然に成立し、発展してきただけにその社会に最も適合的で、実効化可能性も高い。それゆえその改革や変革は至難のことである。だが、長期的に現在の経済や福祉の水準を低下させないためには、必要最小限の改革の断行は避けて通れない。それには多くのエネルギーと実現への意欲が不可欠であり、それを計画する主体はまず政府である。そこで、仮に二つの具体的な改革目標を想定してみたい。一つは目的合理的な法制度の構築と、二つ目は主として高等教育改革などに基づく意識改革である。前者では個の権利と努力が評価され、主体性が発揮できる仕組みが重要であり、具体的には職務発明制度の改革とか成果主義の採用などが考えられる。後者には多くの困難が伴うが、たとえば論理的思考力や問題解決力を高める高等教育改革（中学や高校でもある程度は妥当する）は断行すべき第一の改革目標である。

5 シンガポール政府と日本政府

それらを実行し、国民に担保する主体はいうまでもなく政府である。そこで、いまさまざまな国際ランキングで上位に位置するシンガポールと下位に位置する日本の政府とを対比してみよう。シンガポールは二〇一四年のＩＭＤによる国際競争力ランキングで三位、政府の効率性では四位である。一人当たり名目ＧＤＰは二〇一三年現在、シンガポール七位（日本二四位）、ＰＰＰ（購買力平価）によるＧＤＰは三位（日本二二位）で、いずれもアジアで最高位に位置し、これだけを見るとシンガポールは明らかに日本以上の経済先進国である。このように高い経済力を誇るシンガポールの最大の主体は効率的で革新的な政府である。

そこで、高い評価を受けるシンガポール政府の具体的な特徴を、各種の資料を参考に、筆者なりに、以下のようにまとめてみた。①いまは亡きリー・クアンユー主導の政府が先頭に立ち、たえず国民を第一に、効率的・国際視点から経済や社会をリードし、必要なら断乎として改革する。②政府は経済や社会を一体として包括的・有機的にとらえ、具体的な戦略目標を絞り、目的合理的に法制度、枠組み、計画などを構築する。③政府は直接的で目標が実現するまで徹底して実行し、結果責任を果たす。④社会全体を目的合理的かつ有機的に関連付ける法制度の構築や、政府機関同士や政府機関と民間との相互関連性を重視する。⑤腐敗・汚職の徹底的排除、競争や公正の確保、政府系の組織や企業などの徹底した競争と能力主義・成果主義を採用することで、高い生産性を確保する。⑥公正性、透明性、発信性と説明責任を重視する。⑦「どこよりも早く」をモットーに、意思決定や事務処理のスピードを重視する。⑧教育を通じて、エリート官僚、企業家、技術者などの目的合理的な人材育成を最も重要視する。⑨国際社会への徹底的開放。⑩シンガポールの欠点として、欧

表2-5 「理念型特性」に基づくシンガポール政府と日本政府の比較

	シンガポール政府	日本政府（主要な具体例）
1	圧倒的に高い	弱い指導力，無責任体質，低い改革意欲，理念無き政府
2	ほぼ完全に充足する	遅い意思決定，弱い説得力，非論理的
3	ほぼ完全に充足する	あまり高くない，隠し体質，結果責任の欠如
4	ほぼ完全に充足する	弱い論理性，低い説明責任，進むべき方向のあいまいさ
5	ほぼ完全に充足する	多い近視眼的見方，低い政治家の質，残る腐敗体質
6	ほぼ完全に充足する	国際ランキングを見る限り，大きく欠如
7	ほぼ完全に充足する	アイデアも戦略性も欠如，スローガンだけに終始
8	最近の教育制度改革はその典型的事例を表す	教育制度や特許制度など，目的が不明確で合理性欠如
9	低い近代的民主化度が先進国との最大の相違	近代民主主義より形式民主主義，ポピュリズムに近い，国民の意識も低い，個人の権利は低い
10	完全に充足する	全く欠如，閉鎖的，排他的

注）左側の数字は「理念的特性」の各項目の数字。
出所）各種文献から筆者作成

米的な民主主義の排除、個人、自由、平等などの軽視、学歴の高さや豊かさの過大な重視、イノベーション力の弱さ、などである。これらは高い内閣支持率の下に、ほぼ独裁的裁量に基づいて実行されてきた。

そこで、いまシンガポール政府と日本政府とを「効率的政府の理念的特性」をもとに簡単に比較してみよう（表2－5参照）。ただし、比較に当たってはシンガポールだけではなく、先進諸国（上述の理念型政府の特性）との比較も含まれる。これらの比較を見れば、シンガポール政府、および西欧諸国の政府と日本政府の特性との決定的な相違は明白となる。この表を見れば、ほぼ理解できると思うので、いくつかの項目に、若干のコメントを加えるにとどめたい。

第一に、シンガポール政府は「理念的特性」一〇項目のうち九項目でほぼ完全に充足しており、これを見れば、一言でいって、シンガポール政府は断固とした、明確な目標の下での、「効率的で革新的な政府」といえよう。エリート主義といわれるように、シンガポールの政治家や官僚はきわめて優秀であるが、彼らは相互評価も厳しいため、指導者はいつも国民のために、何をすることが最も重要かつ実現可能かを考えるといわれる。これに対し、日本はすべてで不十分ないし不足しており、シンガポール政府とはほぼ真逆といってもよい。すなわち、目標がくるくる変わって一貫性がなく、国民のためといいながら、支持率を見ながら、それを平気で変える、不誠実・不公正で、「非効率で非革新的な政府」とすら感じる。これでは長期的に「政府の成功」は期待できず、大きな失敗を積み重ねるほかはない。つまり、政府の効率性の観点から見ても、両者は対照的な特徴を持つが、最大の相違点の一つは政府や指導者が真のエリートで革新的かどうかである。革新性は西欧や北欧の優れた政府とも合致する。

この点の重要性は日本をはじめ、アジア諸国の政府にとっても決定的な条件といえる。両者を比較すると、まず日本の政府に効率性や革新性が欠如することはいうまでもないが、シンガポール政府の革新性も、主として受容力を高めるためであって、独創的なイノベーションを生み出すための、発信性を追求することを目的としたものではない。第二には、経済的成果の観点に限定すれば、シンガポール政府は独立以後ほぼ一貫して、資源的にはほとんど無から出発し、日本政府より優れた成果を生み出している。だが、その最大の原因は政府の態度が前向きで積極的かつ適切・誠実であり、優れた見識を持ち、独立以後、国民から圧倒的支持を得てきたことである。第三に、それはグローバル化の時代には、意思決定の速さや指導力、国際社会への開放度、戦略性、アイデアなど、多くの点でシンガポール政府のやり方や態度がより目的合理的なことを示している。第四に、国際社会から見て、シンガポールの欠点は民主化面での評価がきわめて低いことである。そのために西欧諸国から厳しい批判の声も聞かれるが、その点は政府自身も認識しており、いずれ民主主義や人権の実現を図ろうと考えているし、それも同じ華人系社会・台湾の民主化を見れば、中国と違って民主化の可能性は皆無ではない。しかし、問題は持続的な経済発展の可能性の観点から見て、シンガポールの最大の欠点は、自力での技術革新能力が決定的に欠けることであり、それはDS理論から見て、日本と同様、受容のための摂取型需要要因（伝統的要素）を発信型需要要因（近代的要素）へと改革することに成功していないことである。この点の改革こそ、可能な限り早期に実現する必要がある。その点は、近年のシンガポール指導者の意見を見れば、十分認識していることがわかる。ただし、それが短期間に実現するかとなると、疑問も多い。もはや外部依存を中心にして、生産性の上昇を図る経済発展政策は限界に近づいていると見るべきであろう。問題は限界に達した経済をどう改革し、立て直すか、がシンガポール政府にも日本政府にも強く求められている。それはまさに需要要因の転換、すなわち伝統的社会から近代社会に転換することである。この点については、第5章で再度、取り上げる。

注

（1）この点の詳細は以下の論分を参照せよ。長谷川啓之「アジアの工業化と経済発展：一つの雁行形態論批判」（1）、（2）、*IAM Newsletter*、第6号（二〇一五年十二月）、第7号（二〇一六年三月）。

（2）工業化の開始と発展に関する詳細な分析は以下の論文を参照せよ。長谷川啓之「アジアの経済発展と社会発展：近代化の需給理論」、『経済社会学会年報XXXI』二〇〇九年。

（3）長谷川啓之『アジアの経済発展と日本型モデル』文眞堂、一九九四年、を参照。以下、『日本型モデル』とする。
（4）Ahmad Y. al-Hassan and Donald Hill, *Islamic Technology: An Illustrated History*, Heibonnsha Ltd., 1999. 多田博一ほか訳『イスラム技術の歴史』平凡社、一九九九年、および Sigrid Hunke, *Allas Sonne Uber Dem Abendland*, 1960、高尾利数訳『アラビア文化の遺産』みすず書房、一九八二年。
（5）この点の詳細は、『日本型モデル』を参照。
（6）腐敗が経済成長に与える影響などの詳細は、以下の筆者の論文を参照せよ。「腐敗と汚職：その原因と影響」および「腐敗と汚職：その軽減ないし防止策は何か」アジア近代化研究所『紀要』:『*IAM E-Magazine* 第20号および21号』二〇一七年三月および六月。
（7）リー・クアンユー「ミャンマー軍政は経済政策において全くの無能」http://www.afpbb.com/article/polotics/2295987/2228762（二〇一六年五月一二日アクセス）
（7）詳細は、嘉数啓「第12章　フィリピン経済：持続的経済発展への課題と可能性」、長谷川啓之編著『アジア経済発展論』文眞堂、二〇一〇年、所収を参照。
（8）詳しくは、筆者の「創造的技術革新で長期停滞を脱却せよ」、『エコノミスト・6月29日特大号』、二〇一〇年、を参照。そこで筆者が最も言いたかったのは、創造的技術革新で長期停滞を脱却することではなく、創造的な技術革新を実現するには需要側の要因に目を向けるべきだということである。
（9）特に、この点については、高橋亀吉『日本近代経済の育成』時事通信社、一九八二年、および『戦後日本経済躍進の根本要因』日本経済新聞社、一九七五年、など一連の同氏の明治維新期ならびに戦後に関する著作を参照。
（10）『近代経済成長』
（11）この点については、Robert N. Bellah, *Tokugawa Religion-The Values of Pre-Industrial Japan*, Free Press, 1985. 池田昭訳『日本近代化と宗教倫理』岩波文庫、一九九六年、を参照。またシンガポールの企業家を儒教倫理の側面から考察した、次の文献が有益である。Tu Wei-Ming, *Confucian Ethics Today, The Singapore Challenge*, 1984.
（12）G. Myrdal, *Economic Theory and Underdeveloped Regions* 1957. 小原敬士訳『経済理論と低開発地域』東洋経済新報社、一九五九年、第四章。

（13）草野厚『歴代首相の経済政策・全データ』角川書店、二〇〇五年、参照。

第3章 日本の長期経済発展とアジアへの教訓

はじめに

日本の長期経済発展過程を概観するとき、明治以後非西欧社会の中で、なぜ唯一日本経済が、比較的早期に先進国の位置にまで上り詰めることができたのか、そして一九九〇年代以後、三〇年近い長期の停滞状態に陥ったのはなぜか、などが大きな特徴であることがわかる。そうした点を解明することで、日本経済の発展パターンや方式の特徴は何か、そしてその長所や短所を明確にし、それらをアジア諸国の持続的発展や先進国へと前進するための教訓にすることができるのではないかと考える。それには単に量的・形式的な考察だけでは到底目的を達成することはできない。そこで、まず日本の明治以後の経済発展過程を主としてDS理論に基づいて考察してみたい。アジアの長期の経済発展を理解するには、歴史的な見方が必要なため、すでに第1章で見たように、最初にそれを経験した西欧社会（特にイギリスを中心に）や非西欧諸国で唯一早期に先進国化した日本の経験を参考にすることは有益ではないかと考える。

また、自力で工業化や経済発展を実現した西欧は、産業革命以後、ロストウの言うテイク・オフ以後の持続的発展やクズネッツの近代経済成長を開始した。基本的に西欧社会の歴史は連続的過程であり、発展の契機や源泉は欧米といえども、国によりある程度異なる。しかし、イギリスで開始した産業革命を主導した要因はさまざまな内外要因に基づくが、共通する最大の核心的要因は科学であり、科学技術である。科学技術の発展によって、西欧社会は経済を中心とした近代化を実現したが、それは経済以外の諸要因との相互的かつ有機的な関連をもった歴史過程として、また近代化過程として展開されたことを確認しておくべきである。つまり、西欧社会は科学を発見することで、社会的能力を高め、発信型の需要要因を充実させることに成功したともいえる。換言すれば、近代化過程は、政治・経済・社会・文化などが、総合的に相互関連しながら発展する中で生じたため、欧米といえども、経済発展だけを独立に追求するのでは、経済発展そのものが持続しない可能性がある。ここに非西欧社会が伝統的社会の革命的な変革なくして西欧社会にキャッチアップできない理由がある。

こうした観点に立つと、アジア諸国が長期・持続的に経済発展し、一人当たりＧＤＰなどで欧米水準に達するには、経済の近代化だけに集中する（タテの近代化）のではなく、西欧社会以上に非経済的側面での近代化（ヨコまたは横断的近代化）にも目を向ける必要があることに気づく。こうした観点に立って、日本の長期持続的な成長の可能性を考察し、それが類似の経済発展方式に基づくアジア諸国の経済発展にいかなる教訓となり得るかを見てみたい。

1 日本はいかにして近代化に成功したか

1 日本の長期経済発展

日本経済が長期にかなり高い成長を遂げ、戦後一気に先進国の仲間入りを果たしたことはよく知られている。日本の明治以後の経済発展過程に関する研究はほぼ完結したかに見える。国際的にも理論的にも、こうした現象は「後発性の利益」仮説として知られている。統計を見ても、後から経済発展を開始した国の成長率が概して高くなることは否定できない。それはまた、失敗を回避することも可能である。その意味で、後発国は先発国より有利であり、より急速に発展する可能性が生じる。しかし、筆者のDS理論からいえば、そこには疑問も感じる。たとえば、「後発性の利益」を得られる国と得られない国が存在するはずであり、発展を開始した国の特徴を指摘するだけでは、十分とはいえない。つまり、後発国はなぜ後発国なのか、非発展国の中からどの国が、なぜ発展を開始するのか、なぜ後発国の中に発展を開始できた国とできない国があるのか、なぜ同じ後発国同士でも発展に格差が生じるのか、などはまったく説明されていないからである。その理由は、すでに本書の第1章でも触れたように、ロストウの概念を使って表せば、先行条件期からテイク・オフに至る過程が連続的過程であるにもかかわらず、断絶的過程としてしか説明できないからであろう。

そこで、日本の長期発展の源泉や発展を他の新興国に先立って開始できた原因などを、DS理論に基づいて説明してみたい。日本をはじめ非西欧社会の経済発展を考えるには、二〇〇年以上前に開始した西欧の経済発展過程を考察することが第一の必須条件だと考える。中でも、イギリスをはじめとする多くの欧米諸国が参加して発展させた産業革命過程、あるいはクズネッツの近代経済成長開始期以後の長期発展過程、が連続的な歴史的過程であり、そこで主役を演じたのは科学に基づく技術革新であること、技術革新による経済成長過程の開始は経済が社会の主役としての重要性を持つに至ってからのことであり、経済発展はそれまでに開始していた政治、社会、文化の近代化過程の一部ないし結果であること、近代化過程は経済以前に発展を開始していた非経済的近代化の影響を受け、主として産業革命以後、それらは経済が最重要な課題になると、それにともなって相互に影響しあい、社会全体が有機的関連性を持ちながら発展したこと、などを指摘した。

そこで、こうした西欧経済の経験とは多くの重要な点で、まったく異質の経済発展を遂げてきた、明治以後の日本経済の長期過程を簡単に見てみよう。いま、日本の長期発展をロストウの成長の五段階を比較的順調に進んで、先進国へと向かうことができたのか、について筆者なりの問題意識で考察することである。

そこで、必要な範囲で事実を確認しておきたい。第一に、長期発展動向を量的側面と質的ないし構造的な側面に分けて、簡単に見てみよう。まず前者について考えるには長期の統計が必要である。それには、アンガス・マディソンとクズネッツの統計を使う以外に方法がない(1)。しかし、クズネッツの統計は長期動向を示すが、最近についての統計は少なく、またやや大雑把である。科学技術に基づく

表3-1　一人当たりGDP（実質ドル，マディソンの推計）

西暦	日本	世界	対世界倍率	西暦	日本	世界	対世界倍率
1	400	467	0.86	1940	2,874	1,958	1.47
1000	425	453	0.94	1950	1,921	2,111	0.91
1500	500	566	0.88	1960	3,986	2,773	1.44
1600	520	596	0.87	1970	9,714	3,729	2.60
1700	570	615	0.93	1980	13,428	4,512	2.98
1820	669	666	1.00	1990	18,789	5,150	3.65
1870	737	870	0.85	2000	20,738	6,038	3.43
1900	1,180	1,261	0.94	2008	22,816	7,614	3.00
1913	1,387	1,524	0.91				

注）1人当たりGDPの単位は購買力平価で換算した実質ドル（1990 International Geary-Khamis dollars）。
資料）Angus Maddison, http://www.ggdc.net/maddison/（2016年3月1日アクセス）

近代的な経済成長が開始した最初の一世紀、日本はその成長過程に参加しなかった、というより参加できなかった。日本経済の成長率は、一七〇〇年から明治維新の一八六八年までの間に、年率で〇・二%程度成長したと推計される。当時は農業中心で、目立った技術革新がないのに、市場の拡大と農村工業の発達などの分業の深化だけで経済は成長していた。また、一人当たりの実質国民所得は明治維新当初、七三七ドルと推計され、世界平均を下回っていたが、本格的な近代経済を開始する高度成長期に（一九六〇年代に）入るや世界平均を大きく上回るに至った。これに対し、大川一司は自らの推計として、一九六五年現在の米ドル換算で一四〇ドルとの推計結果を出した。これはイギリスからイタリアまでの西欧諸国が二五〇～三五〇ドルと推計されることを考えると、日本と西欧諸国では大差があったことがわかる。[2]

もう一度、アンガス・マディソンの推計に戻ると、日本の一人当たりGDPは第二次大戦前まではきわめて低く、世界のGDPに占めるシェアは1を超えていない。戦後、徐々に拡大し、五〇年代から成長を再開し、先進国化した一九七〇年代には2を超え、一九九〇年には3を超えた。日本の高度成長は明らかに戦後の特徴である（表3－1を参照）。

アンガス・マディソンの推計には問題点も指摘される。だが、他に国際比較するデータはないため、一九九〇年の購買力平価（非貿易財も考慮に入れた通貨の交換レート）を使い、各国の長期GDP系列をドル・ベースで国際比較可能な形にまとめ上げた、マディソンの作業は画期的なものである。

日本経済の長期分析が示すのは、明治維新以前は第一次産業中心の社会であった。江戸時代の日本の状況について、マディソンは固定化した閉鎖的社会だとしたうえで、次のように述べている。「当時のアジアの標準で考えると、金融組織は高度に発達していたし、全体の経済のなかに占める商業の比重が相対的に大きかった。しかしながら、技術は孤立し、建物はがいして木製で、漁業用以外の船舶の建造はほとんど行われず、車のついた乗り物はまれであった。」、「都市における職人はギルドによって統制されていた。農作物の選択はしばしば農民に押し付けられた。社会階級の区別は職業の変更を妨げ、社会的な流動性をたいへん邪魔した」(3)。ここで注目すべきは、技術力の弱さであり、明らかに近代経済成長とは無縁であったことである。

さらに、マディソンは、幕末には外国への門戸開放により、綿紡績、木綿栽培、砂糖製造などが輸入で打撃を受け、従来の貨幣鋳造の際の銀対金混合比率が外国の三分の一だったため、金の流出を招き、インフレをもたらすなど、重大な国内問題を引き起こし、西欧へのキャッチアップにより独立を維持しようとした、と指摘する。

こうした事実から、徳川時代の社会が完全に静態的だったわけではないが、明治維新を待って初めて、「日本経済がかなり違った進路に乗ったことは疑いをさしはさむ余地がない」(4)。これらの記述は多くの日本人が既に認識している。だが、本稿の目的に合わせて考えると、マディソンの指摘はそれなりに正しいが、それは日本の経済発展を考察することが目的なら、ほぼ経済要因だけに注目することもわからないわけではない。しかし、西欧のもっと長期の近代化過程を考慮に入れるなら、経済以外の近代化との関連性に注目した視点に立つことも必要である。ただし、当時の日本が突然開国しても、それなりに先進文明を受容する社会的能力を発揮できる要素や経験が、かなりの程度に存在したことは多くの研究が示しており、この点をもう一度確認しておく意味はあろう。

2 日本の近代経済成長と工業化の需給理論

こうした観点に立ってみると、明治以前の日本の経済発展は厳密な意味で、技術革新に基づく近代経済成長とはいえない。量的に見れば、日本経済の成長率を推計することで、徳川時代の経済発展を明治維新以後の近代経済成長と結び付けてみることも可能であるが、質的に見れば明らかにそこには断絶があったと言わざるをえない。それゆえ、ここでは、主として近代化の観点から、欧米とは異なって、主として明治維新以後の量的・質的両側面から日本の近代経済成長について考えてみたい。

最初に、主として量的側面に注目しよう。長期の経済成長に関する国際比較データはほぼクズネッ

表3-2 日本，スウェーデン，アメリカ，イギリスおよびドイツの長期成長

	対象期間の長さ	総生産物	人口	1人当たり生産物
日　本	1879-81 ～ 1959-61〈80年〉	42.0	12.3	26.4
スウェーデン	1861-65 ～ 1960-62（93年）	36.9	6.7	28.3
アメリカ	1839 ～ 1960-62（122年）	42.5	21.6	17.2
イギリス	1700 ～ 1780（80年）	5.3	3.2	2.0
	1780 ～ 1881（101年）	28.2	13.1	13.4
	1855-59 ～ 1957-59〈101年〉	21.1	6.1	14.1
ドイツ	1851-55 ～ 1871-75〈20年〉	17.6	7.7	9.2
	1871-75 ～ 1960-62〈88年〉	31.1	11.2	17.9

注）(1) 総生産物，人口および一人当たり生産物は10年あたりの伸び率，(2) ドイツはドイツないし西ドイツ。
資料）クズネッツ『近代経済成長の分析（上）』63ページ，第2表～第5表

ツやアンガス・マディソンの推計に限定されるため、クズネッツの長期データに従って、主要先進国と日本との比較を試みてみよう。表3－2によれば、最も古い時代にさかのぼれるのはイギリスで、一七〇〇年からデータが利用できる。残りの国は一八〇〇年代にならないと利用できない。だが、同じ一八〇〇年代といっても、日本は西欧文明の受容を開始した明維新以後であるため推計期間が短いことに注意する必要がある。総生産物の伸び率がほぼ経済成長率と考えられる。比較対象期間とその期間の長さが異なるため比較は簡単ではないが、一九世紀半ばから二〇世紀の半ばまでの八〇～一二〇年間で成長率を見ると、遅れて出発したスウェーデンや日本のそれが高いことがわかる。そこで、もう少し時期別の統計をマディソンの推計に基づいて、見てみよう（表3－3参照）。

これはほぼ時期を揃えているため、国際比較が容易である。スウェーデンや日本、次いでドイツの伸び率が高いのは、明治維新から第一次大戦開始時期（大正の初め）にあたる

表 3-3　主要国の長期経済成長率と一人当たり実質所得の成長率

	日本	スウェーデン	アメリカ	イギリス	ドイツ	フランス	ベルギー	ノルウェー	ロシア	イタリア
1871 ~ 1913	1.7	1.3	0.8	0.7	1.1	0.8	0.4	2.1	1.9	1.0
	2.7	1.8	2.0	1.1	1.6	0.9	0.8	2.9	2.8	1.7
1913 ~ 1938	2.6	2.0	3.7	1.2	0.7	1.9	1.5	1.6	3.3	1.0
	4.0	2.9	5.1	1.6	2.1	2.0	1.8	2.5	3.4	1.7
1938 ~ 1953	▲ 1.5	2.0	3.7	1.2	0.7	1.9	1.5	1.6	3.3	1.0
	▲ 0.2	2.9	5.1	1.6	2.1	2.0	1.8	2.5	3.4	1.7

注）(1) 日本の 1871 ~ 1913 は 1879 ~ 1913, (2) 上は人口当たり成長率，下段は国民成長率（いずれも実質），(3) ▲はマイナス。

資料）アンガス・マディソン『日本とソ連の経済成長』69 ~ 92 ページ

一八七一～一九一三年である。これは、日本やスウェーデン、ドイツは近代経済成長を開始して間もない時期に当たり、いわば「後発性の利益」を享受できたからだと考えられる。そのほかの西欧諸国はそれより早期に発展を開始し、一八七一～一九一三年には高い成長の時期を終わり、安定的な低成長段階に入った。マディスンのデータも、日本に関しては大川・ロソフスキーのデータを基にしている。それによれば、一八七九年から一九一三年では年率三・三%と推計される。(5)この時期は工業化が開始する時期であるが、全体としてはいぜんとして農業中心の社会である。この時期の農業の成長率は年率約二%であるが、工業は約五・五%であった。しかし、マディソンが指摘するように、日本固有の工業構造は明治時代に作られたもので、西欧型の工業化は第一次大戦から第二次大戦までの期間には実現していなかった。(6)しかし、DS理論から見ると、この時期には西欧文明の受容のための摂取型需要要因はまだ不十分であった。そのことが低い成長率に表れているとみるべきであろう。

日本経済が加速するのは第一次大戦から一九三〇年代であり、輸入代替による工業化で生まれた余剰製品をアジア諸国への輸出拡大に回すことができた時期である。中国とインドへの繊維製品の輸出シェアを大幅に伸ばし、海運業も繁栄し、外貨を大幅に蓄積した。さらに、綿製品の九七・一%を占めていたインドの対英輸入と、一九三二〜三三年に日本の対印輸出はほぼ互角になった。一九二七年の綿織物輸出はイギリスの三分の一から一九三五年にはイギリスより四〇%多くなった。また、一九三一年から三七年までの間に、輸出は年率五・二%で増加し、財貨サービスの輸出額は国民総生産の二七%に達した。(7) この時期になってようやく近代経済成長に向かって前進し始めたと考えられ、明治初期に構築された法制度やその後の教育に基づく技術吸収力など、工業化に必要な需要要因も機能し始めたことが、貿易面に現れている。この時期に貿易が果たした役割は大きく、アジア向け輸出が持続しなければ、日本経済は大きなダメージを受けたと想定される。

日本の産業構造は国民所得で見ると、一九二〇(大正九)年の農業比率は三〇・二%、有業人口比率では五二・八%とおよそ半分が農業人口であった。それが一九三〇年ではそれぞれ一七・六%、四九・五%に、一九四〇年では一八・八%、四四・七%となり、一九六五年になると、一挙に八・六%、一九・四%へと大きく変化し、戦後、日本の工業化が一気に進んだことを示している。(8) つまり、一九二〇年から六五年までのわずか四五年間、特に戦後の高度成長期に農業国から工業国へと一気に変身した。しかし、日本経済の特徴とされた二重構造が一九三〇年代に現れ、戦後も続いた。それは、たとえば重工業分野を中心とした生産活動が必要な技術や資金を握る財閥に支配され、他方で資金力も技術力もなく、労働集約的で下請け的な中小企業が多数存在するという構図を表している。そこには生産性、賃金、雇用形態、などの面で大きな格差が生まれ、高い生産性を背景に、労働市場は高い賃金で保障された終身雇用の大企業と、生産性が低く、パート、女子労働者、臨時雇いが多く、低い賃金で働く中小零細企業との間で大きな分化が生じていた。

これに続く時期は大戦の影響で、日本経済が大きく減退する時期である。日本が多額の投資を行った旧植民地は失われ、財閥は解体された。その結果、生産力も対外貿易も大幅に減少し、一九五〇年には戦前水準に復帰したドイツに比べ、日本は約四年遅れた(9)。

明治維新以後、日本経済は緩慢かつ確実に成長を続けてきた。だが、それは国家の富の拡大を通じて、軍事力の拡大を図る「富国強兵」に基づくものであり、そこではしゃにむに経済発展させるという図式が実行された。この時期には国民の生活水準はあまり上昇せず、また「富国強兵」政策の下では、一歩間違えば、戦争への道を歩む結果になるのは必然であった。戦後の経済発展の特徴は、戦前は国家の富の拡大に集中したが、戦後は民主化したこともあって、国民の生活水準の上昇に目を向けるようになったことである。そのように、日本の近代化は経済に偏ったものであったが、その目的は若干変化した。一般に西欧社会の近代化過程も戦争の歴史といっても過言ではないが、産業革命や市民革命との関連で扱かわれてきたことを考えると、日本と西欧社会との相違は歴然としている。しかし、西欧の近代化過程を見れば、産業化や経済発展の背後で、それらに影響を及ぼす政治・社会・文化の近代化が大きく進んでいたことに注目すべきである。これらはいずれも近代化の観点からは特別の時期であり、日本が持つ需要要因はほとんど発揮されないままであった。

3 工業化の需給理論に基づく長期的考察

上で見たように、日本は非欧米社会の中で、いち早く工業化したが、明治維新から一九一三年代までは成長率のスピードは遅く、加速しなかった。では、一九一三年以後、加速したのはなぜであろうか。この点をDS理論に基づいて考えると、次のように解釈できると考える。一九一三年までは明治維新政府の西欧化政策(主に、「富国強兵」や「殖産興業」政策)の実行の中で、あまり高度の技術は持たず、法制度やインフラなども不十分で、教育程度も低かった。つまり、受容のための需要要因は初期的な内容で対応するにすぎなかった。当時の技術や生産・販売状況については、次のように指摘されている。明治初めには、①量産しても、商品を売りさばく販路が無かった。②機械制工業の発達に必要な資本蓄積と供給方法が未発達であった。③機械を設備するより、人力を利用する方が安上がりだった。④外国製品と太刀打ちできるだけの条件がなかった。

しかし、第一次大戦が始まる一九一四年になると、石炭産業が空前の黄金時代を迎え、輸入が途絶え、国内諸工業が急速に発展し、重工業と化学工業が大きく伸びたが、商業や中小企業が淘汰され、大企業は集中化していった。しかし、他方では一九三一年に満州事変が勃発し、三八年には国家総動員法により統制経済となり、やがて太平洋戦争へと突入していった(10)。工業がすべて軍需へと転換する中で、欧米からの技術輸入も独自の技術開発もなく、経済は疲弊していった。そういう意味で、一九一三〜一九三八年に加速したのは当初はともかくとして、次第に戦時体制下での軍需による見せかけの成長であった。戦前の経済発展は政府の都合のいい需要要因の動員によるもので、民間の受容能力は軽視されていた。

その意味で、日本経済が本格的かつ正常な発展を開始するのは第二次大戦後である。DS理論の観点から見れば、日本自身の需要要因を発揮して本格的に受容体制を整備し、持続的成長への道を進み始めたのは、民主化した戦後である。それでも、日本の近代化の開始は明治維新以後であり、その過程で日本経済は欧米から多くを学び、模倣し、量的・形式的なキャッチアップに成功した。そう考えると、明治以後の日本の工業化や発展経験はその後に続く多くのアジア諸国にとって、ある種のモデルになりうる。

日本の工業化の成功は、主として「量的キャッチアップ」に成功した結果である。それは大陸諸国がイギリスに挑戦したのと違うのは挑戦できるだけの条件も能力も経験も不足していたことである。日本が近代化に成功した一因は、それまでも六世紀の中国文明の受容から始まって、受容経験が豊富だったことである。明治維新以前も明治維新以後も、長きにわたって文明の受容先である西欧諸国は挑戦できる相手ではなく、西欧の文明や技術レベルに達するには、西欧社会の背景までも知る必要があった。欧米社会の徹底した調査報告書である岩倉具視視察団の報告書はそのことをよく表している(11)。

日本が欧米の科学技術文明に挑戦する能力を持たないとすれば、欧米の工業化水準に短期に到達するために、西欧文明を模倣し、導入し、摂取するのは当然である。それは単純化すれば、政府が率先して摂取・導入の意志と方向を示し、政治・社会の安定を維持し、必要な法制度やインフラを整備し、国民の期待や能力を政府の示す方向に向けて育成し、動員することである。そうすれば、ある種のキャッチアップを実現し、近代化（つまり欧米化）に成功することで、近代化を目指しながら政治的・社会的に不安定な中国や韓国に先んじることができた。そこで最大の主役は政府であり、次いで、それに呼応した国民である。まさに、日本の成功は「政府の成功」の典型的な事例である。それはキャッチアップに必要な需要要因を、必要に応じて、巧みに動員できたことを示している。だが、真のキャッチアップからはほど遠いものでもあった。

しかし、そうした方式が長期間続くはずがない。国際化やグローバル化が進む今日、先進国依存は永久には続けられない。つまり、これまでと同じ、欧米からの供給要因の受容に基づく需給均衡の実現と維持では、いかにそれが動態的であったとしても本質的に変化しない限り、もはや続けるわけにはいかない。発信型、つまり供給要因を自力で生み出せる需要要因の改革こそが問われている。だが、それがきわめて困難なのは、法制度を始め意識も価値観も生活スタイルまでも受容型となり、目標である豊かさの実現に成功してしまったことである。その結果、需要要因の変革はほぼ不可能となってしまった。

2 日本の経済発展と教育：歴史的考察

1 日本の近代化と教育

これまで日本経済の量的側面に目を向けてきたが、その背後で進んだ質的・構造的側面に関わる動きにも注目すべきであろう。それらの要因は主として非経済的側面（政治、社会、文化）に関連する要因であるだけに、無数にある。たとえば、明治政府は、学制改革、地租改正、徴兵令、グレゴリオ暦などの採用をはじめ、司法制度、断髪令、など直接庶民の生活にかかわる改革を断行した。これらはまさにDS理論の観点から見れば、政府により、質の高い需給の均衡点を生み出す努力の表れである。その中でも、きわめて重要なのは各種の近代化に関わる教育である。

日本の近代化は、日本を経済的にまず豊かにし、その上に立って欧米並みの強国を短期間に目指すものであった。それゆえ、国家の最大の目標は工業化に基づく経済発展と強兵であり、非経済的近代化には、当初こそ、ある程度目を向けたが、次第に「富国強兵」に全力を集中するに至った。それゆえ、日本の近代化は強兵のために必要な経済発展に役立つ分野に集中し、美術、音楽、絵画、などは本来日本の得意分野であるにもかかわらず、国家目標としてはわき役にすぎず、西欧社会の視察を通じて必要性を感じる範囲にとどまった。また文化や心理の問題も軽く扱われ、日本人の精神や価値観に関わる分野は特に重きが置かれなかった。たとえば、徳川時代に中央集権国家の統治を合理化するよう仕立てられた儒教も、一方で封建思想の源泉だとする見方と、他方で知性を養い、近代科学技術の受容の訓練に役立ち、日本の民族主義を支え、強くて道徳的な国家建設にも大いに有効とみなされた(12)。

こうしてみると、日本の明治以後の近代化は経済などの面では確かに発展し、近代化を実現した。だが、多くの西欧の文物を導入し、多くの若者が学んだにもかかわらず、西欧の近代社会の精神である合理主義や科学的精神を浸透させるという、西欧文明の核心部分は近代化にとってほとんど無縁であり続けた。かくして、日本社会は大きな矛盾を抱えることになり、進むべき方向性を喪失させる源泉を生み出し、その後ますます強化されるに至った。西欧社会は科学や科学的精神に基づく科学技術や、その他の近代的要素を生み出したことを見れば、科学という決定的要素を欠いたまま偏った近代化を達成してきたことになる。その意味で、経済の近代化も西欧社会からの影響下に、近代的な要素と日本の伝統的要素との組み合わせの下で、西欧文明を移植しただけで、長期的に見た時、日本人自身の革新的な意識の社会への浸透には失敗し、自己革新力や自己回復力などが育たないのは当然である。要するに、摂取型の需要要因は量的には拡大したが、発信型の需要要因は改革も変革もないまま継続させてきた。そこには多くの矛盾がある。

そうしたやり方はある程度成功したため、経済の近代化を中心に、西欧的近代社会を目指しながら、欧米社会の後塵を拝する結果となったことは、経済成長に必要な範囲に限定した、需給の均衡点が長期にわたって、不十分で偏ったまま放置されてきたことを示している。そうした方式はしばしば日本型モデルと呼ばれるが、日本型モデルがやがて行き詰まり、長期停滞状況に陥る必然性は否定しがたい。その意味で、現在の長期停滞を招いた原因を探れば、明治以後の長期の歴史過程の中に見出すこともできよう。それは伝統と近代との矛盾した要素が大きな理由である。

その場合、最も重要な要素である教育は長期の経済発展に最大の影響を与える需要要因の一つといえる。明治以後日本が最も関心を持ち、エネルギーを注入してきたのも教育である。一般に、日本の近代化は明治維新によって開始したが、日本がアジアで最初に近代化を開始できたのは、伝統的社会から先行条件期に至る時期における、さまざまな分野での学問の発展があったからだといわれる。たとえば、江戸時代に日本文化の土台の上に、医学、数学、博物学、など、独自の学問が発展していた。そのことが一八八〇年代に政府が文化、制度、習慣などを西欧風にして近代化を図り、特に西欧の科学技術を導入した時、大いに役立った。しかし、教育には摂取型需要要因と同時に、発信型需要要因としても重要な意味を持つことに注目すべきである。

明治以後の経済発展が資本主義システムの下で実現した、農業から工業への転換過程で中核的役割を果たしたのは技術革新である。しかし、日本の近代化は技術革新だけで済む問題ではなかった。明治政府は経済発展のために西欧から、各種の先進技術や法制度などの受容・移植政策を行った。中でも、特に近代科学技術の早期習得を目指して、先進文明の理解、受容のために、巨額の資力を投じて、以下の点に力を注いだ。すなわち、①一群の政府高官による欧米視察、若者の留学派遣、②官庁、官業、官営工事などへの多数の外国人専門家の招へい、③各種の専門学校の設立と、これへの外国人専門家の配置、④人材資源の開発のため、義務教育制度の設置、などである。[13] これらはいずれも一定期間、日本の需要要因を充実させ、受信型成長には貢献したが、それも量的なキャッチアップに役立ったにすぎない。

こうして日本は政府主導で教育に力を入れたが、明治以後、西欧に関心を持つ人々は着実に増え、特に佐久間象山の影響で西欧に関心を強めた人は少なくない。吉田松陰もその一人である．オランダにわたった西周は洋学が「公平正大の論」と考え、福沢諭吉は実学を学ぶために洋行し、それが「学問のすすめ」として結実し、福沢は「人間普通日用に近き実学」を進める教育を提唱した(14)。しかしそれらはいずれも摂取型需要要因としての教育にとどまった。

日本の近代化は上からの近代化であったため、西洋に学ぶのは「国家のため」であり、西洋で学んだことをどのように国家のために役立てるか、を考え、彼らは帰国後、さまざまな分野で活躍した。「五か条のご誓文」に示されるように、教育によって陋習を打破し、知識を世界に求め、富国強兵を国是とする明治政府の方針に従って、人材育成を目指して学校建設に力を入れ、西欧の文物の翻訳・紹介にも力を注いだ。

「政府は、西周・津田真道・神田孝平・箕作麟祥・森有礼という四十代初めから二十代初めまでの若い洋学者たちに、学校制度について検討させ、その成果は七十年に『大学規則』として結実した。そこでは内外・彼此の知識を補い合って、天地の公道にもとづき知識を世界に求めるという五か条の誓文の趣旨の実現をめざしていた(15)」。そのときの大学のカリキュラムは当然ヨーロッパ（特に、フランス）の大学に習うものであった。こうした考え方は長く日本の高等教育や初等・中等教育にも何らかの形で影響を与えたが、西欧化と伝統的な価値観（道徳など）との間の、軋轢も生んだ。それゆえ、明治五年に発布された教育方針（学制）がそのまま戦後まで続いたわけではない。この間には教育方針や学区制度など、さまざまな紆余曲折があった。特に軍国主義教育などによって、教育の近代化は大きくゆがめられ、国際社会からは大きな後れを取った。

2 日本の経済発展と高等教育

このように、明治初期には急速な近代化を目指したが、それは先進文明への量的・形式的なキャッチアップが主な目的であった。数百年かけて築き上げた西欧文明（特に、工業化中心）に短期間に量的・形式的なキャッチアップを達成するには、教育を重視するのは当然である。西欧文明をほとんど丸ごと摂取するには、それに沿った初等・中等教育が第一に重視され、特に中等教育が経済成長に果たす役割が重要であることは各種の研究結果が示している。それが長期的に見て日本経済に大きな役割を果たしたことも否定できない。

だが、究極的には独創性が期待される高等教育となると話は別である。つまり、明治以後五〇～六〇年間は先進文明受容のために、初等・中等教育が大きな役割を果たしたが、それ以後は自力での近代化推進のために、あるいは先進文明の受容に邁進した方針を転換して、長期的には独創的かつ自力での技術開発力を高めるために、教育を含む需要要因の改革が決定的に必要であった。そこで、重要な役割を果たすのは高等教育である。

しかも、それは真の民主教育を基盤とするものであるべきであるが、日本の教育方針は二転、三転し、その時代その時代の政治に翻弄されてきた。まさに矛盾社会を典型的に表すものといえよう。戦前までの近代化をさらに、自主的に維持促進するために必要な人材や創造力を生み出すべき高等教育がある程度本格的に機能し始めるのは戦後である。高等教育も比較的早期に開始したのに、現在に至るも基本的には国立大学中心の、エリート官僚の育成に偏ったキャッチアップ型教育が中心であり、時代が進んでも、マーチン・トロウがいうマス化やユニバーサル化の段階に進まないままでいるのは、日本の高等教育の特殊性を表すといって過言ではない。

この点に関連して、アメリカを対象とした研究で知られる、マーチン・トロウの高等教育論が注目される。注目点の一つは高等教育進学者数が増加するという量的な変化が、高等教育の質の変容をもたらすというもので、これは「トロウ・モデル」とも呼ばれる。ここで、質の変容とは大学の管理・運営、財政、カリキュラム、授業編成、教員の採用ならびに養成、学生の選抜方針、研究活動への援助方法、学生―教師関係など、段階に応じて、多くの分野に及ぶと考えられる。また、彼は当該年齢人口に占める大学在学率が一五％までをエリート段階、一五％以上～五〇％までをマス段階、五〇％以上をユニバーサル段階と呼んでいる。さらに、それぞれの移行過程では大学内部あるいは大学と社会の間で緊張や葛藤が経験されるという。(17)

だが、日本は戦後急速に大学生の量的拡大を実現したが、アメリカのような質的変容を生んでいない。それは多くの専門家が指摘するように、日米間で大学に対する見方や社会のあり方に大きな相違があるからであろう。しかも、いまなお高等教育は入口主義を基本とし、日本的伝統文化を反映した、形式主義的色彩が濃く、明治維新以後一五〇年が経過するにもかかわらず、そこから脱却できていない。その結果が経済優先・西欧への量的キャッチアップに適合的な「理系優先、文系廃止」論、静態的な偏差値主義、学歴より学閥優位などに局限化された、間違った高等教育論に収斂しているとみなければならない。

トロウ・モデルとは異なるが、日本の高等教育にもそれなりに発展段階があり、現在、日本の高等教育は近代的な大学制度が生まれて以来の最大の変革期を迎えている。欧米でも、ユニバーサル化やグローバル化、さらには急速な知識主導型経済の進展、情報通信技術などの急速な技術進歩が世界的に進み、それが経済を中心に社会や文化にまで幅広く浸透しつつある。その結果、高等教育は一種の曲がり角にあるとか、危機に直面するともいわれる。グローバル化と地域統合が急速に進む近年では、EU諸国間でも高等教育改革が急速に進みつつある。日本でもその重要性が指摘されているのに、残念ながら欧米、特にEUの教育改革の流れからは、蚊帳の外といった感がある(18)。長い伝統を持ち、突出した高等教育制度を持つイギリス以外のEU諸国の高等教育改革がどの程度進むかは、日本の高等教育という狭い分野の問題にとどまらず、伝統的価値観や社会構造といった非経済的近代化とも密接な関係があるだけに、注目される。

欧米と同様、日本でも時代に即した高等教育改革の必要性が、かなり以前から教育学者などによって指摘されてきたが、あまり進展していない。それはなぜであろうか。高等教育改革といっても、きわめて多様であり、日本の高等教育は欧米とはかなり異質と見られ、それが解消されないまま、現在に至っている。たとえば、一九八〇年代に欧米で活発に議論され始めた高等教育改革の概念に、高等教育開発という概念がある。これは教員の能力開発、教授法・カリキュラムの開発、組織の整備・改革(Faculty Development, Staff and Educational Development. Academic Development)などを包括する概念である。だが、日本の高等教育開発への取り組みは、長く国際的な動向からは孤立し、いわば「鎖国状態」にあった。また、元来はある程度高等教育は社会の中で起きている変化と直結するものである。たとえば、教育や学習への需要の大衆化、若年層人口の減少、少子・高齢化などの人口統計、国際化・グローバル化の進展や急激に変化する国際労働市場、生産、消費、学習の新たな技術、個人による知識生産の増加と知識管理の新たな形態、知的所有権に関する制度変更、能力評価、資格、社会の分節化または団結、価値体系の変化など、といったさまざまな変化に、現在の高等教育はどう対応するか、などの課題に直面している。それらすべての変化が大学の三つの主要な役割である指導、研究、サービスに影響を及ぼしている。

このような高等教育が抱える問題はほとんどすべて日本社会の欧米社会へのキャッチアップ的特性を表現するものであり、そこからの脱却がすべての始まりでもある。それは韓国をはじめとするアジア諸国もほぼ同じ問題に直面している。しかし、本稿が目指すのは、基本的に経済の長期・持続的な発展を需要要因の中心的要素の一つである高等教育が果たすべき役割を考えることである。一般に高等教育を理系中心にとらえるのは、産業技術(ないし経済技術)に結び付け、技術革新やそれを受容し、改良し、応用し、さらには自主技術の開発との関連性を考えるからである。このため、理科系の高等教育を重要視する傾向が強く、いまや「文系学部廃止」論まで出る始末である。[19] 理系を重視すれば、世界に通用するイノベーションが次々と生まれるのであれば、それも肯定できる。だが、理系重視の発想はあくまでも、主として先進技術の理解、受容、改善・応用に向けられるものにすぎないとすれば、そうした発想は説得的ではない。

しかも、そうした発想は少なくとも、豊かで均衡のとれた西欧先進諸国の目には偏った見方と写るであろう。特に日本では、むしろ重要なのは、まずこうした発想から脱却し、発展への基盤を形成することである。それには自力での発展や自己再生力を高めるために、政治や社会、文化を常に革新する姿勢をどう形成し、技術開発力や革新力を高め、個の能力が発揮され易く、真に平等で公正な社会的基盤を構築することである。その意味でも、もっと根本的な視点から高等教育が果たす役割を考え直す必要があるのではないか。なぜなら、アメリカのようにリベラル・アーツを重視するのも一つの考え方であるが、それより重要と感じるのは、西欧社会を見ると、アメリカに比べて、近年の産業技術の発展は総じて遅いにもかかわらず、一人当たりのGDPや国際競争力などの経済指標をはじめほとんどの非経済的指標でも、長期にわたって、国際的に見て圧倒的に上位にランクされる国が多いのは、経済や社会の発展や生産性の向上が決して産業技術だけに偏ってはいないことを示すからである（表3－4～表3－7を参照）。日本の高等教育を見直す動きはこうした側面からも進めるべきであり、日本社会自身をキャッチアップ型からフロントランナー型へと変革することこそ必要ではないだろうか。それには矛盾の元凶である社会全体を伝統的社会に逆戻りさせるのか、国際社会が進む方向に向かうのかを明確にすべきである。

3 国際競争力、高等教育および社会技術

1 日本の国際競争力ランキングの低下と北欧諸国の強さ

これまで、経済成長を促進できるかどうかは技術革新力の相違に基づくものだとの解釈が一般的であった。日本経済の長期停滞も、技術革新力の低下に基づく潜在成長率の低下に求められてきた。しかし、技術革新力の弱い、多くの非西欧経済の成長は、生産性の伸びが重要であることが実証されてきた。技術革新が生産性の伸びに大きな影響を与えることは指摘するまでもないが、それは欧米先進諸国には期待できても、アジアを中心とした、発展途上の非西欧社会にはほとんど期待できない。このことを考えるうえで重要な指標の一つは、国際競争ランキングである。WEF（World Economic Forum）の The Europe 2020 Competitiveness Report によれば、ヨーロッパの中には国際競争力の面から見て、四つのグループがある。その中でスウェーデン、デンマークおよびフィンランドが最も競争力のある第1グループに入る。それらの分析結果から、高レベルの経済的繁栄を実現するには高い国際競争力を抜きには考えられない、との指摘がある。[20]

表 3-4　日本の国際競争力ランキングの長期推移

	1991	2005	2007	2008	2009	2010	2011	2012	2013	2014	2015
WEF GCI	12	10	8	9	8	6	9	10	9	6	6
INSEAD GII	na	na	4	9	9	13	20	25	22	21	19
BDII	na	5	6	6	7	na	19	na	19	20	na
IMD WCI	1	21	24	22	17	27	26	27	24	21	27

注）（1）INSEAD の GII は 2007 年が最初，（2）WEF GCI の 1991 年は 98 年，（3）na は不明。
資料）IMD, The World Competitiveness Report, WEF, The Global Competitiveness Report, 日本総研「日本の競争力 No.2」「国際競争力から何を学ぶか」http://www.jri.co.jp/MediaLibrary/file/report/researchfocus/pdf/8254.pdf, and INSEAD, The Global Innovation Index（2017 年 11 月 10 日アクセス）

アメリカのように、派手なイノベーションを次々と生み出していないにもかかわらず、これらの国がなぜ強いのか、きわめて興味深い。こうした観点からすると、近年のアジア諸国の成長率の高さや、日本の経済動向の変化などは国際競争力の動向から、ある程度理解することができる。そこで、まず日本の国際競争力の動きを見てみよう。日本の国際競争力は一時期、世界のトップに立ちながら、その後の凋落ぶりには、驚くほかはない。いま、各種指標でみた日本の国際競争力の推移を示す、表３－４で見ると、ＷＥＦの競争力ランキング指標以外は、日本の国際競争力の長期低落傾向はほぼ同じ動きを示している。特に、代表的な指標の一つであるＩＭＤのランキング指標を見ると、一九九一年には世界第一位であったが、二〇一五年現在二七位にまで低下している。こうした動きは欧米諸国には見られない。

表３－４のいずれの指標をとっても、概して日本の競争力が二〇〇一年頃から急速に衰退し、ランクを低下させてきたことは明らかである（表では二〇〇五年に大きく減退したこと示すが、実際には二〇〇一年以後急落した）。なぜそうなったかについてはさまざまな理由が考えられる。このような急速な低下は日本特有の現象であるだけ

に、そこには根本的な原因が隠されていると考えざるを得ない。それは何であろうか。

単純にいえば、日本の競争力低下の主要な理由の一つは、生産性の低下、それに大きな影響を与える技術革新力の減退である。ここで技術革新力というのは、一般に指摘されるような産業技術力の低下だけではない。その点は、賛否両論があるものの、上記スウェーデン、フィンランド、デンマークなど北欧諸国やドイツ、スイスなどの西欧諸国の国際競争力ランキングの高さの秘密を探ることで、ある程度理解できる。たとえば、スウェーデンの強さは多様であり、決して産業技術だけに基づくものではない。それは、たえざるアイデア、革新、政府の革新的政策と実行力、徹底した福祉政策や民主化、国民の理解と政府への信頼、高等教育改革、社会改革などによるものである。たとえば、上述の The Europe 2020 Comepetitiveness Report の結果から、スウェーデンの強さは次のように指摘されている。[20]国内市場における健全な競争の下での、優れた企業環境、強い企業家精神文化、非常に発達したクラスター、他の多くのヨーロッパ地域より入手が容易な資金調達、と並んで、労働者に技術を授けるために教育・訓練に大きな焦点を当てている。また、生産性とイノベーションを高める最新のデジタル技術でも長足の進歩を遂げている。またフィンランドは企業の投資に必要な資金調達を容易にする企業環境が起業を促進し、ここ数十年の教育重視の結果、高等教育や訓練でもトップを占め、それが急速な環境変化に対応する技術を労働者に与え、高水準の技術採用やイノベーションへの基盤を提供してきた。また、デンマークも革新的能力で高い評価を得ており、それが包括的ヨーロッパの地域において突出してトップの位置を占めている。デンマークが他の北欧諸国と著しい相違を示すのは、強力なセーフティ・ネットと結びついた、国際的に見て最も効率的な労働市場の一つとされるフレクシキュリティ・システム（flexicurity system）の存在である。それは積極的な労働市場政策モデル（労働市場の flexicibility と労働者の社会保障 security を組み合わせた造語。一九九〇年代に当時の社会民主党政権のポール・ニューロップ・ラスムッセン首相が、唱えた考え方）として有名となり、長い間受けてきた、その政策の便益で知られている。これは黄金の三角形とも呼ばれ、さまざまな欠陥も指摘されてはいるが、現在ではEUが手本にするともいわれるほどの成果を生んできた。その内容は、①解雇が容易な柔軟な労働市場、②手厚い失業給付、③充実した職業訓練プログラムを軸とする積極的労働市場政策、の三つの柱が有機的に連関性を持っている点が大きなポイントとなっている。それが目指すのは、労働力の移動を容易にし、産業構造転換を図りやすくするための解雇規制の緩和と同時に、手厚い失業対策を講じて労働者の不安を取り除くことである。現在ではデンマークに続いて、オランダでも導入され、成果を上げている[21]。

これらは西欧社会における改革ではあるが、必要な目標を獲得するための発信型の需要要因の側からの改革であり、高等教育や決定的な政府の役割による成果を示している。そのことはまた最高度に発展した西欧諸国でさえ、需給均衡の発展に果たす革新的な政府の役割が重要なことを示している。日本の国際競争力の強化による経済発展に政府が果たす役割も重要である。だが、それには先見性や公正性、説明責任、説得力を持った革新的な政策を生み出す政府の役割が不可欠なことである。

スウェーデンと同じ結果を得たいからといって、スウェーデン・モデルやデンマーク・モデル、あ

表 3-5　各種の国際競争力指標

	WEF GII		IMD WCY		INSEAD GII		BDII	
比較国数	144 か国		61 か国		143 か国		35 か国	
測定目的	競争力（生産性の決定要因）		競争力（企業が競争できる環境の創出・維持する能力）		イノベーション，競争力，ナショナル・イノベーション・エコシステム		ナショナル・イノベーション・システムの能力	
指標数	118 項目		342 項目		81 項目		31 項目	
総合順位	6（2014 ～ 15）		27（2015）		21（2015）		20（2014）	
大分類の項目別順位	基礎要件	26	経済的成果	29	制　度	18	経　済	6
	効率向上要因	7	政府の効率性	42	人的資本・研究（高等教育・研究開発）	17	科　学	23
	イノベーションとビジネスの洗練度	2	ビジネスの効率性	25	ビジネスの洗練度	17	教　育	24
					市場の洗練度	13		
					インフラ	11	政　府	17
			インフラ	13	創造的アウトプット	46	社　会	21
					知識・技術のアウトプット	12		

注）各項目の数字は順位。
出所）日本総研 Research Focus「日本の国際競争力　No.2」2015 年

るいは北欧・モデルを安易に模倣するのではなく、日本には経済・社会構造、伝統や歴史、人間関係や生活スタイル、組織構造、価値観などを総合的に考慮した、日本社会に最も適合した革新的なやり方が模索されるべきである。だが、それには高い需給均衡点を実現するうえで、単に産業技術だけに頼るのではなく、社会や文化の革新、既成の方式をどう改革し、生産性を高めることのできる経済・社会構造を構築するかが問われる。それらは長期的視点に立った改革を実行しない限り、実現できない問題である。

　第1章ですでに触れたように、西欧の近代化過程から得られる重要な結論の一つは、産業革命やその後の経済発展の背景には、経済以外の近代化（ヨコの近代化）が大きく関係していることである。というより、むしろ

表 3-6　欧米主要諸国と日本の経済水準および近代化指標

	1人当たり GDP（US ドル）		国際競争力		技術革新力		HDI	民主化
	1990	2014	2000	2015	2007	2015	2014	2014
日　本	25,140（ 8）	36,222（27）	24	27	4	18	20	20
ノルウェー	27,677（ 5）	96,930（ 2）	17	7	25	19	1	1
スイス	36,564（ 1）	86,468（ 4）	7	4	6	1	3	6
オーストラリア	18,859（18）	61,066（ 5）	10	18	17	16	2	9
スウェーデン	28,273（ 4）	57,557（ 7）	14	9	12	3	14	2
デンマーク	26,451（ 7）	60,947（ 6）	13	8	11	10	4	5
アメリカ	23,198（10）	54,370（11）	2	1	1	5	8	19
ドイツ	19,593（17）	47,774（16）	3	10	2	11	6	13
イギリス	17,900（19）	45,729（19）	10	19	3	2	14	16
フランス	22,047（11）	44,332（20）	15	32	5	20	22	23

注）(1) 一人当たり GDP のカッコ内は順位，国際競争力，技術革新力，HDI（人間開発指数）および民主化指数はランキング，(2) スイスは GINI 係数の左は 2009, 日本の右は 2011 年。

資料）IMD, The World Competitiveness Report, INSEAD, World Business, The Global Competitiveness Report, INSEAD, The Global Innovation Index, The Economist Intelligence Unit, Democracy Index and UNDP, Human Development Reports, OECD Stat Income Distribution and Poverty ,http://www.oecd.org/els/soc/income-distribution-database.htm（いずれも 2016 年 10 月アクセス）

経済の近代化は非経済の近代化が生み出した産物であるというべきであろう。その意味で、筆者は産業技術を含めて、長期持続的な経済発展を実現するには、社会や文化の面での技術革新ないし革新的なアイデアを生み出すことが必要だと考える。それには、西欧の近代化過程からわかるように、基本的に経済だけのタテの近代化からヨコの近代化との同時並行的で相互依存的な発展が不可欠であると考える。

2「直線的思考」と高等教育

高等教育が社会の革新といかなる関係を持つかを明らかにすることは容易ではない。それはたぶん、高等教育をどのような視点から把握するかにもかかっている。その一つの視点は、日本では高等教育を理系と文系に分ける方法が一般化しており、技術革新といえば、理系の役割と勝手に決めてかかっていることである。それは、日本の社会構造が基本的に先進文明受容型であることを表すものでもある。特に注目すべきは、上でも触れたが専攻を理系と文系に分けるやり方である。それは先進諸国の中では、きわめて特異な方式であり、それが明治以後の短期間での量的キャッチアップ型による経済発展に寄与することを想定した結果、生まれたものである。しかし、自力でのイノベーションが求められる現在、それが日本の社会や文化を発展させるうえで大きな障害になり、ひいては経済発展やイノベーションにマイナスの影響を与えている。たとえば、次のような指摘は、そのことの一端を端的に示している。「会社に就職してから、理系の人間は研究所や現場で新製品の開発にたずさわり、文系の人間は営業・経理・人事・総務・労務など、製品の販売や会社の管理にたずさわる。手分けをして会社を支えましょうという、予定調和なのだ。知識が偏っているから、独立しようにも一人では何もできない。会社を飛び出してベンチャービジネスを起こそうというタイプの人間は、だからほとんどいなくなる。文系／理系の区別は、卒業生の知識を偏らせ、会社に依存させるための仕組みなのである。[22]」

もしそうだとすれば、まさに経済優先、組織優先に利用されるだけの理系・文系の区別は長期的に日本社会に悪影響を与えるものといえよう。こうした考え方の延長線上で、「理系」は国を発展させるが、「文系」は国を滅ぼす、といった誤った考え方を生む。[23] つまり、アナログ型思考を持つ、文系の人間には理系のことはわからない、デジタル型思考の、理系の人間には文系のことはわからない、[24]ということになる。

そればかりか、日本の明治維新以後の近代化は経済に特化した量的・形式的なキャッチアップ型近代化であり、それは産業技術に偏った経済優先のタテの近代化でしかない。こうした考え方が日本に定着したのは、人間共通の豊かさへのあこがれの感情もある。だが、それ以上に西欧でいえば経済重視への契機となった産業革命が最も活発であった一八六〇年代前後から、日本は西欧文明の受容を開始したため、経済発展こそが西欧文明の中核と勘違いし、短時間に西欧文明にキャッチアップするには国を挙げて経済発展することだと考えたことである。政府はそれに適合した法制度を作り、欧米並みの富国を目指し、国民の意識をもっぱら経済発展に向けることを考えた。なぜ産業革命が起きたのかについては、当時ほとんど関心を向けなかった。そうした日本の風土からは、理系重視、文系軽視の風潮や伝統的社会の改革軽視の風潮を生むのは当然であろう。理系・文系は車の両輪であるにもかかわらず、こうした分化が起きれば、社会は有機的関連性を失い、ヨコの近代化は起きないため、自力での長期的発展は阻害されかねない。こうした文系・理系分離の考え方は、欧米の考え方とは似ても似つかない。そのことが、とりわけグローバル化が進み、産業技術と並んで社会イノベーションが重視され、さらに自力での技術革新や自己回復力が求められる時代になっても、依然として欧米頼みの改良型技術依存に終始し、ヨコの近代化は放置され続けるなど、長期的発展にとって大きな欠陥となる。

その格好の事例として、日本の独創的技術革新がなぜ生み出せないかを説明する一つの見方がある。かつて日本企業の技術が世界市場を席巻したころ、アメリカの二人の学者が来日して、日本のエレクトロニクス産業を中心とした技術開発への態度やエンジニアリング・カルチャー（技術経営風土）を調査した結果、そこには重大な問題があるとして、「日本の技術に危機」が迫っているとする本を書いた[25]。その中で、彼らは日本の技術の危機の原因をいくつか指摘しているが、中でも筆者が特に注目する要因の一つに、「直線思考」がある。彼らによれば、日本のエンジニアリングはこの直線思考に立脚している。直線思考とはカイゼン思想から生まれた派生物であり、すべてを少しずつ連続的に改良しようとする考え方である。日本はこのカイゼン（つまり改良）で成功したが、それがやがて汎用品生産から脱却してまったく新しい特徴ある製品やプロセスを開発し、新たな産業の成長を促進する能力をなくしてしまう袋小路に陥り、ダイナミックなシステム商品の市場成長を阻害するという。つまり、彼らが言いたいのは、企業は商品を少しずつ改良することでより良い商品を作る可能性はあるが、独創的な技術革新や断絶的にまったく違う方法で新たな商品を生み出すことも考えなければならない。ところが、「直線思考」からはそれは生まれ難い、ということである。単純化すれば、「直線思考」からはイノベーションは起きないか、起きにくい。実に適切な見方だと思う。それは彼らが指摘するように、カイゼン思想から生まれた派生物などといった限られた範囲の問題ではなく、日本人が伝統的に持つ考え方に合致した思考形式である。そうした思考形式は基本的に日本の職人気質に合致するものであり、職人技術そのものは素晴らしいが、それが科学技術に発展する可能性はほとんど皆無である。また、直線志向的思考形式は、たとえば、かつて丸山真男が指摘したように、日本人が持つ、いいと思えば、その中身を理解し、本当に絶対視するに値するかどうか、自己の社会に最も必要かつ適切なやり方か、などを慎重に問わないまま、正しいと信じ込み、まっすぐに突進するといった性癖を表現した「理想状態の神聖化」という傾向にも通じる。(26)

そうした考え方が、一方で明治維新以後、自力で何かを作り出そうという思想を生み出す努力を抑制し、他方で優れたものを外部に求め、それをどう効率的に受容し改良するか、という思考だけが働き、それが社会に深く浸透し、定着してしまった。これこそは改革すべき需要要因の中で最も重要な点であるし、高等教育問題を考える上でも重要である。

こうした思考形式はおそらく独創的な技術開発より改良技術を当然とみなす、日本の技術者の形式的なキャッチアップ的・追随的思考、あるいは最初から独創的技術を生み出す意欲を放棄する思考様式につながり、狭い視野しか持てない理系を生むという悲劇を生んだようにも感じる。さらにいえば、理系・文系分離の発想にも繋がり、両者の有機的関連性を否定することにもなる。この点に関連して、ウイリアム・ファイナン&ジェフリー・フライはさらに次のように述べている。「日本では直線思考は特に重視され、…カイゼンと結びついている。少しずつ、連続的に物事を改善してゆく。その代わり技術の不連続的発展、すなわち技術革新は犠牲になる。大量生産の単品市場でかつて日本が誇った強さは、われわれが「直線思考」とか「改良主義」と呼んでいるもののよい面がでたものだった。ところが今やその悪い面が出てきている」(27)、と。かくして、適切にも彼らは日本の技術者は独創的な技術革新志向より、二番手志向だと喝破することになる。

筆者は、これは単なる産業技術にとどまらない重要な指摘だと感じる。理系の技術も文系の技術も

表 3-7　IMDの国際競争力とその下位要素のランキング（2014年）

	国際競争力（IMD）		経済状況	政府の効率性	ビジネスの効率性	インフラ	政府債務	生産性	ハイテク輸出率	R&D支出	大学・短大進学率
	2009	2015	2015	2015	2015	2015	2013	2013	2012	2012	2014
日　本	17	27	29	42	25	13	60	24	5	5	41（62.4）
スウェーデン	6	9	20	11	9	4	25	7	21	4	38（63.4）
ノルウェー	11	7	24	7	5	10	12	1	34	26	21（76.1）
アメリカ	1	1	1	23	2	1	54	8	3	11	5（88.8）
イギリス	21	19	18	19	20	14	50	19	9	23	29（61.9）
ドイツ	13	10	8	18	16	9	43	17	2	9	46（61.1）
フランス	28	32	27	50	39	12	51	11	7	16	42（62.1）
マレーシア	18	12	6	15	5	25	37	48	11	35	78（38.5）
インドネシア	42	42	36	30	34	56	10	58	32	42	87（31.3）
韓　国	27	25	15	28	37	21	14	28	6	1	2（95.3）
シンガポール	3	3	3	2	7	7	55	18	4	20	（26.0）
中　国	20	22	4	35	27	25	8	55	1	21	91（30.2）
フィリピン	43	41	34	36	24	57	20	59	20	58	81（35.8）

注）(1) 大学進学率（4年制大学のみ）以外はランキングの順位。国際競争力の左は2009年，右は2015年，経済状況，政府の効率性，ビジネスの効率性，インフラはすべて2015年，(2) 財政収支はGDPに占める一般政府債務比，生産性は雇用者あたりGDP，ハイテク輸出率は製品輸出に占めるハイテク品の割合，R&D支出は対GDP比，いずれもIMDの *The World Competitiveness Yearbook* の下位要素より。大学進学率のシンガポールは2010年，順位不明。

資料）国際競争力，政府とビジネスの効率性，および工業化率とサービス化率はIMD, *The World Competitiveness Yearbook*, 2014，技術革新力はINSEAD, *The Global Innovation Index 2014*, Global Note（2012年）およびGlobal Note 世界の大学進学率 国際比較統計・推移 http://www.globalnote.jp/post-1465.html（2017年10月10日アクセス）

相互に無関係ではないとして、かつて日本との技術競争で敗北したアメリカが開発した技術管理（MOT）の発想が、日本で生まれなかったのも納得できる。彼らが指摘するように、「直線思考からの解放」は日本の思想や文化の変革を意味するだけに、容易ではないが、まさに日本の高等教育論の中で、最も重要な問題を提起するといえるのではないかと思う。そうした傾向は日本に限定されるものではない。基本的にキャッチアップ型の経済発展を志

表 3-8　西欧とアジア諸国の高等教育進学率，教育支出の対 GDP 比の国際比較

	スウェーデン	ノルウェー	イギリス	アメリカ	日本	韓国	シンガポール	マレーシア	タイ	インドネシア	フィリピン	ベトナム	中国	インド
①	63.6	66.4	60.2	72.2	46.6	73.9	na	22.8	32.7	14.8	28.7	10.6	6.5	9.6
②	82.0	78.6	59.0	82.1	55.0	90.3	na	27.9	44.2	17.3	27.5	16.1	19.3	10.3
③	63.4	76.1	78.1	88.8	62.0	97.1	na	38.5	51.4	31.3	33.6	25.0	49.4	23.9
④	6.9	5.6	5.3	na	5.2	2.8	2.6	6.6	2.9	2.5	2.1	na	2.0	3.6
⑤	6.5	6.6	5.8	5.2	3.8	4.6	2.9	5.9	4.9	3.6	na	6.3	na	3.9

注）(1) は高等教育進学率で，ここではUNESCOの国際標準教育分類（UNESCO）によるtertiary education ratioのレベル5（A とB）を示す。①は1999年，②は2005年，③は2013年，ただしインドの1999年は2000年，(2) は政府の教育支出の対GDP比（%），④は1981～1982年，⑤は2012～2013年，インドネシアの上段は2001年，インドは2003年。
資料）Word Bank, *Word Development Indicators*, 各年版

向するかぎり、非西欧社会は直線思考に陥らざるを得ない運命にあるのかもしれない。なぜなら、非西欧社会はまず西欧文明を受容し、改良し、応用する過程をたどる中で、そうした傾向から脱却して受容のための需要要因から発信型の需要要因へと改革しない限り、直線思考を続ける以外に方法はないからである。

こうした点を前提に、高等教育を考えるなら、大学進学率が高いか低いか、教育支出が対GDPでどの程度かを考えてみても、量的側面だけで国際比較をすることにどの程度の意味があるのか、疑問が生じる。どうすれば日本の独創的な産業技術や社会技術を生み出せるか、社会の近代化に高等教育がどのように関わるのか、などの質的側面に目を向けない限り、量的側面に限定した問題しか考えることはできない（表3－8を見れば、進学率は韓国が欧米に比べて圧倒的に高いが、それがノーベル賞の授賞者などの質の高さにどう結び付くのか不明であるばかりか、近年では、高等教育過剰論さえ生んでいる）。そのことは世界で最も革新的大学

表3-9　世界のトップ500（ARWU top500）に入るアジアの大学数の推移

	2004	2008	2012	2015
中　国	8	18	28（19）	32
香　港	5	4	5（ 6）	5
台　湾	3	7	9	7
インド	3	2	1（ 7）	1
日　本	36	33	21（20）	18
韓　国	8	8	10（13）	12
マレーシア	—	—	1（ 6）	2
シンガポール	2	2	2（ 2）	2
合　計	65	74	77	79

注）（1）数字は件数，（2）—は不明，（3）カッコ内はQS top500，による。一部は筆者が計算，（4）HK 香港。

資料）Academic Ranking of World Universities（ARWU），www.shanghairanking.com/ja/ARWU2015.htmlUNESCO, Institute for Statistics, Higher Education in Asia http://dx.doi.org/10.15220/2014/ed/sd/2/t4（2017年4月30日アクセス）

トップ一〇〇の中に入る日本（アジアも同じだが）の大学は理系が強い大学にほぼ限定されることからもうかがわれる。それと同時に、欧米の大学と比較して、きわめて低い評価に繋がっているといえよう。[28]さらに、世界のトップ五〇〇大学に入る大学数が日本の凋落と中国や韓国、台湾、香港の増大傾向を示しているが、ほとんどすべてが理系の大学である。

3　社会的イノベーションの重要性

日本の産業技術は依然として世界でも高い水準を維持しているが、きわめて貧弱な独創的技術革新と並んで、社会技術、社会革新、政府の政策革新、さらには若干性質を異にするとはいえ、ノーベル経済学賞、などの非自然科学分野でのノーベル賞が生まれない原因はいったいどこにあるのだろうか。近年、欧米では、これまでの科学技術だけが世界を変えると考えてきたのに対し、社会的イノベーションの重要性に対する議論が活発化している。[29]

社会的イノベーションの概念は学術的にはマックス・ウエーバーにまで遡る。要するにグローバル化や世代間の価値観の変化、などが生じる中で、「一般に、社会的イノベーションは社会的な相互依存過程に影響を及ぼす緊急な社会的要請への新たな反応と定義できる。それは人間の福利の改善を目的とするもの」だといわれる。[30] それゆえ、社会的イノベーションの内容はきわめて多様かつ幅広い。しかし、最近、日本でも注目される社会技術の一つにＩｏＴ（Internet of Things）技術がある。これはあらゆる機器をインタネットでつなぐ技術として重要ではあるが、ビッグデータ、スマート・コミュニケーション、ソリューション・マッチング、ファイナンスなどの分野で生産性を上げるための技術革新であり、それらは社会とか生活に結びついた幅広い問題への技術の応用が考えられている。だが、あくまでもそれは経済との関連性で論じられることが多く、社会と経済との関連性や社会そのものの問題を解決するための、真の社会的イノベーションではない。[31]

筆者はこれまでも、真の近代化と欧米へのキャッチアップのために、産業技術と並んで、社会技術の重要性を指摘してきた。近年、一般に多くの人が挙げる、主要な社会技術の具体例を挙げれば、以下のものが考えられる。それは、まず職業訓練・就業促進を目的として一九八〇年代にイギリスで生まれ、現在では多くの西欧諸国が採用する、雇用のニューデール政策がある。これは、当初は若年失業者や長期失業者を対象に開始され、その後、対象者を障害者、一人親、失業者の無収入の配偶者および高齢者へと順次拡大しながら、人々の職業能力と就労可能性の向上を図る政策へと拡大してきた。これはその後、ほぼヨーロッパ全体に広がった。また、日本でも取り入れているが、ヨーロッパほど注目されていない。

また、二〇一〇年にイギリスで開発され、アメリカやオーストラリアで導入されているSIB（Social Impact Bond の略）という考え方がある。これは簡単にいえば、ビジネスとしてはなじみにくい、介護予防や就労支援などの公共サービスを、国や自治体の税金を使わずに、民間の企業にやってもらい、その必要な資金も民間の投資家から集める、官民連携の社会投資モデルである。その結果、働く人や健康を維持する高齢者が増えて、社会保障費の支出が減れば、その一部から「成功報酬」として投資家に収益が支払われる。公共団体は収益を払っても、全体の支出削減が期待できるというわけである。(32)

もう一つはCCRC（Continuing care Retirement Community の略）という考え方を上げておこう。これは米国で普及している高齢者コミュニティの考え方である。これも日本で取り入れている。アメリカでは活発であるが、日本では必ずしも成功していない。

これらは産業技術と違って、直接生産性を上げることが第一義的目的ではなく、社会をいかに改善し、困難を克服するか、財政支出を減らし、福祉を高めるか、などを考えるための社会技術であり、結果的には広義の社会の生産性を上げることにもつながる。それらを日本に模倣・導入しても十分機能するかどうかは不明であるが、問題はそういうことではない。一つには、そうした社会技術とか制度技術が多くの課題を抱える日本の関係者によってなぜ考案されないのか、という問題である。二つ目は、科学技術と並んで、社会技術を生み出すための社会的基盤を作ることが必要である。それには伝統的社会をいかにして近代社会へと発展させるか、が重要である。残念ながら、日本の高等教育改革の議論の中に、こうした社会的・制度的イノベーションをいかに開発するかといった視点はほとんど入っていない。それらの革新を生み出すのは、文系が取り組むべき重要な課題である。だが、議論の中心は文系とか理系の問題というより産業技術を重視する企業組織に寄与することばかりである。そうした状況に合わせて、文系の大学や学部はカリキュラムを編成し、熱心に文系の技術（たとえばマーケティングとか会計の技術、経営のノウハウなど）を教え込むことになる。そこには、社会技術をどうすれば生み出せるかの議論がまったく生まれる余地はない。それは高等教育にすべてを任せるだけでは済まされないとはいえ、学部だけでなく、大学院でも同様である。

さらにいえば、筆者が考える社会技術の重要性は、単に企業が社会の生産性を上げる産業技術革新に限定するのではなく、大多数の人々が納得し、信頼関係を築き、より住みやすい高福祉社会を生み出せるような仕組みとかアイデア、政府の政策革新を生み出せる技術や制度などの構築に必要な革新基礎となる社会革新が中心であり、現在欧米で議論されている社会的イノベーションの理論に近いものである。[33] これらも摂取型需要要因の改革の重要な対象である。

4 日本の経済発展とその帰結

1 行き詰まる「キャッチアップ型経済発展」

この点は先述の通り、ＷＩモデルを生み出した西欧社会ではほとんどの国は、どこか先進的な国が実現した供給要因であっても、共通の伝統的な価値に基づいて実現したため、それを表す需要要因または社会的能力とは当初からほぼ一致ないし受容に問題は起きにくい。だが、非西欧社会では供給要因を生み出すべき、発信型需要要因は元来伝統的社会が持つ需要要因とは異質で共通点をほとんど持たないため、部分的には適合できても、ほとんどが需給は一致していない。その点で、西欧社会では主として自ら生み出し、発展させてきた供給要因と西欧社会が持つ発信型需要要因とは同じ基盤を持つがゆえに、必要に応じて発信型需要要因に基づいて、新たな供給要因を生み出す可能性が高い。そのことは産業革命後、多くの西欧社会がその発展に寄与できたことを見れば明白である。そこで、非西欧社会が、需給不一致の状態から出発し、経済発展が開始した後も持続的に必要な需給均衡を維持できるかどうかを考えるには、与えられた供給要因と摂取型需要要因とを区別する必要がある。すでに触れたが、需給を一致させるということは、非西欧社会が西欧社会に追いつくための努力を表しており、そこから量的で形式的なキャッチアップ論が出てくる。

そこで、いくつかの事例から、この問題と需給の均衡点を生み出すという問題との関係を考えてみたい。一つは非西欧社会にとって本来無関係な近代的要素（たとえば、経済的には工業化、政治的には民主化）が受容される場合であり、ＤＳ理論から言えば、工業化モデルと自己の伝統的な価値や習慣などに基づく需要要因との均衡点を見いだし、それを機能させるとか実行可能にすることである。これは技術的な問題が中心であるがゆえに、模倣や受容をすることがある程度容易であると考えられる。それゆえ、一定の条件さえ整えれば、いかなる国や地域といえども発展の条件や可能性を持つ。

これに対し、経済以外の面での西欧へのキャッチアップについてはどうであろうか。たとえば、西欧哲学を日本では明治以後、多くの国民が学び、受容する努力をしてきたが、その中味を形式上理解することは可能でも、それと同一レベルに達し、さらにはそれを発展させ、さらには学んだ哲学を何らかの分野で直接使用し、社会に貢献できるか、となると疑問である。技術的・形式的な自然科学分野を除けば、機械的な西欧化はきわめて難しい。たとえば自由主義市場経済学を学び、それを社会全体に当てはめようとすると、必ずと言っていいほど、そこには何らかの齟齬が生じる。中国が発展初期にミルトン・フリードマンの思想を受け入れなかった理由である。さらに、ロシアのように、民主主義を定着・安定化させようとしても、民主主義を成立させる基盤が不十分なために、同様の問題が生じる。また、西欧の哲学を学んだ非欧米人が欧米人と同じ発想で、組織に入り、仕事をし、人生を送ることはできるか否かに関しても疑問が生じる。こうした問題は欧米人が非欧米社会の伝統的価値を受容する場合にも起きる。

このような問題とか疑問は工業化や経済システム、技術革新などの受容を通じて、量的・形式的キャッチアップは可能であっても、質的・精神的キャッチアップはきわめて困難なことを示している。そう考えると、欧米風に、模倣→学習→創造、という図式を前提としたキャッチアップでない限り、真の意味でのキャッチアップに至ることはないのではないか。その意味で、明治以後の日本の西欧社会へのキャッチアップは真のキャッチアップではないと言わざるを得ない。

2 戦後日本の経済発展とその源泉

それでは日本の戦後の経済発展はいかにして可能となったのであろうか。経済発展過程を若干歴史的に振り返ってみたい。戦後の経済発展は、財閥解体をはじめ労働組合の育成、農地改革、税制改革などを中心とした民主化改革に大きな影響を受けたといわれる。たとえば、農地改革では、一九四一年に二八％いた小作農、三一％しかいなかった自作農が五〇年には自作農が六二％に増加し、小作農は五％に減少した。また、軍事費が極度に減少したため、その分を投資に回すことができ、企業の生産活動が活発化し、主として船舶、電子産業部品、繊維などで輸出拡大が可能となった。

一九五三年以後、七三年まで続く高度成長期を可能にしたのは重化学工業の発展である。マディソンは戦後の爆発的成長の原因について、まず他の国も発展したことで生じた、世界経済の好況を指摘するが、特に日本経済が突出している原因として、終戦直後からしばらく続いた状況とその後、九〇年代頃まで続いた状況を含めると、一応、以下のような要因が指摘できると言う。復興要因、労働生産性や賃金の上昇を上回る労働力の供給（低生産性部門からの大幅な資源動員なども含む）、伝統的に保有する技術に加えて欧米から導入された、高度な重化学工業の技術導入と生産性の上昇、教育制度改革による人材育成と豊富な熟練労働力、高い貯蓄率、自由貿易的雰囲気に恵まれた輸出環境や低く抑えられた為替水準、政府系銀行の役割、活発な企業活動と高い投資率、産業政策や農業への補助金、などである。これらを見ると、DS理論から見れば、まず以前と同様の摂取型需要要因（特に、政府の役割や技術の受容、教育や人材育成など）が大きな役割を果たしたことがわかる。

これらはほとんどが短期的要因であり、成長要因となると、基本的にはむしろ長期的要因が重要である。それも、単なる経済的要因に加えて、政治的・社会的・文化的な質的・構造的な要因にも目を向けるべきである。重要なのは、たとえば政府による政策革新、制度革新をはじめ、イノベーションを生み出すために必要な社会的基盤の整備や人材の育成である。それには摂取型から発信型への需要要因の改革が必要である。

日本経済が、本当の意味で近代化し、国民にとって豊かな社会に向かって進み出したのは、戦後である。戦後の成長の特徴は、特に一九五〇年代に開始し七〇年代初めに終了する高度成長期を経て、バブルが崩壊する九〇年代以後、一気に低成長期に入ったことである。こうした状況は欧米経済には見られない。

この過程をDS理論から見ると、一言で言って摂取型需要要因に大きな変化がないことである。戦後の日本経済の成功要因と、その後、低成長へと導いた要因を知るには、高度成長要因とそれがどのように変化したのか、を見る必要がある。それをまとめた表3－10を見ると、左側には高度成長を主導した各種要因が、右側には高度成長終了後、あるいはそれ以前から、徐々に変化してきた要因が示されている。詳細は表を見ていただけば理解できると思うが、一点だけ指摘すれば、左側の高度成長要因は進むべき方向に向かって、摂取型需要要因と対外環境に助けられて、一気に高度成長の実現を可能にした要因を示す。それに対し右側の要因は、摂取型需要要因が次第に失われ、それに代わる摂取型需要要因を求めて、改革ないし実現を目指しても、失われた要因に取って代わる要因は実現せず、ましてや発信型需要要因が現れていないことを示している。

ここでは、筆者が重要と考える要因をいくつか取り上げて、簡単にコメントするにとどめたい。一般に注目される要因の一つは人口である。戦後日本の人口は急速な増加を見せ、一時期は人口ボーナスが存在して、労働集約的産業を低賃金で支えた。しかし、それも労働集約的な産業が中心の時代が終わり、技術や知識が中核を占めるにつれて、その意味はかなり減退した。今の中国も人口ボーナスがあるから持続的成長は可能だという意見を聞く。だが、そういう見方が永久に持続するわけではないし、西欧経済の強さも人口ピラミッドは重要であるが、人口の規模だけに依存するものではない。その意味で、技術革新が不十分で、生産性が低下すれば、中国経済の将来は必ずしも明るくない。中国もアジアＮＩＥｓと同様、高コストの労働力を雇用し続けるには、それなりに全要素生産性を上げる必要があるからである。

また筆者が注目したいもう一つの点は、競争政策の行き詰まりである。戦後、財閥解体や民主化が進み、市場は競争にあふれ、企業は競争に勝ち抜くためにさまざまな工夫を行った。たとえば、スー

表 3-10　日本の高度成長の主要要因とその中長期的変化

成長要因	高度成長要因	中長期的変化
1) 経済的要因		
技術革新	導入技術，改良・応用技術，独自の技術開発	改良技術の減少，独自の独創的技術革新の欠如，国際社会での技術開発競争の遅れ
人口と労働の質	豊富で良質な労働力と勤勉さ	人口減少，高齢化の進展，勤労意欲の減退
貯蓄率	高成長下で高い家計貯蓄率	低成長下で貯蓄率の大幅低下
所得格差	極めて平等	貧困の拡大，所得格差の拡大
企業行動	活発な設備投資	国内投資の減退，活発な海外投資
貿易収支	大幅な貿易黒字，割安な円	貿易赤字，所得収支の黒字，円高
政府の役割	政府の各種経済成長政策が成功し，財政安定	低成長に即した政策イノベーションの欠如，大幅財政赤字，社会保障制度の不安定，非経済的近代化への需要要因改革の欠如
日本的経営	日本的経営がプラスに作用	日本的経営がマイナスに作用，組織中心主義が強化され，個人の勤労意欲を阻害
競争政策	市場が充足するまで成功	市場が充足すると，成功の模倣が活発化
企業家精神	活発・旺盛，高い投資率	企業家精神は減退・欠如し，投資率の低下
2) 政治的要因		
民主主義	形式的民主化の導入	民主化は浸透するも，発展はなし
政治状態	政権交代が無く，安定的	安定的だが，革新性なし
女性役員・女性議員比率	きわめて低く，女性の社会進出進まず	女性役員も女性議員の比率も低く，女性の人材不足，社会進出が進み，少子化に
3) 社会的要因		
家　族	伝統的家族主義が機能	伝統的家族主義の崩壊，家庭崩壊，社会不安
出生率	高い出生率，豊富な若年労働者	少子・高齢化の進展，若年労働者の減少
男女格差	男女の役割分担重視	女性の社会進出拡大，役割分担に変化
法制度	西欧からの導入・定着	社会変化に対応した法制度の欠如
社会秩序	平等社会，きわめて安定した秩序	格差の拡大などで社会が不安定化
4) 文化的・心理的要因		
人間関係	集団主義，強い人間関係	個人主義的・機能的な人間関係欠如
社会的絆	強い信頼，伝統的人間関係	信頼の低減，伝統的人間関係の崩壊
科学的精神	先進文明の受容にはほぼ不必要	考え創造する教育欠如，科学的精神は不浸透
非合理的心理	強い伝統的価値観	伝統的価値観はほぼ不変

出所）各種の資料や文献を参考に筆者作成

パー・マーケットが次々登場し、国民生活を大きく変えた。しかし生産すれば売れる時代から豊穣の時代となり、市場が充足すると、古いスーパーは停滞し、新たなスーパーが出て、それが成功すると模倣するスーパーが出てくるため、一時的に競争は起きる。こうした事態は、タクシー業界、スマホ業界、電力業界など無数にある。だが、規制緩和してもやがて市場が充足するとパイの拡大どころかパイの減少すら起き、個別企業の売上高は落ちる。いくら規制緩和して、競争をあおっても、パイの奪い合い競争が起きるだけで、パイの拡大には繋がらない。アイデアや技術革新の競争でも差別化の競争でもないからである。パイの拡大には、何らかの差別化や技術革新を生み出す必要があるが、それには優れたアイデアが必要になる。どこのスーパーに行っても、名前と店舗以外はほとんど同じでは、競争も生産性も上がらない。パイを奪い合っているにすぎないからである。それこそは、日本のサービス産業の生産性が低い最大の要因であると考える。

高度成長を演出した、かつての活発な企業家活動や設備投資は今や昔話である。高学歴化は企業家精神を低下させ、サラリーパーソンを増大させるだけで、自力での技術開発が停滞した企業には設備投資どころではないのかもしれない。だが、増加した企業収益を設備投資や技術革新投資に振り向けるべきであるにもかかわらず、技術革新は減退し、多くの企業は収益を内部留保に回すか、海外投資に向けるため、起業件数は減少し、ますます生産性は上がらない。

戦後の高度成長を陰で支えた社会的要因の一つに、家庭があるが、いまや家庭を守るより女性の社会進出が一般化しつつある。また高い平等性、和（事前の和）、信頼に基づく人間関係、企業・社会秩序の維持、それらを支える、多くの政治・社会・心理的要因も、高度成長を直接・間接に支えた要因であった。だが、これらの成長要因のほとんどはほぼ消滅してしまった（表3－10参照）。それらが消滅すれば、それに代わるものが生まれたか、といえば否である。なかでも経済的に重要な要因は技術開発力であろう。技術開発ができれば、企業は技術革新投資を行い、生産活動は活発化し、賃金も上がって消費も輸出も伸びる。技術革新が生まれない理由にはさまざまな要因が絡むが、何といっても、欧米のように「模倣から創造への転換」、すなわち伝統から近代への転換に成功していないことにある。どうすればそれが可能となるのか。それには西欧社会への量的ではなく、不完全であっても摂取型需要要因（伝統的要素）を改革し、質的キャッチアップを実現できるよう発信型需要要因（近代的要素）への転換を図ることである。それを可能にするのは制度革新も必要であるが、教育、なかでも高等教育が重要な役割を果たさなければなるまい。さらには、社会や文化の変革も要求されるに違いない。要するに、DS理論から言えば、摂取型需要要因の中身の見直しと断固とした改革である。それには優れた指導者や政府の責任と能力が問われる。

3 日本型経済発展の成功と失敗

日本経済が一時期世界からも注目され、国民の多くも大いに満足した。なぜなら明治以後、国民が求めてきたのは何よりも経済成長、すなわち欧米に並ぶ豊かな国を築き上げることだったからである。だが、国民の豊かさの追求は戦後になってからである。貧困状態を解消するために国民は必死で働き、そこでは最大のコストを払うに値すると考えてきた。ところが、バブル崩壊以後、日本経済は長期にわたって停滞すると、徐々に低成長時代へと突入した。それも長引くにつれて、次第に慣れ、もうこれでいいのではないか、ほしいものはもう手に入った、という雰囲気が、豊かさをただ取りした若者を中心に支配し始めた。それでも各種の世論調査が示すように、何にも増して国民が常に求めるのは景気回復、雇用の拡大、つまり所得の持続的確保である。大多数の国民が絶えず求めるのは短期の経済目標、すなわち、経済的な豊かさの実現と維持であり、遠い先のことや非経済的目標にはほとんど関心はない。ここに危機が潜んでいても、国民の関心は薄い。

激動する世界の中で、豊かさに頼るだけの満足は持続しない。なぜなら経済成長が進まず、不景気が続けば所得は低下し、やがて貧困を招く。そこで、ある程度の成長が不可欠となるが、戦後の成長要因の多くはほぼ失われてしまった現在、もはや豊かさを維持することや老後を保障することさえ難しい。その結果、日本経済は現状を少々改革するくらいでは立ち直れないほど深刻化してしまった。国民の多くはもっと日本経済を成長させてほしいと考える一方で、もうこれくらいでいいのではないか、といった、ある種のあきらめムードが支配するようになった。それは経済学的には、一種の定常状態を意味する。定常状態下では利潤がゼロに近づくため、企業は設備投資をやめ、政府も国力を上げなければ、経済力も軍事力も社会保障も財政も維持できない。経済学では定常状態からの脱出には技術革新が不可欠である。

企業もこの停滞から逃れるには、戦後、導入した技術革新を中心に活発な設備投資を行い、多くの企業が生まれる必要があると知っていても、そうした状況はほぼ終わってしまった。この状況から脱却するには、企業にもう一度、技術革新に力を入れ、設備投資を行い、世界の企業と対等に戦ってほしいと考える国民は少なくないと思う。さらに、企業の多くが賃金コストや法人税の安い海外に逃避し、膨大な投資収益を得ている。海外投資で企業がどれだけ稼いでも、それが国民に還元されなければ、経済も国家も停滞し、国民は豊かさを感じられない。また、一部の政治家は、相変わらず「富国強兵」の思想にとらわれている。そういう意味で、政府、企業、国民の間では若干、意識のずれがある。だが、総じてみれば、戦後「一億総活躍」で、豊かさを実現した図式は完全に崩壊した。それが日本社会の活力をそぎ、長期停滞社会へと導いてしまった。それにもかかわらず、政府は「一億総活躍社会」を夢見ているようだが、思惑通り行くとは思えない。

4 搾取型需要要因の行き詰まり

いわば、日本は明治以後、経済の近代化には成功したが、成功したがゆえに失敗したともいえよう。日本の停滞は経済理論では説明しきれないし、短期の方策をいかに講じてみても解決できるほど簡単ではなくなってしまった。それゆえ、多くの経済専門家が示唆するように、「アベノミクスは成功しない」という結論に達することになる。しかし、そうなる説得的な理由は不明確である。経済問題だから短期的な経済要因で説明しようと考えても、不可能である。そこで、ここでは学際的見地に立ったDS理論の見地から、この問題を考えてみたい。

ある種の停滞ムードが日本の経済や社会、意識を覆い始めたのは一九九〇年のバブル崩壊以後のことである。それでも多くの国民は日本の現状にそれなりに満足し、これ以上は望まない、といった雰囲気も感じられる。アベノミクスは経済にある種のさざ波を起こし、それが成功するとすべての国民が確信しないまでも、企業やサラリーマンを中心に、ひょっとして日本の経済も社会も停滞から脱却できるのではないか、との期待感を持ち始めたようにも見える。

他方で、依然として日本の経済や社会をいやなムードが覆い、それが何に起因するかは人によって大きく食い違うかもしれない。それは表面的な統計数字で表せるものではないが、第一に指摘すべきは、戦後の成長要因がほとんど食い尽くされ、消滅したのに、それらに代わる要因がほとんど生まれないことである。第二には、相変わらず成功したときの、伝統的価値に基づく摂取型需要要因を改革せず、それに頼ろうとしていることである。なぜそうなったのかといえば、戦後の成長要因に共通するのはそのほとんどが短期的需要要因であり、技術や貿易など、主として海外要因に依存していたからである。かりにそうであっても、それらに代わる成長要因が生まれれば問題はない。だが、問題なのは新たな成長要因がほとんど生まれないばかりか、成長そのものを否定するようなムードが漂い始めたことである。

これはDS理論から見れば、長期にわたるキャッチアップ型発展に大きく貢献した摂取型需要要因はそのほとんどが使い尽くされ、これ以上それらに頼ろうとしても、無理があるという状況に至ってしまった。それでもあえて経済停滞から脱却しようとすれば、摂取型需要要因を発信型需要要因へと大転換する以外に方法はないのではないかということである。そのことを端的に表すのは、近年、しばしば指摘される、組織内部における従業員のやる気の低下である。この点についてはさまざまな国際比較や調査研究が行われている。日本の社員のやる気の程度は欧米に比較して低いばかりか、アジア諸国の中でも低い方である。それはなぜか。この点に関する仮説として、①金銭的報酬による動機付け、②社員と会社や職務へのマッチングを重視するジョブ・エンゲージメント、③会社側から社員への業績評価を可能な限り早期に伝えることでやる気を起こすとの見方、そして④個人への動機付けと並んで、チームや組織に貢献する意欲を高めること、などが指摘されている[34]。

これらの仮説は組織優先で、年功序列的な日本的経営や日本社会の中で、どの程度適合的か、疑問である。筆者は日本ではこれまで見てきたように、近代化の目的が豊かさにあり、それがある程度充足された今日、個人の「やる気のなさ」と「社会全体の停滞」を同時に考える場合、それらの理由だけでは説明するのでは不十分だと考える。日本企業の多くで、個人は組織に埋没し、組織を通じてしか個人の豊かさが追求しにくい社会で、ある程度の豊かさが保証されている状態を前提に考えるなら、費用・便益に基づいて考える方が一つの重要な仮説になり得ると考える。つまり、多くのサラリーパーソンたちは支払うべきコスト（C）とそれによって得られるベネフィット（B）とが均衡することを選択するとみられるからである。たとえば出世（肩書きや権限など）や報酬によって得られるベネフィット（B）が、そのために支払うさまざまなコスト（たとえば責任や時間的犠牲）に見合っていない（B≦C）なら、積極的に働こうとも出世したいとも考えないし、その逆は逆である。

それでは彼らは金も車も要らない、外国にも行きたくない、出世もしたくない、と本当に考えているのかといえば、大いに疑問である。コスト（C）がベネフィット（B）に比べて安ければ（B≧C）、きっと彼らもコストを払うはずである。要するに、彼らにとって犠牲を払うに値しない権利を手に入れることに関心はないし、望みたくもない、と言うことではないだろうか。もうこれ以上望んでも、得られるものより犠牲の方が大きくなるだけなら、望まない、これでいいではないか、と考える。そうだとすれば、きわめて合理的な発想である。

そこでこうした問題を根本的に解消するには、経済優先の発想や伝統的な組織、価値、慣例などをそのままにして解決可能なのか疑問があることを示すものであろう。そうした疑問を突っ込んで考えると、日本が長期にわたって追求してきた近代化の方式に問題があるのではないかと言うことである。そこで、この点を再度示すと、DS理論が示すように、伝統的な価値から生まれた摂取型需要要因や受容能力の高い社会的能力を、明治以後、非西欧社会に一様に与えられた要素、すなわち西欧的価値に基づいて生み出された先進文明ないし近代的要素（具体的には、工業化、自由と平等や公正を内容とする民主化、個人主義、人権、言論の自由、合理的・科学的精神、核家族化など）を可能性と必要性に基づいて、模倣し、摂取し、機能させることを目指してきた。伝統的社会が持つ摂取型需要要因によって可能な限り近代的要素を摂取し、いわば伝統の上に近代を接ぎ木する形で、西欧化・近代化を実現してきた。明治維新政府は伝統の破壊も辞さないほどの情熱を持って欧米化・近代化を目指したが、そこには紆余曲折があり、必ずしも一直線で進んできたわけではなかった。しかし、無条件の敗戦の結果、かなり強引ともいえるアメリカ化、それは欧米化でもあるが、を経験する中で、伝統的価値は背後に押しやられたが、九〇年代に入るとグローバル化や情報化、サービス化が進み、上述のように摂取型需要要因に代わる新たな成長要因を生み出せないまま、バブルが崩壊し、低成長時代へと突入してしまった。日本型モデルは崩壊したのであろうか。

5 漂流する日本と「矛盾社会の落とし穴」

日本の経済や社会の長期発展の原因を考えてみると、おおざっぱに言って、日本の近代化は摂取型需要要因＝伝統的価値という実生の木に、発信型需要要因＝西欧的価値ないし近代的要素という木を接ぎ木することで成功を勝ち取ってきたことに求められる。そこでは後者の必要性が前者の必要性を上まわり、前者が後者の受容に有効性を発揮する限り、両者は適合性や有効性を発揮し、後者の導入や実行可能性を助け、社会や経済の発展を促進する。だが、前者が機能しなくなるやその有効性を失い、後者への転換を迫られる。それには前者の革命的な改革を必要とするため、社会全体に痛みが生じ、それを阻止しようとする動きが働く。簡単に言えば、近代化とか近代的要素への転換には抵抗しがたい必要性がない限り、きわめて困難ないし不可能だと言うことであろう。むろん、需要要因には転換が比較的容易な要素もあれば、ほぼ不可能な要素もある。具体例を上げると、働き方改革は政府の意欲や情熱、それに国民や組織の意思や必要性次第で一定の時間の後に実現可能性は高まるであろう。女性の議員比率や女性の役員比率も同様である。しかし、技術革新に必要な個人主義化や科学的・

合理的な精神を社会に浸透させるとなると、ほとんど不可能と言っていいのではないか。その典型的な事例はことごとく失敗してきた教育改革である。それらは伝統的価値や習慣との間に大きなずれがあるからである。

グローバル化が進む中で、生き残りを賭けて経済発展を持続させるには技術革新は不可欠である。多くの専門家の研究によれば、技術革新は集団主義社会（伝統的社会）より個人主義社会（近代的社会）の方が決定的に有利であるといわれる。それがかりにわかったとしても、日本社会を表面的に個人主義化することは可能でも、欧米社会のような、真に主体性ある個人主義社会に転換することはほぼ不可能である。ましてや、日本社会に科学的・合理的精神を浸透させようとすれば、あちこちで対立・衝突が起き、生きにくい人が続出するに違いない。日本的経営に基づく企業も、もはやかつて半導体などエレクトロニクス産業が世界を席巻したような技術革新（実態は、改良・応用技術）を生み出すことさえ困難だと考えるため、設備投資はしない、技術革新投資はしない、できない。しかし、いまや欧米からの技術を改良し応用する段階ではなくなってしまった。自力での技術革新が求められても、技術開発力を生み出す個人の技術革新能力も社会基盤も不十分である。だからといって、自力での独創的技術革新の開発には自信が持てない。「日本の技術が危ない」と言った前述の意見は、多様な分析に基づくとはいえ、結局は伝統的な「直線思考」や日本の技術者の「二番手志向」が大きな足かせとなって、国際社会で指導的立場に立つことは難しい[35]。

このことが意味するのは、元来日本社会は伝統的価値と近代的価値との間に整合性が欠如し、矛盾社会を生み出してきたことを意味するのではないか。矛盾とは、広辞苑によれば、「現実のうちにある両立しがたい、相互に排斥しあうような事物・傾向・力などの関係」である。そうだとすれば、日本社会には伝統的要素と近代的要素とが、あらゆるところで対立し、矛盾を生み出し、それが相互に足を引っ張り合う。相撲などの伝統的なスポーツの世界でしばしば起きる暴力事件、少子化も子供を親の持ち物とみなし、社会全体で育てるという意識がないために子育てしにくい環境などもその一因と考えられる。

過労死、隠蔽体質、談合なども、伝統的社会の特質を表す要因であり、それらは近代化しようとして法で禁止してみても、解決することは難しい。それは、伝統的要素が長い歴史の中で必要性が認められ、習慣となったことを、近代化するために悪とみなして法律で規制するだけでは容易に解決しないことを表しているのに、思い切って近代化しようとすれば伝統的価値と近代的価値との矛盾を露呈することになる。そこで、日本の社会や経済が抱える矛盾を解消するために必要なのは、実行すべき伝統的要素から近代的価値への転換であるにもかかわらず、単に法律や一定の形式的改革に依拠するだけでは、無理があることがわかる。要するに、一方で伝統的価値がきわめて強く、多くの国民の支持を受け、他方で近代化への強い願望がある場合、両者の矛盾を解消することはきわめて難しい。今後も、問題が起きるたびに、部分的修正はあっても、全面的な改革が行われない限り、矛盾は繰り返し現れるに違いない。そのためにさまざまな問題を引き起こし、それが日本経済の国際的評価や競争力を低下させ、生産性上昇に悪影響を与え、発展を妨げる。そうした状況は至るところにみられる。これは伝統と近代との間にあって、どちらにも行けない袋小路のようなものである。このような伝統と近代との両立しがたい関係こそは日本社会が抱える最大の矛盾であり、グローバル化が進むにつれて、ますます一貫性も合理性もない論理が社会全体に暗い影を落とし、経済や社会が向かうべき方向を見失わせ、希望のない閉塞状況を作り出し、ひたすら「漂流する」原因となる。漂流する（floating）という言葉はイギリスの『エコノミスト』誌が日本社会を表すために使用した言葉であるが、適切な表現である。要するに、バブル崩壊以後、日本の経済も社会も進むべき方向性を見失い、「目的地が不明確なまま出発」し、いくら進もうとしても目的地に着かないボートのようなものである。グローバル化が進めば進むほど、矛盾は拡大し、目標を失った国民の多くは持っているエネルギーを、何に使えば有効なのか、何を信じればいいのかがわからないまま、さまよい、戸惑うばかりである。日本社会の漂流が経済や国民の意識に反映し、九〇年代以後の長期停滞を引き起こし、もはや経済や社会が持つ矛盾を解消しない限り、再び復活する可能性は望みがたい状況を作り出してしまった。日本の経済や社会が急速に発展したのは、進むべき方向が明確で、政治家やビジネス社会の指導者、さらには大多数の国民も希望と自信に満ちていた、明治維新期や第二次大戦後であったことを想起すれば容易に理解できよう。

そこで、筆者はこれらの現象を明治維新以後徐々に拡大してきた矛盾が、先進国化し、国際化が進み、長く追求してきた豊かさを実現した結果、これ以上先に進もうとする段階で、三者択一の岐路に立たされることになったと考える。それは、①摂取型需要要因の決定的な改革を通じて、近代的要素の自力での創出に向けて、発信型需要要因への転換を図り、あくまでも持続的成長を実現するのか、

②伝統的社会を守り、摂取型需要要因だけに依存して、可能な範囲での経済発展と江戸時代のような「美しい日本」を追求するのか、さらに、③日本独自の第三の道を追求するのか、という三つの方向である。いずれをとるにせよ、簡単な選択ではなく、いまや崖っぷちに立たされているといえよう。それはある意味で経済成長したがゆえに日本の経済や社会の問題が露呈し、ある意味で成功したがゆえに失敗したともいえよう。[36] しかし、むしろ、非西欧社会が近代化を目指せば、伝統と近代との矛盾を必然的に抱え込むことになる。そこで、伝統と近代とが生み出す矛盾を認識し、時間をかけて徐々に解消する必要があるが、むしろ非近代的な伝統的価値が経済発展に有効性を発揮すればするほど、伝統的価値が生み出す摂取型需要要因に依存することで経済成長を実現できる度合いが高いため、早晩、「矛盾社会の落とし穴」に陥る可能性も高くなる。終戦後、伝統との矛盾がほとんど作用しなかったアメリカ化の中で急速に進んだ政治、経済、社会の発展と違って、いまや伝統的価値が再び強くなった結果、進むべき方向を失い、日本の経済も社会も長い停滞の罠（高所得国の罠）に陥り、進むべき方向を求めて、もがき苦しむことになってしまった。まさに、「矛盾社会の落とし穴」に陥り、多くの若者が有り余るエネルギーを何に費やせばいいのか戸惑い、多くの国民はあきらめ、希望を失い、明るい未来を描けないままさまよい続けているのではないか、と考える。

（注）

（1）以下、主として Angas Maddison, *Economic Growth in JAPAN and the USSR*, 1969. 大来佐武郎・江川俊夫訳『日

本とソ連の経済成長』日本経済新聞社、一九七一年、による。以下『日本とソ連の経済成長』とする。
（2）大川一司『経済発展と日本の経験』大明堂、一九七六年、三〇ページ、以下『日本の経験』とする。
（3）『日本とソ連の経済成長』二九〜三〇ページ。
（4）『日本とソ連の経済成長』三一ページ。
（5）大川一司・ヘンリー・ロソフスキー、当初は *The Growth Rate of the Japanese Economy*, 1957, で使われているが、『日本の経済成長―20世紀における趨勢加速―』東洋経済新報社、一九七三年、でも採用されている。以下、『日本の経済成長』とする。
（6）『日本とソ連の経済成長』七〇ページ。
（7）『日本とソ連の経済成長』七七ページ。
（8）大川一司ほか『国民所得』東洋経済新報社、一九七四年、および経済企画庁推計による。
（9）『日本とソ連の経済成長』九〇ページ。
（10）萩原晋太郎編著『日本工業技術史』新泉社、一九九四年、五四〜五六ページ。
（11）久米邦武編『米欧回覧実記』岩波書店、を参照。
（12）https://www.weforum.org/agenda/2012/06/ranking-the-top-most-competitive-economies-in-europe-2012/（二〇一六年九月二〇日アクセス）
（13）William Lockwood ed., *The State and Economic Enterprise in Japan*, 1995. 大来佐武郎監訳『日本経済近代化の百年―国家と企業を中心に―』日本経済新聞社、一九六六年、を参照。以下、『近代化の百年』とする。
（14）高橋亀吉『日本近代経済の育成：奇跡的発達の基盤』時事通信社、一九六九年、以下『日本近代経済』とする。
（15）山住正巳『日本教育小史－近・現代―』岩波書店、一九八七年、一七ページおよび二五ページ、以下『日本教育小史』とする。
（16）『日本教育小史』二二ページ。
（17）詳細は、Martin Trow, *Twentieth-Century Higher Education : Elite to Mass to Universal*. 天野郁夫・喜多村和之訳『高学歴社会の大学』東京大学出版会、ＵＰ選書、一九七六年、を参照）

（18）この点については、とりあえず以下の文献を参照せよ。「ボローニャ・プロセスと高等教育制度改革」、https://www.jpf.go.jp/j/publish/japanese/euro/pdf/01-2.pdf（二〇一七年二月二五日アクセス）
木戸裕「ヨーロッパの高等教育改革 ボローニャ・プロセスを中心にして」
http://www.ndl.go.jp/jp/diet/publication/refer/200511_658/065804.pdf（二〇一七年二月二〇日アクセス）
David Crosier and Teodora Parveva,The Bologna Process: Its impact in Europe and beyond,
http://unesdoc.unesco.org/images/0022/002206/220649e.pdf（二〇一七年二月一〇日アクセス）
The Bologna Process and the European Higher Education Area,
http://ec.europa.eu/education/policy/higher-education/bologna-process_en（二〇一七年二月一二日アクセス）
Towards the European higher education area : survey of main reforms from Bologna to Prague, Summary and conclusions Guy HAUG and Christian TAUCH, and Review of structures and trends in the countries not covered in 1999 in the Trends 1 report,
http://eua.be/eua/jsp/en/upload/OFFDOC_BP_trend_II.1068715483262.pdf（二〇一七年一月二三日アクセス）
EU Commission, Educationa and Training in Europe,
http://eacea.ec.europa.eu/EDUCATION/EURYDICE/documents/thematic_reports/163EN.pdf（二〇一七年二月一五日アクセス）

（19）吉見俊哉『「文系学部廃止」の衝撃』集英社新書、二〇一六年。

（20）この点で参考になるのは、翁百合ほか『北欧モデル：何が政策イノベーションを生み出すのか』、日本経済新聞社、二〇一二年、以下『北欧モデル』、および北岡孝義『スウェーデンはなぜ強いのか：国家と企業の戦略を探る』、PHP新書、二〇一〇年、以下『スウェーデン』とする。

（21）詳しくは以下の論文を参照。加藤壮一郎「デンマークのフレキシキュリティと知識経済の関係性」、http://sucra.saitama-u.ac.jp/modules/xoonips/download.php/KY-AA11950211-08-11.pdf?file_id=21767（二〇一七年一〇月一五日アクセス）

（22）橋爪大三郎『橋爪大三郎の社会学講義2』夏目書房、一九九七年、六四ページ。

(23) 大槻義彦『「文科系」が国を滅ぼす』KKベストセラーズ、一九九八年、を参照。
(24) 太田次郎『文科の発想・理科の発想』講談社現代新書、一九八一年、以下『文科と理科』とする。
(25) William F. Finan and Jaffrey Frey, *Japan's Crisis in Electronics: Failure of the Vision*,1994, 生駒俊明・栗原由紀子訳『日本の技術が危ない：検証・ハイテク産業の衰退』日本経済新聞社、一九九四年、以下『日本の技術』とする。
(26) 丸山真男『日本の思想』岩波書店、一九六一年、一六九ページを参照。この例として民主主義を上げている。
(27) 『日本の技術』二四二ページ。
(28) Reuters Top 100 Most Innovative Universities 2015 results, https://www.timeshighereducation.com/worlds-most -innovative-universities-2015-results（二〇一七年一月二〇日アクセス）、を参照。
(29) 詳しくは、Tony Wagner, *Creating Innovators, The Making of Young People Who Will Change the World*, Scribner, 2012, Chapter Four, Social Innovators. 以下、*Creating Innovators*, を参照。
(30) たとえば、Empowering people, driving change : Social innovation in an European Union, www.net4socety.eu/_media/spcial_innovation_europe.pdf, を参照（二〇一七年二月一八日アクセス）。
(31) これらの詳細は、Tony Wagner, *Creating Innovators*, and Social Capital, Social Innovation and Social Impact, *Frontiers of Entrepreneurship Research*, vol.33, Issue 18, 2013. などを参照。
(32) www.kumon.ne.jp/Pp6226.html 参照。
(33) 詳しくは、Tony Wagner, *Creating Innovators*, Scribner, 2012. を参照。
(34) 若林直樹「社員のやる気、どう高める」『日本経済新聞・経済教室』二〇一七年四月一七日。
(35) 『日本の技術』八八ページ。
(36) この点の詳しい説明は、筆者の北京大学への寄稿論文「ASEAN諸国は『中所得の罠』を回避できるか」（『亜太研究論集』二〇一六年八月発行）で説明したので、これを参照。以下『ASEAN諸国』とする。
(37) 『日本経済新聞』二〇一六年四月一二日朝刊、四三面。

第4章 経済理論モデルと「工業化の需給理論」

はじめに

これまで、アジアの経済発展（または工業化）はいかにして開始し、長期・持続的な経済発展が可能かに関連して、西欧の経験から何を学ぶか、西欧社会の経済発展と日本やアジアなど非西欧社会の経済発展の方式の相違などについて、主に「工業化の需給理論」の観点から考察してきた。これに対し、経済理論、特に経済成長モデルの観点からアジアなど非西欧社会の経済発展に関する理論的な説明はどのように行われているであろうか。欧米の正統派経済学は元来、発展途上国の開発論ではないため、考察対象が欧米であり、そこから生まれた開発経済学も、工業化がいかにして生まれ、持続的に発展するかについてはあまり重きをおいていない。そこで、筆者はこれらの問題をDS理論に基づいて説明を試みた。筆者のDS理論が正統派の経済学を補完するものであり、それに取って代わるものではなく、正統派の経済学が説明しなかった非西欧経済の工業化の開始から経済発展を持続的に維持し、先進国経済に至る過程を分析することを主たる目的とする。先進国経済に真に到達すれば、先進諸国同様、正統派の経済理論が基本的に当てはまることになる。

そこで、経済成長論の正統派の代表である新古典派モデル（ソロー・モデル）と、その修正ないし代替的ないし補完的な理論である内生的成長モデルについて、アジアの経済発展に関わる側面から検討し、ごく簡単にDS理論との比較も試みてみたい。

1　経済成長論とその変化

1　経済開発論への試み

非西欧経済にとって重要な経済の近代化を扱う分野は経済開発論であり、この分野が注目されるに至ったのは主として戦後である。そこで、筆者の仮説を考察するうえでも意味あることと思われるので、これまでの開発論の変遷を、筆者のDS理論を基本に据えながら、主要な開発理論を中心に振り返ってみたい。経済開発論は、現実との関わりの中で、大きく変化を遂げてきた。まず、初期の経済開発論をリードしたのは、五〇年代以後に提起されたT・W・シュルツとA・ルイスのモデルであるが、六〇年代に入ると、次々と開発に関する理論が提起された。六一年にシュルツはアメリカの事実に基づく実証的研究結果から、農業の生産性上昇における問題点を理論的に分析した。そこから、真の農業進歩のためには研究開発、新技術の普及および教育などの人的資本投資を重視すべきだと指摘し、この観点から開発途上国の発展理論を構築した。人的資本の理論は、物的資本の成長が所得の伸びに占める割合に比べて、ほんのわずかだとの認識から生まれたとされる。これは人的資本の理論として、その後G・ベッカーや、さらには内生的成長理論などにも影響を与えたと考えられる。この理論によると、人的資本論が示唆するのは、今日ではほぼ一般化している、教育や訓練を行うことで労働者の生産性が上昇し、その結果、労働者の生涯所得を増大させることを通じて、将来所得を引き上げる。教育・訓練への支出は高いが、それは個人の将来所得を拡大するがゆえに投資と考える必要があるとの前提に立っている。

これらの考え方は筆者のDS理論から見れば、西欧社会における発信型需要要因の拡大発展であり、それがさまざまな追求目標の実現に役立つ。また、非西欧社会から見ても、摂取型需要要因の拡大発展であり、供給要因の受容に役立つもので、とりわけ独創的な技術革新とは無縁の発展途上国の経済発展には欠かせない要因である。それが技術革新なきアジアの高度成長を長期にわたって支えてきた中核的要因でもある(1)。

また、七九年にシュルツとともにノーベル経済学賞を受賞したルイスは農業・工業の二部門間の人口移動を通じた発展の可能性を理論づけようとした。ルイスの理論は、最初は一九五四年に出たが、その後の開発論に大きく貢献した。彼の理論は簡単に示すと、以下の通りである。伝統(主に農業)部門と近代(工業)部門が併存し、近代部門が拡大するにつれて伝統部門から近代部門へと労働移動が起きる。その結果、GNP(国民総生産)が増加し、伝統部門も発展を開始する。ルイスは伝統的な部門に存在する余剰労働力を近代的な部門が取り入れることで、工業化ならびに持続的な発展が期待できると考えた。このルイスのモデルでは、伝統的な部門は一般に労働集約的であるため、低賃金や豊富な労働力、そして低生産性、に注目している。これとは反対に、近代的な部門は伝統的な部門に比べて限界生産力が高く、賃金も高いが労働力に対する需要も大きい。そればかりか、近代部門は資本集約的産業が多く、生産の拡大に伴って獲得される利潤は再投資に回る。そこで、資本形成や資本蓄積が起き、伝統的な部門に比べると技術革新も起きやすい。その結果、伝統的部門と近代的部門には限界生産力に格差が生じるため、賃金格差も生まれる。そこで、伝統的部門から近代的部門に向かって、高い賃金を求めて大量の余剰労働力が流入する。近代的部門では、低賃金の労働力が流入することで、近代的部門の生産は拡大する。それが近代的部門の限界生産力を引き下げる方向にも働くため、賃金は上昇を停止する。他方、伝統的部門の余剰労働力は減少するが、潜在的失業にすぎないいため、農業生産自体はほとんど変化しない。伝統的部門では労働力の減少に伴って、付加価値生産性は上昇し、一人当たり生産性も上昇する。かくして、伝統的部門と近代的部門の間で賃金格差は縮小し、平準化される。その結果、近代的部門における労働者にとって高い賃金への魅力は低下するため、これ以上の拡大は起こらず、伝統的部門から近代的部門への労働移動は停止する。このように、工業化に伴って、経済の近代化が進むにつれて、近代的部門での労働力不足に応じて伝統的部門からの労働移動が生じてから、もはや伝統的部門の労働移動が停止するところで、転換点が生まれる。これが「ルイスの転換点」と呼ばれるもので、こうしたルイスの理論は二重経済モデルとして知られ、注目された。これには高い評価がある一方で、批判もある。

ルイスの理論を非西欧社会、とりわけ多くのアジア諸国は労働集約的産業を出発点としており、そこには多くの開発論と同様に、どのように開始するかは説明されていない。DS理論から見れば、近代的部門がなぜ発展するのかについての分析がないため、まず工業化開始の理論を補う必要がある。その意味で、DS理論で補う必要があると考える。つまり、結果としてその仮説が妥当するかどうかより、事前にその仮説を使ってどう現実を変えられるかが問題にならないのでは、現実妥当性は低下するのではないか。

ルイス以外にも、六〇年代にはさまざまな理論が提起された。たとえば、ハーヴェイ・ライベンシュタインは「臨界的最小努力」(Critical Minimum Effort) を達成することで発展の契機が得られると主張した。また六〇年代に最も注目された理論の一つは、アメリカの経済史家、W・W・ロストウが新興国を念頭に置いて主張した発展の五段階説である。その中でロストウが提起した離陸（テイク・オフ）の概念が脚光を浴び、さまざまな批判や否定的な意見が出たにもかかわらず、いまも一定の有効性を保っている。

一方、G・ミュルダールらは、インドを中心としたアジアの経済的現実を「態度と制度」などのキー概念を使用してアジア経済を分析し、インドが「貧困の罠」から脱却することはきわめて困難だと指摘し、国際社会に国際的協調と援助の重要性を求めた。しかし、この見方はその後のインドやアジアの経済発展の現実を見ればわかるように、見事にミスリーディングであることを証明した。

これらの多くの理論では、実際の経済政策の面で、政府の果たす主導的役割が不可欠であるとされた。政府は、経済運営に関して「経済計画」などによる国家目標の実行が重要視され、それに基づき経済資源が動員され、資本や技術、経営のノウハウなどの多国籍企業への依存、外国援助などに頼り、大規模な工業化プロジェクトを行うためには政府の役割が重要とみなされた。発展途上国では、民間の経済力は弱く、必要な産業インフラが整備されていない段階では政府が重要な役割を果たすべきだという意見は理解できる。しかし、それだけでは、工業化も経済成長も開始しないことは、アフリカや中東諸国を見れば容易に理解できる。

一九六〇年代までの経済開発への取り組みは一定の成果をもたらしたとはいえ、多くの発展途上国において貧困問題はむしろ深刻化し、人口過剰や労働の機会が失われ、交易条件の悪化、輸出不振、経済成長率の低下を招いた。「国連開発の一〇年」は完全に失敗したといえる。その結果、既発展先進諸国への批判はますます高まり、開発論的観点からも厳しい批判が浴びせられた。その一つは、六〇年代中頃から強く指摘され始めた、貿易の不均衡が途上国側に不利に働き、先進国による富の独占が途上国の経済発展を妨害しているという、発展途上国経済の「従属論」である。つまり、従属論によれば第三世界が発展しないのは、当該国の責任ではなく、彼らを支配する先進国の責任であり、この問題を解決するには、前者の後者への従属を断ち切る以外に方法はないとの主張である。代表的な論者がドイツ出身の経済学者アンドレ・グンダー・フランクであり、アルゼンチンの政治学者エルネスト・ラクラウはこれに批判を加えた。エジプトのサミール・アミン、ブラジルのテオトニオ・ドス・サントスなども従属論を展開した。

2 政府か市場か

それらは七〇年代の開発論へと受け継がれた。七〇年代は現実面でさまざまな問題が発生し、それが開発論にも影響を与えた。石油危機はその最大の問題の一つである。六〇年代に独立したアフリカ諸国の経済的低迷、中南米諸国の多額の累積債務、急速に進んだインフレ、所得格差の拡大など、多くの問題に直面した。これらの問題は、国有企業や政府主導の工業化戦略に疑問を提起し、市場経済活動重視の開発戦略への転換を求める雰囲気が生まれ、新古典派経済論的開発戦略が登場する背景ともなった。

こうした動きをDS理論的に見ると、第一に政府の役割をどう見るか、である。経済がうまくいかなければ、政府に頼るか市場に頼るか、といった考え方はDS理論の考え方とは基本的に相容れない。なぜなら、政府の役割とは何か、政府が何を解決するのか、市場に何を期待するのか、市場によって自然発生的に何が期待できるのか、などによって政府の役割も市場の役割も異なるし、何よりも、工業化はいかにして開始するか、を明確にする必要があるからである。アフリカもラテン・アメリカもアジアと同様に、重要なのは西欧文明をどのように持続可能な形で受容するかである。それには政府は適切な摂取型需要要因をいかに見つけ出し、動員し発展させるか、そして最終的には摂取型需要要因を発信型需要要因へと転換できるかである。こうした観点から政府の役割を検討した仮説はこれらの中には存在しない。

一九六〇年代から開始した東アジアの経済発展はその後も持続し、特にアジアＮＩＥｓと呼ばれる諸国は一九八〇年代に入って、ベトナム戦争が終結し、経済成長に力を入れ始めた東南アジアや中国も加わり、経済発展は加速した。その結果、アジアの時代が注目され、非西欧社会のモデルとして、評価され始めた。しかし、相変わらず停滞する南アジアやアフリカ諸国との地域的格差は拡大し、債務問題、国内の経済構造問題の歪みとその調整、国際的にはＩＭＦ（国際通貨基金）や世界銀行による構造調整政策に関する論議が展開された。その中で、新古典派経済学が主張する市場経済調整の優位性がそれまで以上に評価されることになった。しかし、一九八〇年代になっても相変わらず、一部地域を除けば、南アジアやアフリカ諸国は依然として低成長と貧困の罠から脱出できず、問題となった五〇年代以後の南北間の所得格差は縮小するどころか、拡大し続けた。

3 東アジアの奇跡と開発論

こうした状況の中で、飛躍的な発展を持続したのは東アジア地域である。一九八〇年代から民間投資などの投資とそれを支える国内貯蓄、一人当たり所得と消費の拡大、初等中等教育制度などの法制度の整備、農業生産の効率化などが指摘される。これらの政策が功を奏して、経済成長は加速し、「東アジアの奇跡」といわれる著しい高度成長を達成した。東アジア諸国内部の努力も少なくないが、日本や韓国からの対外直接投資（ＦＤＩ）の急速な拡大も注目される。一九八〇年代以後、円高・ドル安のため、輸出よりも投資が有利となった日本は大量の資金を東・東南アジアに投資し始めた。日本と並んで、アジアＮＩＥＳ諸国もマレーシア、タイ、インドネシア、ベトナム、カンボジア、インド、などに直接投資を行い、東アジアの経済成長を支えてきた。七〇年代に二度にわたって発生した石油危機を乗り越え、一九八〇年代にも高い成長を続けた。当時の東アジア諸国は、政治的には開発独裁、経済政策的には輸出志向工業化を推進したが、そこで産業政策や経済計画などが重要な役割を果たしたと考えられ、政府が果たした役割はきわめて大きい。

世界銀行が「東アジアの奇跡」を発表して間もない一九九七年に、インドネシア、タイ、韓国などで通貨危機が発生し、東アジア諸国はそれまでの成長路線を修正せざるを得なくなった。二〇〇〇年以後を見ると、中国を筆頭に再び高度成長を達成する国が現れたが、マレーシアやタイなど中所得国と呼ばれる国々と、高所得国の日本のように長期にわたって経済的停滞を続ける国とが明確になり始めた。もっとも、ＤＳ理論から見ると、中国がどの程度の期間にわたって、高度成長を持続できるかは今後を見なければわからない。

このような状況の中で、経済開発論的には発展途上国が自らの主体的な経済能力の形成に基づいて生産性を上げることで成長を達成できるとの見方が広まってきた。それが、後に詳しく見る内生的経済成長論への評価になるが、発展途上国の市場形成能力、教育・訓練などによる人的資源開発、技術吸収力や技術改良力、直接投資の受容能力、などが内生的に生まれ、経済発展に貢献するという考え方が基礎になっている点で、特に新古典派成長論とは決定的に異なり、大きな特徴を持つものである。

こうした考え方は、新古典派理論が主としてアメリカなど先進諸国の経済成長過程を説明するために構築されたのに対し、技術革新力の低い東アジア経済の現実を説明できる有力な仮説として注目されていた。この点はＤＳ理論とも整合的である。

このように、歴史的に見て、開発が遅れた非西欧社会の工業化や経済発展に大きな注目が注がれる中で、開発論は次第に深化・発展してきた。一般に、非西欧社会は欧米に比較して経済水準は低く、多くは未開発である。こうした諸国にとって、オーソドックスな経済理論が当てはまる部分は多くない。そこで、まず工業化や産業化を開始し、経済発展への道をどうあゆみ始め、持続するかが重要な課題となる。アジアには、発展を開始して間もない国や、ある程度発展した国、かなり高い経済水準に達した国、などが混在しており、なぜそうした現象が生じるのか、を一貫性ある過程として説明できる理論が必要だと考える。

一般に、非西欧社会の経済発展を一律に扱い、それを開発経済学と呼び、そこではおおざっぱに貧しい国が豊かな国になるにはどうすればいいか、あるいは貧しい国はなぜ貧しいのかを解明し、その特徴を明らかにしつつ、経済開発を進めるべきだとする見方が少なくない。それも主として戦後の傾向であり、特に六〇年代には南北間の経済格差などの南北問題が活発に論じられ、南北間の格差をどうすれば解消できるかが世界的に注目された。その後も、開発論の内容は関心の対象の変化とともに、さまざまに論じられてきた。近年は、貧しい諸国の中の教育、福祉、腐敗、対外直接投資、貿易、さらには経済発展に影響する民主主義や人権、などを含む非経済的要因の考察と、それらの検証、国際比較などの実証研究も活発化している。

そうした経済成長論や開発経済学にはさまざまな角度からの研究が行われてきたが、世界にはなぜ先進国と発展途上国があるのか、つまり工業化や経済発展を早期に開始した国とそれができない国がなぜ生まれるのか、といったごく単純な問題を考えるだけでも、開発論は成立するのではないか。しかし、これまでの経済発展論や開発論はいずれも決定的とは言い難い。それらをざっと見ても、ハロッド・ドーマー・モデル、構造主義、新古典派理論、二重経済モデル、ビッグ・プッシュ論、バランスト・グロース論、アンバランスト・グロース論、内生的成長論、などなど実に多くの理論やモデルが展開されてきた。その中で、アジア経済を考える場合、ロストウの成長の五段階論、特にテイク・オフ論など開発論を見ると、部分的には重要な視点を提供しているが、現実問題を対象にするなら、やはり伝統的な新古典派モデルと、それを修正した内生的成長論など、新古典派理論を取り巻く成長論が最も注目される。

2 アジアの経済発展と新古典派モデル

1 経済発展と政府の役割

主として戦後一貫して、開発経済論が展開されてきたが、特に東アジアの経済発展が注目されるに至って、従来、市場か政府か、が問われ、伝統的に市場の優位性が重視される中で、政府の役割がそれに取って代わって注目されるようになったことは大きな変化である。新古典派の理論における市場経済論の考え方は伝統的にいまなお優勢ではあるが、市場を形成する制度や能力、経済計画、産業政策などの政府の役割が重視され、従来新古典派経済学の立場に立つ世界銀行でさえ、九〇年代以後大きく変化してきた。たとえば、一九九一年の『世界開発報告』では、「東アジアの奇跡」を踏まえて、状況によっては、政府介入がない場合よりある場合のほうが経済は発展することを認め、政府のなすべきこととして、①初等教育、保健衛生、家族計画、などの人的資本投資の重要性、②民間部門の競争促進のための規制緩和やインフラ整備、③対外開放の重要性、④マクロ経済の安定性、などが指摘された。これらは基礎的政策と呼ばれる。さらに、二〇〇一年の『世界開発報告』でも、市場の制度形成やインフラの重要性が主題として取り上げられた。それらはいずれも経済発展における政府の役割の重要性を確認するという意味できわめて納得できるものである。また、市場の競争メカニズムを活用すると同時に、政府の介入を認めようとする「コンテスト・ベースの競争」という考え方も示された。これは、望ましい報償を求め、明確なルールに基づいて、官僚が審判となって行う政府主導の企業間競争である。具体的には輸出実績に基づく低金利融資の割り当て、銀行の業務成績に基づく支店の認可、コスト引き下げ目標の達成に対して与えられる税制上の優遇措置、などである。これらのシステムは自由放任政策よりは困難を伴うとはいえ、運営さえ適切であれば市場競争より優れた結果を引き出せる、という。一九九七年度の『世界開発報告』も、副題に「開発における政府の役割」

とし、政府の能力は改善しうるし、またそうすべきである、という肯定的な意見が出されている。こうした見方は、DS理論から見れば当然であるが、第2章で詳しく見たように、政府の役割への分析が経済面にほぼ限定されており、あまりにも狭く、限定的で、経済発展の開始から持続的発展に至る過程までの分析の必要性から見ると、まったく物足りない。

その後も、政府の役割を重視する姿勢に変化はないが、それらはいずれも、共通の基盤に立っている。なぜなら、それらは一つには政府に限定された役割しか認めていないばかりか、二つ目には先進国も発展途上国も区別がないこと、三つ目には理論の普遍性にとらわれていることである。このため、仮に発展途上国だけを対象とした開発論を展開するのであれば、その理由や意味を明確にする必要がある。経験上、政策面などから見て、政府の役割が重要であるというだけでは説得的ではない。『世界開発報告』が政府の役割を重視するというとき、取り上げる政府のなすべき事項を見ればわかるように、開発論の枠組み自体が新古典派の枠を出ていないことを示しており、筆者のDS理論的な分析とはまったく比較にならない。しかし、それでもまさに従来の小さな政府こそが美しい、といった議論はいまや陳腐化し、市場偏重の新古典派アプローチからの脱却を示すという意味では大きな変化である。そこには、政府の能力や役割を量的に図ることが難しいとして、定量分析に依存し、定質分析を嫌う純粋な経済理論の立場からは、さまざまな批判や反論が出てくることはある程度仕方がない。

2 単純な新古典派成長モデル

元来、先進諸国の経済成長モデルとして知られ、開発論とはいえないはずの新古典派理論が、市場の優位性を主張する経済成長論の代表として、今なお取り上げられるのは、上で見たように、先進国にも発展途上国にも、西欧社会にも非西欧社会にも、普遍的に妥当する理論とみなしていることを示している。そのことを前提にして、今日の経済成長論の代表的なモデルとして新古典派の成長モデル（それはその代表的な提唱者であるソローの名前を取って、ソロー・モデルともいわれる）をまず取り上げてみたい。なぜなら、ソロー・モデルは戦後の成長論すべての出発点となったといっても過言ではないからである。その意味で、ソロー・モデルの役割はいまなお重要である。

ソロー・モデルは次の前提に基づいて構成される。まずソロー・モデルでは、貯蓄率と投資決定、要素蓄積、技術進歩の伸びは外生的とみなされ、生産関数は物的資本と労働および知識ないし技術を考慮した関数で示される。時間は資本 K、労働 L、および技術を通じてのみ生産量に影響を与え、技術は労働増加的で、技術を考慮した労働は有効労働とされ、土地と自然資源は無視される。また、資本の限界生産物は逓減するとみなされるため、規模に関して一定となる。労働と知識は一定の外生率（以下で占めすように、それは n）で成長するものとする。

いま、生産量ないし所得を Y とすると、外生的な技術水準 A（技術進歩）を考慮した、一般的な生産関数は以下のようになる。

(1)　$Y = Af(K, L)$

この両辺を L で割ると、一人当たり生産量を y、すなわち労働生産性 Y/L は次式で表せる。

(2)　$y = A\,f\,(K/L,\,1)$

これは一人当たり生産量（y）が一人当たり物的資本 $K/L=k$（資本装備率）の関数として表せることを示している。そこで、上式は、

(2)'　$y = Af\,(k)$

となる。つまり、これは一人当たり実質GDPが技術進歩率 A と資本装備率 k によって決まることを示す。またこの式は k の上昇につれて、逓減するものと想定される。それは資本が豊富な国は少ない国より資本が一人当たり生産額に及ぼす効果が小さくなると考えることを意味している。この式を、資本（K）は労働（L）で代替でき、規模に関して一定の関数、つまり一次同次のコブ・ダグラス型生産関数式 $Y = A\,K^{a}L^{1-a}$、を想定すると、(2)'式を挿入することで、$y=A(K/L)^{a} = A(k)^{a}$ が得られる。ここで、a は資本分配率を、$1 - a$ は労働分配率をそれぞれ示す（一次同次のため、両者を合わせると1になる）。

$Y = A\,K^{a}L^{1-a}$ の両辺の対数を取り、時間 t で微分して変化率を求めると、次のようなソローの成長会計モデルを示す式が得られる。

(3)　$\Delta Y/Y = \Delta A/A + a\,\Delta K/K + (1\text{-a})\,\Delta L/L$

つまり、これは経済成長率が技術進歩率、資本と労働の伸び率を加えた値を意味している。

この式から、$\Delta A/A$ を求めれば、それが「ソロー残差」と呼ばれるもので、技術進歩率の伸び（全

要素生産性、ＴＦＰともいう）を表す。新古典派の成長論は長期的に、一次同次の生産関数を想定したとき、労働力と技術進歩を外生要因とみなし、資本の変動とそれに基づく一人当たり生産額（労働生産性）が内生的に決定されるという状況を分析することを目的とする。そこで、いま財貨・サービス市場で均衡が成立し、マクロ経済学でいう、投資（I）は貯蓄（S）によって行われると考えると、貯蓄は、貯蓄率を s としたとき、$S = sY$ と表せる。そこで、両辺を K で割ると、$S/K = sY/K$、また $\Delta K = I = S$、である。ここで、資本の増加分 ΔK は資本投入量から減価償却（D）を差し引いた分、つまり D を資本 K にその一定割合（β）をかけた βK と考えると、

(4)　$\Delta K = I - D = sY - \beta K$

となる。そこで、この式の両辺をLで割ると、$\Delta K/L = sY/L - \beta K/L$、となる。$k = K/L$ から、両辺の対数をとり、時間 t で微分して変化率を求めると、$\Delta k/k = \Delta K/K - \Delta L/L$ となり、$\Delta L/L = n$ で表し、両辺に k をかけると、

(5)　$\Delta k = \Delta K/K \times k - nk = \Delta K/K \times K/L - nk = \Delta K/L - nk$、

となる。(4)式 $\Delta K = I - \beta K = sY - \beta K$、の両辺をLで割ると、

(6)　$\Delta K/L = \Delta Y/L - \beta K/L = sY - \beta k$

となり、また $k = K/L$ であるから、両辺の対数をとり、時間 t で微分して変化率を求め、そこに（6）式を代入すると、以下の式を得る。

(7)　$\Delta k = \Delta K/K - n = sY — \beta K - nk = sY - (\beta + n)\, k$

これが新古典派成長論の基礎をなすもので、「ソローの基本方程式」と呼ばれる。新古典派成長論は、①生産要素は労働と実物資本だけ、②その実物資本の限界生産力は逓減する、と仮定する。②の仮定は労働者一人当たりの資本ストックが多くなればなるほど、その資本を維持するのに多額の資本減耗費が必要になるが、それは総投資を資本の純増ではなく資本減耗分に割り当てなくてはならないことから生じる。これら二つの制約条件の下で、経済はやがて長期には限界生産力と時間選好率が一致するところに収斂し、成長率ゼロの定常状態に達することを示す。これを図示すれば、タテ軸 y、ヨコ軸に k をとると、生産関数は右上がりの曲線で描かれる。接線の勾配は資本の限界生産力を表し、資本の限界生産力は逓減するとの前提から次第に傾きは緩やかになり、やがて平行になって、定常状態に達する。そこでは資本ストックの成長率は人口の成長率、そして生産量の成長率に一致し、y と k の伸び率はゼロとなる。それを打破するには技術革新によって生産関数を上方にシフトする以外に方法はない。また、労働は資本で代替できるとの前提から、規模に関して収穫一定かつ資本と労働が完全に代替的な生産関数、つまりコブ・ダグラス型生産関数を想定すると、貯蓄率が資本分配率に一致しているとき、定常状態における一人当たり消費は極値をとることになる。

新古典派の成長モデルは、イギリスの経済学者ニコラス・カルドアが一九六〇年代初頭にまとめた「定型化された事実」を説明することを目指した。これは欧米経済の歴史的現実によく整合性を持つものとみられてきたもので、多くの専門家によって容認されてきた。この「定型化された事実」とは以下の六つを指す。①一人当たり実質生産は上昇傾向を示し、労働生産性も安定的な速度で成長した。②労働者一人当たりの資本量も、長期に安定的な速度で成長した。③資本の実質利子率ないし収益率は安定していた。④生産に対する資本の比率も安定していた。⑤資本収入と労働収入が総収入（国民所得）に占める割合も安定していた。⑥高成長国の間で、生産性上昇率に大きな（二～五％程度の）格差があった。

しかし、新古典派成長理論の理論的含意は、カルドアの「六つの定型化された事実」の説明を前提とし、その「定型化された事実」の①から⑤までは説明できたが、ロバート・ソロー自身が認めるように、ソロー・モデルは技術進歩を外生的とみなしたため、特に「定型化された事実」の六番目の事実を説明できなかった。そこで、それを含めて、新たな事実を説明しようとして多くの研究者が取り組み、新古典派モデルを出発点として、新しい成長モデルが次々と提起されてきた。これらは新成長理論とか内生的成長理論と呼ばれ、その共通点は技術進歩をはじめ多くの生産要素を内生要因として扱うモデルである。

グローバル化が進み、国際社会で労働や資本の移動がかなり自由な、今日の状況下では、また一定の経済水準に達するだけの能力を持つ国の間では、技術面での格差が生まれない限り、長期に生産性の格差は生じないことになる。そうであれば、現実に存在する生産性の格差はなぜ生まれるのであろうか。また、成長率が外生的に決まるとすれば、政府の成長政策は意味を持たないのであろうか。技術革新が生まれなければ、経済は成長しないのか。こうした疑問が次々と生じる。

3 新古典派モデルへの疑問

こうした批判はアジア経済が現実に成長を開始し、ある程度長期に成長する姿を正確に反映していないと感じる人たちが、新古典派モデルに疑問を感じ始めた。それでは開発論的に見て、アジアの経済発展はいかにして生まれ、経済発展開始後の現実をどう解釈し、それが果たして持続可能か、などの疑問をどう説明すればいいのであろうか。元来、開発経済学として展開されたわけではないが、戦後まもなくケインズの長期動学化を目指したジョーン・ロビンソンやハロッド・ドーマーの成長モデルを筆頭に、主に六〇年代以後、新古典派経済学者が中心となって、多くの経済成長論が展開された。元来、それらはアジアをはじめ非西欧の経済発展の説明を目的とするものではない。そのため、非西欧、特に未だ発展を開始していない非西欧新興諸国の経済発展には目を向けていない。上記の成長論は主として欧米先進諸国の長期経済成長の説明と長期安定的で持続的な成長のための条件を明らかにすることである。とりわけ伝統的な経済学に沿った経済成長論を展開した新古典派経済学者の代表であるソローをはじめミード、スワン、宇沢などは主として欧米経済の長期的成長を中心とし、上で示したカルドアの「定型化された事実」の説明を目指した。

彼らの理論には若干のバラエティはあるものの、ソローに代表される経済成長モデルがほぼ新古典派モデルとして定着してきた。これらの伝統的な成長理論では、持続的成長を達成するには技術進歩が不可欠の要素とみなされた。だが、問題は経済成長の決定的な要因である技術進歩や生産性をどう見るかについて、近年、さまざまな理論が展開されてきた。

それは大きく分けて二つの見方に分かれる。一つは上で見たように技術進歩を外生的とみなすか、もう一つは内生的、すなわち経済内部で生まれるとみなすか、である。前者の代表は新古典派成長モデルであり、後者は新古典派モデルに批判的ないし修正を迫る内生的成長モデルである。後者は主として八〇年代以後、S・ルベロ、ポール・ローマー、ロバート・バロー、R・E・ルーカスらによって展開され、それが結果的にアジアの経済発展にも適用されてきた。こうしてさまざまな形態の成長モデルが誕生することとなった。その最もシンプルなアプローチは、収穫逓減を持たない、単純な生産関数を想定することであり、

(8)　$Y = AK$

で示される。これは AK モデルと呼ばれる。A は資本ストックの生産性を表す定数であり、K は通常の狭義の物的資本のほかに、人的資本、社会的インフラなどを含む広義の資本を意味する。このような広義の資本の限界生産性は逓減せずに一定（A）と想定される。ここで、A は技術水準を反映した正の定数である。労働者一人当たり産出量（労働生産性、$y = Y/L$）を $k = K/L$ とすると、$Y/L = AK/L$ から、(8)式は以下のように示される。

(9)　$y = Ak$

ここで、先の「ソローの基本方程式」(7)に、この(9)式を代入すると、次式が得られる。

(10)　$\Delta k = sAk - (\beta + n)\ k$

この式の両辺を k で割ると、

$$\Delta k/k = sA - (\beta + n) \quad (11)$$

となる。この式は資本集約度の成長が sA と $(\beta + n)$ によって決まることを表しており、図示すれば、両方ともすべての k に対して、y 軸に平行の直線となる。資本集約度の成長はプラスであり、そのことは、$sA > (\beta + n)$ であることを意味する。また恒常的な成長状態での k の成長率は(11)式で示す速度で成長することを示す。また、y の成長率は(9)式から、A と k の増加率の和であるため、A と k が成長する限り、成長する。つまり、新古典派モデルでは、Y がある一定値に収束するとみなされるのに対し、AK モデルでは、A が大きいほど、また s が大きいほど、永続的に労働者一人当たりの生産量が高まること示している。それだけでなく、新興国の生産過程は初期の所得水準とは無関係に先進国と同じ成長率で成長すると考えるため、収束することはない。このように、A および s といった内生的要因の違いで各国のそれぞれの経済成長の違いを説明できるとみなすのである。

新古典派理論では一人当たり消費と資本がもはや変化しない定常状態を想定する、いわゆる成長率は長期にすべての国で収束状態（定常状態）に達すると考えた。彼らは労働以外の生産要素は実物資本だけであり、その限界生産力は逓減することを前提にしたため、ある一定の水準で定常状態に陥ると考えた。しかし、AK モデルでは同一の技術水準と貯蓄パターンを共有しても、収束する（定常状態に陥る）ことはないと考える。

これら新たな成長モデルが展開された背景には、新古典派が答えていないか、前提としていない、いくつかの問題をどう解釈するかという問題がある。たとえば、①技術進歩を外生的とみなすということは、技術進歩そのものを説明していないことになる。②新古典派は一人当たり資本ストックが小さいほど成長率は高くなり、一人当たり所得水準が低いほどその成長率は高くなるため、長期的には高所得国の水準に低所得国の所得水準は収束する。③コブ・ダグラス型関数の下で、たとえば所得に占める資本の分配率を三分の一としたとき、一人当たり所得の五倍の格差が二五倍の利子率格差を生むとみなされるが、現実にはこうした利子率格差は見られない[2]。

新古典派の成長モデルは、技術進歩と労働力は外生的に決まるとみなしたが、それが事実とすれば、長期的な均整成長率（人口増加率 $\Delta L/L = n > 0$ の下では、経済が定常均衡状態にあると、一人当たりの資本（K/L）は一定であり、分子の K も n の率で成長し、一人当たりの生産 $y = Y/L = f(k)$ も一定であり、分子の Y も n の率で成長する。実質GDP、資本ストックなど経済全体の変数がすべて同じ n の率で成長するため、これを均斉成長率という）で成長する。そこではもはや経済は均整成長経路を進み、定常状態に入る。また、すべての経済変数がそれぞれ一定の成長率で伸びていく経済成長をE・フェルプスは黄金時代と呼んだことはよく知られている。

3 新古典派モデルから内生的成長モデルへ

1 新古典派成長モデル批判

このようなソローのモデルにはさまざまな疑問や批判が提起されてきた。たとえば、ソローのモデルには資本蓄積が重要な意味を持つが、それがいかにして行われるかを示す投資関数がないとか、技術進歩は外生的でいいのか、などはその一例である。筆者のDS理論から見た批判や疑問については、後ほど触れるとして、さまざまな角度からの批判にはどのようなものが提起されているであろうか。ここでは本書の観点に関わる、若干の批判や疑問についてごく簡単に触れることにしよう。

まず純粋な経済理論的観点からの批判として、その代表的な例はアマーティア・センの批判である。彼の批判は、スミリティ・チャンドによって以下のように要約されている。①ソロー・モデルは、ハロッドの保証成長率Gwと自然成長率Gnのバランスの問題だけを取り上げ、現実成長率GとGwのバランスの問題は省略してしまっている。ここで、Gwとは、ハロッドによると、財市場を常に均衡させる成長率のことであり、資本ストックの成長率に等しくなる。それは資本蓄積率の面から実現される成長の上限を示す成長率であり、Gnは効率単位で計った労働力（effective labour）の成長率から実現される成長の上限を指す。この両者が均衡すれば、労働市場では完全雇用が、財貨市場では需給均衡が達成された中で、経済成長が進んでいることになる。これが均斉成長状態である。ソロー・モデルでは、価格調整メカニズムによって現実の成長率は財貨市場を常に均衡させるGwと一致することになり、長期的にはGwとGnは一致するように調整される。②センによれば、労働と資本の代替性の仮定は新古典派とネオ・ケインジアンの成長論研究のキーの相違ではないように思われる、という。主要な相違は投資関数にあるように見える。いったん投資関数が導入されると、直ちにハロッド的不安定性の問題がソローのモデルにも現れ、労働と資本の代替可能性の仮定が成長に関する新古典派とネオ・ケインジアンのキーとなる相違ではないのではないか。両者の主要な相違点は投資関数と将来に関する企業家的期待に主要な役割が与えられないことにある。③ソロー・モデルは労働増加的技術進歩の過程に基づいている。しかし、実証的正当化も得られていないコブ・ダグラス型生産関数のハロッド中立的技術進歩は特殊なケースである。④ソローは恒常的成長への経路で困難性をもたらす要素価格の柔軟性を仮定する。たとえば、利子率は流動性トラップの問題に起因する、ある最低水準以下に低下することは防止されるかもしれない。このことは均衡成長経路を達成するために、資本・産出量比率が必要な水準に上昇することを妨げてしまう。⑤ソロー・モデルは同質的で柔軟な資本という非現実的な仮定をおいている。事実問題として、資本財はきわめて異質であるため、集計問題を提起する。その結果、種々の資本財が存在する場合には、恒常的成長経路に到達するのは容易ではない。⑥ソローは技術進歩の因果関係を軽視しており、技術進歩を成長過程における外生要因としてのみ扱っている。そのため、彼は学習過程、研究投資、資本蓄積を通じて技術進歩を誘発するという問題を無視する結果となっている。(3)

また幅広い観点からの批判の一つとして、コーリン・ヘニングの指摘も取り上げておこう。彼によれば、新古典派の開発モデルに対する重要な批判はモデルの仮定に関わる。その一つは、発展途上国の問題は広範に及ぶが、このモデルは資本主義需要経済の創出には成功しても、ほとんどの問題には取り組んでいない。また経済発展に発達した市場や先進制度が決定的に重要であるにもかかわらず、それらを対象にしていない。さらに、人間資本の蓄積や腐敗の影響なども無視されている。大部分の発展途上国は不熟練労働と豊富な自然資源を持つが、経済が発展するにつれて、比較優位を持つ財の輸出を行う。比較優位は労働集約的財貨や自然資源の形態で存在する。彼らはこれらの財貨の輸出に大きく依存する。多国籍企業は安価な労働を利用し、自然資源へのアクセスを拡大する。FDI（対外直接投資）は鉱業、漁業、林業などの産業に流れ、新興国原料を輸出し、最終財の輸入を拡大する。一人当たりGDPは消費と労働生産性が上がるにつれて、増える。一人当たりGDPは新興国の生活条件を測定するHDI（人間開発指数）の重要な決定要因である。これも新古典派論者の成功を測定する尺度である。確かに、新興国は発展しているように見えるが、不幸なことに新興国の状態を完全には表していない。新古典派成長モデルは持続可能性の弱さを前提にしている。持続可能性の弱さとはどの状態の資本ストックも全体的には減少しないはずだという、かなり単純な前提である。自然資源は他の形態の資本でこの損失が補償される限り、完全に枯渇しても許容されてしまう。国によって、持続不能な発展への道を歩むこともあり得る。多くの異なるタイプの資本、環境問題などを考慮して、特に再生可能かどうかなど、さまざまな自然資本を区別することが大事である。新古典派経済学では、環境が経済発展に果たす、重要な役割を軽視している。それが成長に間違ったサインを送ることになる(4)。

いわば経済面だけから経済成長にかかわる問題を取り上げ、解明しようとする、新古典派モデルへの批判は、非経済的要因が及ぼす持続的成長への影響という面から考えれば、もっと多くの批判が可能となるに違いない。そこで、いまＤＳ理論からの疑問を提起したい。

2 内生要因への関心

こうした疑問を解消することが、新古典派経済論以後の最大の課題である。主として八〇年代以後、新古典派成長論への批判をきっかけに、一人当たりＧＤＰの成長率や技術進歩率をモデルに組み込み、その中の媒介変数によって示されるモデル、すなわち内生的に決定されるという共通の関心に基づく、新たな成長モデルが次々と展開された。それらに共通するのは、経済成長の源泉を単に技術進歩に求めるのではなく、生産性さえ上昇すれば経済は成長すると考えたことである。生産性を引き上げる要因は技術進歩率もその一つであるが、それ以外にも各種の生産要素の質を高めるなど、多種多様な要因があり、その中で技術進歩はそれほど重要ではないとさえ考えられた。

重要なのは、新古典派モデルが基本的に量としてしか見ていなかった労働や資本をその質に注目することによって、経済成長にとって、生産性の向上こそは最も重要だと考えたことである。そこで、内生的成長モデルは、どのような立場があるか、どのように形成されてきたのか、などを中心に理解するために、簡単な内生的成長モデルを見てみることにしたい。

まず労働の生産性である。たとえば、その一つは物的資本を重視した新古典派モデルに対し、物的資本の蓄積と並行してその効率的な使用には物的資本を効果的に使える人材が必要だとの認識であり、それは七〇年代から存在した。こうした見方は労働の量から質（たとえば、労働時間、教育水準、経験、性別など）の役割重視への転換を意味した。

また労働と並んで資本の質、すなわち資本に体化された技術に基づく生産性の上昇にも注目する。こうした見方を成長会計モデルに当てはめ、計算しなおした結果、成長会計モデルで、物的資本ストックに人的資本を生産投入財として含めると、経済成長に占める資本ストックの寄与率は資本ストックだけの場合には三〇％であったものが、八〇％程度に上昇することが分かった[5]、という。

最初の単純な内生的成長モデルの展開は、先に紹介したS・レベロのAKモデルである。若干繰り返しになるが、これは実物資本の限界生産力は逓減せず、技術進歩は内生的に決定されると想定したうえで展開された。まさにそれは新古典派モデルの変数の簡単な変更にすぎない。単純化のため、外生的技術進歩率も人口成長率もゼロが想定され、生産関数は$Y = AK$で示される。企業行動はこの生産関数を制約条件にして、利潤極大化を図るものとする。すると、企業の生産関数は上式の両辺を労働者Lで割り、一人当たり生産量を$y = Y/L$で示すと、yは一人当たり資本k〈資本の生産性〉の関数として表されることから、$y = f(k) = Ak$となり、生産量はkの増加関数であることがわかる。

新古典派モデルの特徴の一つは、資本の蓄積過程で資本に対する収穫逓減が生まれ、投資水準がやがて一定の臨界的水準に達すると、経済成長を停止し、一人当たり資本ストックも一人当たりＧＤＰも成長を停止する定常状態を引き起こすと考えたことである。その定常状態から抜け出すには技術進歩を引き起こすしかない。こうした新古典派モデルを修正するうえで、上述のAKモデルは大きな一歩をしるした。

また労働面に注目したアローらの学習理論も注目されてきた。これは知識の創造を投資の副産物とみなし、労働生産性の上昇を考えるものである。学習理論はそれを人的資本の役割に求め、投資の結果ノウハウが蓄積され、それが技術水準を上昇させ、生産性を引き上げると考える。同じく長期の経済成長の主要な源泉の一つとして労働を人的資本とみなし、人的資本の蓄積が外部性と収穫逓増を生み出すとみなす、ルーカスらの人的資本モデルも展開されてきた。

それ以外にも、内生的成長モデルには成長の源泉をＲ＆Ｄ（研究開発）に求めるＲ＆Ｄモデル、財政変数に求める政府支出モデル、などがある。これらの共通点はいずれも成長の主要な源泉を労働や資本、その他の内生的な要因に求め、それらの生産性の上昇が経済成長に寄与するとみなすことであり、それはまずどのような生産関数を想定するかに示される。

3 経済成長の内生要因

現実の経済は、長期的に見て経済成長率や一人当たりＧＤＰの成長を見ても、国によりかなりの相違があり、生産性の上昇率にも相違がある。こうした認識に立つと、その原因が何か、を新古典派モデルでは説明できないことが判明した。そこで注目されたのが新古典派モデルの前提、なかでも、重要なのは技術進歩や労働の外部性である。それらを内部要因と見たとき、モデルは大きく変化する。かくして、それらを経済の内部で変化するとみなす内生化によって、新たな成長モデルである内生的成長モデルが展開されてきた。新しい成長モデルが次々と誕生し、新古典派理論を修正ないし発展させる試みが行われてきた。内生的モデルの先駆者的存在であるロバート・ルーカスやポール・ローマーらのモデルは、「新たな事実」をどう説明するか、という点に焦点を置いた。それは内生的成長論として知られ、その代表的な経済学者であるローマー、ルーカス、R・J・バロー、などの理論が新古典派理論より一層現実妥当性を持つものとして評価されてきた。その現実とは、以下のとおりである。

①グローバル化や都市化の結果、市場規模が拡大したこと、②人口と一人当たりGDPの成長が加速したこと、③一人当たりGDPの国家間の大きな格差は、測定される投入量の差では半分以下しか説明されないこと、④一人当たりGDPの成長率の格差は、技術のフロンティアから遠いほど大きいこと、⑤労働者一人当たりの人的資本の増加は世界中で激的に拡大していること、⑥単純労働力に比べて、人的資本は増加したが、その相対価格は継続的に低下しなかったこと、である。

これに対し、ポール・ローマーに代表される「新しい成長論」の理論過程は、議論を「ソロー・モデルは現実を説明できない」という「古い成長論」に対する攻撃から始める傾向にある。「古い成長論」の大家達にとっては、謂れのない批判であり、彼らが新しい成長論に対してしばしば冷淡な態度をとる原因ともなっている。実際、内生的成長モデルの中で、持続的な成長の源泉として用いられている、人的資本（ルーカス）や Learning By Doing（ポール・ローマー）といった概念については、一九六〇年代・七〇年代に既に提起され、かなり徹底して議論されている。その意味で「内生的成長論」は、必ずしも「新しい成長論」であるとはいえないが、「古い成長論」の研究家たちが、理論モデル のインプリケーションを徹底して追及しなかったということも、また事実である。(6)

内生的成長論者が指摘する事実はソロー・モデルによってすべてを説明することはできない。新古典派モデルでは、資本深化の過程で資本に対する収穫逓減〈資本の収穫逓減〉が働き、経済は長期に臨界的な投資水準に達すると、持続的成長は停止し、一人当たり資本ストック（K/L）ならびに一人当たり生産額は一定となる定常状態に達するとみなされるからである。定常状態を脱するには、技術進歩以外には方法はないというのがソロー・モデルの最大の特徴である。

これに対し、こうした事態を非現実的とみなし、「新たな事実」を説明しようと、多くの経済学者が挑戦した。それらのモデルの特徴はいずれも新古典派が前提として技術進歩と労働力を外生的要因とみなすのに対し、内生的要因とみなすことにある。これらの共通要因の一つは、新古典派の理論がモデルの中で、たとえば技術進歩率は企業内部では説明できない外生要因とみなしたのに対し、内生的成長モデルでは、企業なら物的資本や人的資本などに投資する場合、どの程度の投資が最適か、労働者にはいかなる学習・経験、能力が必要か、などの企業内部の最適化の選択肢の一つによっても決定されると考えた。それはより現実的な想定といえよう。

発展途上国にとって、技術進歩は先進国が生み出したイノベーションを模倣・吸収することが中心になるとはいえ、時間の経過とともに模倣、応用、改良などを通じて、徐々に発展途上国でも技術が浸透し、新製品を生み出し、輸出拡大にも貢献する。かくして長期的には、先進国の技術進歩が世界全体の技術を進歩させる。新古典派モデルの想定通り、外生的な技術進歩率や労働の伸び率によって経済成長率が規定されるわけではなく、企業の利潤極大化過程で、必要に応じて技術進歩や人的資本の蓄積が行われることで、経済成長は実現する。裏返せば、技術進歩や人的資本の蓄積の多寡などの初期状態が違えば、国による成長経路も異なることを、内生的モデルは説明しようと試みたのである。

たとえば、内生的成長論の代表的な提唱者の一人ポール・ローマーは物的資本と労働以外の生産要素として「知識」を導入し、「知識」の蓄積も実物資本と同様に生産を増加させるとみなすモデルを提唱した。ローマーと同じく内生的理論の立場から、ルーカスは労働者が休息や食事などに割く時間と、それを除く残りの時間を働く時間と学習する時間とに分け、学習時間を蓄積すれば、生産性を高めることが可能とみなす。彼は、労働（仕事）や経験を通じて人間は時間の経過とともに学習する、とする学習理論（Learning by doing theory）を提唱した。労働者は学習や経験を通じて、生産性の引き上げが可能であり、人的資本として成長に寄与する。そう考えれば、ローマーのいう物的資本と人的資本の和である資本は逓減せず、定常状態に陥ることも回避可能との見方が生まれる。これは特に知識情報化の時代には現実により適合した考え方であろう。

人的資本の蓄積も学習効果も当該企業ばかりか、そこに携わる個人に利益を与えるのは当然だとして、彼らが他の企業や個人にもさまざまな形でプラスの影響を及ぼすという外部効果を重視し、また技術進歩そのものも一過性のものではなく、新たな産業の誕生と同様に生産財や消費財の種類が増えることで、既存の商品の質の向上を引き起こすものだとも考えた。そうした見方は最近のＩＣＴ関連商品を見るまでもなく、より現実的である。

彼らは、技術進歩や人的資本以外にも、Ｒ＆Ｄ（研究・開発）、貿易や対外直接投資、制度、ガバナンスの改善、政府支出、など、多くの要因が生産性を高め経済成長に影響を与えるとみなす。たとえばＲ＆Ｄを重視するモデルは新たなアイデアによって獲得した特許をＲ＆Ｄ部門が購入し、それを使って資本財を生産し、独占的に販売することで独占的利潤を獲得する。ローマーらは、Ｒ＆Ｄ部門、資本財部門、および最終財部門の三部門を想定し、Ｒ＆Ｄ部門は人的資本と技術知識のストックを使用して、新たな技術知識（デザイン）を生産する。資本財部門はその新たな技術知識と最終財の一部を使用して資本財を生産する。また最終財部門は物的資本、人的資本、それに労働（人的資本と労働は一定とする）を使用して最終財を生産する。それらはいずれも独占的な生産と販売ばかりか、独占的利潤の確保をも可能にする。こうして独創的イノベーションによる場合と同じ成長効果を生み出す。つまり、Ｒ＆Ｄを通じて技術進歩に対応する発明が生まれると考えることで、それが経済成長のエンジンになりうると考える。

貿易や対外投資が成長に及ぼす影響は以下のとおりである。まずグローバル化の進展で貿易が経済成長に与える影響が注目されてきた。特に、輸出志向の強いアジア諸国では経済成長を主として対外貿易に依存する国が多い。従来から、対外貿易は自国商品の販売市場が拡大することで、規模の経済性を実現し、競争を促進し、効率性を高め、資源配分を改善し、技術や知識の波及を促すとみられてきた。しかし、そこでは貿易は外生的に決められるのではなく、内生的に決まることが注目される点である。つまり、貿易は経済成長を促進すると同時に、経済成長が貿易を促進するという双方向のメカニズムを経済の循環過程の中で、説明する。その場合の特徴の一つは、地理的な距離が二国間の貿易の決定要因とみなすことである。

一般に、FDIも経済成長にプラスの影響があるとみられてきた。そこで、内生モデルはこの点に注目し、これをモデルに組み込んでいる。FDIがその受け入れ国の経済成長にプラスの影響を与えるかどうかに関するメカニズムは多様かつ複雑であり、前提条件次第でその効果もさまざまである。OECDによれば、プラスの効果は、被投資国のTFPやより総体的には被投資国での資源の利用効率を高める効果である。それは次の三つのルートを通じて発生するという。FDIと外国貿易との間のつながり、被投資国のビジネス・セクターの波及効果やその他の外部性、被投資国の構造的要素への直接的影響、などがそれである。しかし、被投資国の教育水準や技術水準が低く、金融市場が脆弱な場合にはFDIの恩恵は十分現れない可能性があるとみられる。(7)

また、内生的成長論の立場からも、ローマーらは、FDIはその流入を通じて、新製品、新技術、有能な人材がFDIの受け入れ国にもたらされるため、既存の設備投資を補完できることから、経済成長に貢献するとみなす。さらにFDIには多くの利点も指摘される。たとえば、資本蓄積効果、貿易拡大・外貨獲得効果、投資の増大効果、雇用拡大効果、競争の活発化で効率性が増す競争促進効果、技術移転とそれによる生産性上昇効果、などである。それらがすべて生産拡大につながり、経済成長の促進効果が期待できる。これらは受け入れ国側にとって、概して直接投資がプラス効果を持つと考えられる。しかし、ＦＤＩが経済成長を生み出すのか、それともその逆か、という問題意識に立って実証分析を行った尾崎は、結論として以下のように述べている。「経済成長こそがＦＤＩを誘起し、その逆ではない可能性が高い」(8)と。

むろん、ＦＤＩにはマイナス効果もありうる。たとえば、受け入れ国の地場企業が起業機会を喪失することで自律的な工業発展を阻害し、外国企業依存体質を生み出す場合である。国によっては、環境破壊も指摘される。ＦＤＩの受け入れはこれらのプラスとマイナスの効果をどう評価するかで、判断すべきことはいうまでもない。

要するに、経済成長に与える要因は多種多様であり、それら成長要因の一つずつが経済成長を促進するわけではなく、それら要因相互の有機的関連性にこそ注目すべきであろう。たとえば、人的資本の蓄積を通じて、学習効果が貿易財産業により急速にプラスの効果を与えるため、非貿易産業に比べて比較優位性を持ちうる。このため。貿易の拡大を通じて経済成長を促進するとの考えが生まれる。このように、内生的成長モデルはそれらがすべて内生的に決定されると考えることで、新古典派モデルが考えるように、長期に定常状態に陥り、そこからの脱出は技術進歩に頼るしかないという見方を大きく転換させることを目指している。技術的条件が変化すれば、成長経路もそれに応じて変化させることができるというのが、内生的成長モデルの一つの特徴といえよう。

ルーカスやローマーの理論は発展途上国と北の先進国との間の成長率（ないし生産性）格差についても一定の説明を可能にしているが、その後の多くの経済学者が、さらにこの問題を発展させてきた。たとえば、グロスマンとヘルプマンは北の先進国と発展途上国の起業家の相互作用に注目し、両者における企業の利潤極大化と消費者の効用の極大化を別々に扱うモデルを考えた。そこで、新製品が北で最初に生産され、やがて貿易などを通じて南に移動する。その製品サイクルの平均期間と、新製品が市場に持ち込まれる速度はいずれも内生的に決定されるという動態的なモデルである。これは内生的イノベーションと技術移転を特徴づける製品サイクル・モデルでもあり、北の先進国の競争的企業家は、将来の独占的利潤の割引率が現在の製品開発コストを上回る限り、新製品を発売するために資源を使うと考える。これは確かに、北と南の成長率の格差を説明するとしても、DS理論と違って、北同士、南同士の成長率格差を説明するものではない。かりにそれを説明しようとすれば、DS理論から見て、成長に必要な需要要因の格差を分析しなければならない。

他方、先進各国の独占的起業家はその製品が、リバース・エンジニアリングなどを通じて、南の発展途上国によって模倣され、北は以前、自ら輸出していたのとまったく同じ製品を今度は輸入するようになる。発展途上国の資源ベースが大きくなり、かつそのオリジナル製品の生産過程を学習する資源が生産的になればなるほど、定常状態の成長は速くなる。そこで北の独占的利潤は消滅するが、他方で発展途上国側は世界市場を独占でき、高い利潤を獲得し続ける。そこに貢献するのは、発展途上国側の賃金の相対的な低さである。

こうして、北は新製品を開発しても、独占利潤を失うというリスクに直面する。他方で、発展途上国の競争的企業家は北で開発された技術や生産過程を学習することに資源を投入する。彼らは新製品が市場に導入される、製品のサイクルと速度の平均的長さが内生的に決定される動態的過程に関するモデルを構築し、それを模倣とイノベーションの長期比率と、労働者の所得の長期的分配の研究に適用した(9)。

このように、新製品を開発するのは北（先進国）であるが、それを模倣して生産する一方、消費者はそれらの商品を市場で購入して効用を獲得する。発展途上国の消費者も先進諸国の消費者も同一の効用関数をもち、双方で生産した商品は無差別だと考える。その場合、それぞれの国の企業もその消費者も多数存在するとき、市場の均衡は代表的な先進諸国と発展途上国の企業の利潤極大化と代表的な消費者の効用極大化とに一致するものとする。そうすると、消費者の効用極大化から導き出される種々の財に対する需要曲線と、企業の利潤極大化から導き出される種々の財の供給曲線と、労働力への需要と供給の均衡の三つの成長経路が決定されると想定する。

その結果、開放経済とかグローバル化が北側にとってマイナスで、発展途上国にとっては有利かといえば、そうともいえない。世界経済全体を見渡した時、開放経済が閉鎖経済に比べてより生産を刺激し、世界全体にとってもきわめて有益であるとみなされるからである。しかも、世界全体を見た時、技術革新は明らかに重要だとして、彼らは次のように述べている。「政策当局者は再生産不能な自然資源ストックの枯渇可能性に直面して、急速で、持続的な経済成長を促進する最善の方法を見つけ出すという困難な問題に直面している。技術の改善は明らかな成長の限界を克服する最善の方法である。もし生産拡大に有形資本の投入の拡大が必要なら、地中のさまざまな資源供給が不変であるかぎり、一人当たり所得増加は結局、終止符を打つ可能性が高いように思われる。だが、人類が生産量の拡大方法を発見し続ければ、蓄積不能ないし再生産不能な投入量を保存しながら、生活水準が今後数世紀にわたって上昇し続けられない理由はないように思われる。技術進歩の決定要因を完全に理解しているとはいわないが、われわれが述べてきたものと同様の定型化された各種の形式的な成長モデルがこの目的を達成できるよう支援してくれるものと信じる(10)。それでは、彼らは、各国は開放経済と閉鎖経済のどちらが世界経済に効果的と考えるか、といえば、明らかに前者である。なぜなら問題は経済成長の限界を克服できるのは北の技術進歩であり、南はそれをどう受容し、製品化し、それを世界に普及させるか、であり、そのプロセスが世界経済を発展させると考えるからである。だが、それが論理的にそうなると強調したからといって、現実がそうなるという保証はないことも指摘しておきたい。

4 新古典派モデル、内生的成長モデルおよび工業化の需給理論

1 二つの理論モデルと工業化の需給理論

既成の二つの理論モデルと筆者の「工業化の需給理論」とでは、どのような相違があるのかを簡単に比較してみよう。表4－1を見てほしい。まず新古典派モデルから見ると、分析対象は技術革新がなければ経済は持続的に発展しないと考えるため、基本的には個人主義を前提とした先進国にほぼ限られる。そして、分析の局面から見れば、新古典派は経済成長の駆動力を技術革新に求めるため、いかにして経済発展を開始するか、ではなく、経済発展開始後を対象とするものになる。経済発展を主導する中核的要素は技術革新である。

新古典派の分析ツールは経済要因だけであり、また自力での経済発展を考えるため、需給は常に均衡している。つまり、供給要因は自らの需要要因が生み出したものであり、自らの能力や必要に応じて、自らが生み出したものであり、受容する必要はない。その意味で、典型的な発信型モデルである。そのモデルを新興諸国が模倣することは不可能に近いため、非西欧社会の開発論にはなり得ない。

これに対し、内生的成長モデルは、経済発展の駆動力を各生産要素の生産性に求める。生産性を引き上げるのは、第一に、企業とかその従業員が中心となって資本や労働の質を高めることであり、技術革新も重要であるが、それも内生要因である。いずれにせよ、生産性も技術革新も、可能にするの

表4-1　各モデルの比較

	前提と対象国	分析局面	中核要素	分析ツール	需　給	技　術
新古典派モデル	個人，欧米先進国	発展開始以後	外部からの技術革新	経済要因	一致	外部から導入・自力で開発
内生的成長モデル	個人，欧米先進国，南北間	発展開始以後	企業内部の各要素生産性，政府	経済要因と一部非経済要因	一致	企業が内生的に自力開発
工業化の需給理論	国家・組織，非西欧の個別国	発展開始とそれ以後	需要要因（特に政府，企業）	非経済要因を含む国内要因	不一致	模倣・導入・改良から自力開発へ

出所）筆者作成

は経済的・内生的要因が中心であるが、それだけではない。たとえば、教育とか学習、さらには生産性を上げる要因は企業が必要に応じて、内生的に生み出すものであり、経済要因には限定されない。しかし、内生的成長モデルはいかにして工業化や経済発展を開始するかについての考察はない。また、需要要因についての分析もなく、需給は常に均衡している。そのため、どうすれば生産性が上がるのか、先進諸国（技術革新を生む）と発展途上国（それを使って、同一の商品を作るだけ）については言及するが、各国間で生産性の格差が生じるのはなぜか、などについての突込んだ考察はない。

新古典派成長モデルと内生的成長モデルには若干の相違がある、前者は労働と資本の収穫逓減を前提とし、長期成長に影響する要因が内生的要因ではなく、技術革新に求める。内生的成長モデルは労働と資本の限界収穫逓減を前提とはせず、総生産量は規模に関する収穫逓増を許容する。技術革新は新古典派モデルの中核的要因であるが、内生的成長モデルでは、長期的成長の原因を生産性に求めるため、技術革新の重要性は大きく低下した。重要なのは、技術革新から、人的資本投資、公共投資、民間投資への補完的投入などによって決まると考えることである。

内生的成長モデルは、人的資本形成に対する直接的投資ないし間接的投資と知識集約型産業（たとえばコンピューター・ソフト産業とか通信産業）などへの外国の民間投資を促進することで、経済開発を促進する公共政策のための積極的役割を提案している。このように、内生的成長モデルは新古典派の伝統に強く根ざしているが、いくつかの点で異なる。たとえば、自由競争市場を重視し、政府は消極的な役割しか認めないか、積極的な介入を否定すべきだとの主張から脱却し、必要に応じて政府は介入することも容認する考え方に転換しようとしている。

しかし、内生的成長モデルにも非欧米社会の経済発展を分析する場合、少なからず問題がある。たとえば、内生的理論も発展途上国経済にとってしばしば不適切な新古典派的発展過程に依存している。開発途上国の経済成長は、規律無き政府、貧しいインフラ、不適切な制度機構、不完全な資本や財の市場などから生じる非効率によって悪影響を受けることが少なくない、などの問題が指摘されている。

これらのモデルの共通点も少なくない。両者は、基本的に先進国を対象にするため、まず経済発展開始後からのモデルを構築し、あくまでも個人が前提になる。それは個人の自己責任社会ともいえる。このため、西欧社会は自己投資を行い、特に組織に期待しないし、組織も個人を束縛しない。そこでは、組織が持つ欠陥や働き方改革などは大きな問題にはならない。問題は個人であろうと組織であろうと、法的には、ある程度の同等性が確保されており、そこから技術革新が生まれ、生産性が上がる可能性が高まる。そこで、企業は個人の勤労意欲や技術開発能力を高める努力が必要になる。そこで企業は社員のやる気を起こすために、さまざまな考え方を生み出してきた（やる気を起こすための考え方については、第3章を参照）。

これら二つのモデルに対し、ＤＳ理論が重視するのは、第一にいかにして工業化を開始し、その後、それを経済発展につなげ、持続し、やがて先進国へと発展するか、生産性や経済水準の格差は何に起因するか、などは、当該国の需要要因、または受容のための社会的能力によって決まると考えることである。それには当初は先進諸国からの技術やノウハウを模倣・受容し、定着・改良・国産技術開発を目指すが、それに成功してやがて高所得国となり、先進国水準に上り詰めて、もはや模倣・導入すべき先進諸国の技術やノウハウがほぼ尽きた時、先進国と同じように、自力での産業技術開発や社会的イノベーション、政府の政策革新などを自力で行う必要があり、それが可能となれば、需給は常に均衡状態を生み出すことが可能となる。その間、欧米社会と違って政府や組織が主導する非西欧社会では、ほぼ一貫して政府が主役を演じなければならない。だが、その間に徐々に市場化が進み、民間の役割は増大する。かりに、民間企業が自力での技術革新を実現できれば、欧米並みに主役を演じるのは政府から企業や国民へと取って代わるが、その場合にも一貫して政府の役割は消えない。政府の役割が完全になくなることが理想であるが、それでも摂取型需要要因が主役を演じる限り、それは無理であろう。政府が不要になるのは、それに代わる役割を民間が果たせる場合である。

また、社会が欧米でもみられるが、特に個人より組織が強く、個人はやる気を失うとき、それをどのように解決するか、が重要となる。欧米で通用するやり方が、非西欧社会で必ずしも通用しない。日本など非欧米社会の場合、個人の自己責任を前提としないため、個人は自己投資をせず、労働の流動性や自己の能力や希望と組織の期待との間にギャップが生じ、働き方改革などといった問題が生じる。こうしたやり方は基本的に生産性の上昇にはマイナスである。働き方改革ではなく、結果的には、社会のあり方や意識改革が先ではないか、と感じる。働き方をどんなに改革しても、働き過ぎや過労死の問題を解消することはおそらく不可能であろう。なぜなら、社会の一部を取り出してみても、経済以外の幅広い分野との関連性を同時に考えるのでなければ、解決しないからである。

それでは二つの正統派モデルとDS理論を比較してみよう。その最大の相違点は何かといえば、まず前者は経済モデルであり、供給力をどのようにして高めるかという観点から見た要因を対象とするものであり、それは計測可能な量的分析であるとみなす。これに対し、DS理論は基本的に摂取する側の需要要因が経済発展の支配的要因であると同時に、発信型の水準に達するまでは基本的に質的分析であるため、計測不可能な部分が少なくないとの指摘を受けるかもしれない。しかし、DS理論でも受容する供給要因は計測可能であり、それを現実のものにするのは需要要因であるため、需給が一致するところで、結果として供給要因（たとえば経済成長率とか工業化率など）によって間接的に計測できることになる。つまり、需給が一致しないところでは供給要因は実現しないからである。たとえば、経済成長率が五％とすれば、五％の成長を実現するところで、さまざまな需要要因と受容すべき供給要因とが均衡していることを示しており、需要要因が供給要因で表される成果にどれだけ貢献したかが、不十分かつ間接的ではあっても、理解することができる。また、技術革新をどれだけ需要要因によって受容したか、あるいは先進技術やノウハウを受容するために、資本投資をしたか、教育投資をしたか、などは、結果的に生産性や経済成長率で図ることができる。つまり、生産性を上げるには、どれだけ自力で技術革新ができたかではなくて、生産性を上げられる需要要因をどれだけ動員できたか、改革できたかで知ることができるということである。つまり、需要要因に注目するのは、それが社会的能力（発信型であれば創造力、摂取型では摂取能力を表す）をどういう形で高めるかを意味しているのである。

逆に、経済モデルが問題なのは、質の計測を無視していることや、経済量で幸福度や満足度を直接、測定できないことである。時間の経過につれて、非西欧社会が真に国家としても個人としても、所得や幸福度を高めるには、単に経済面だけではなく、生きがいとか精神的豊かさなどの非経済的側面との有機的関連性を強めることが不可欠となろう。それは、たとえばＨＤＩ（人間開発指数）のような形で示すことも考えられる。

最後に、これら三者の関係についてみると、非欧米社会が真に欧米社会にキャッチアップした後、非欧米経済でも先進国とほぼ類似のメカニズムが働くことになれば、そこでは新古典派モデルや内生的モデルが当てはまる可能性が高くなる。また、欧米社会にも所得水準に格差があるのは、欧米社会でも需要要因に格差があることに起因する。その意味で、これら三つのモデルはまったく別のものではなく、相互に微妙に関わり合っている。

いずれにせよ、発展途上国では自力での技術革新が不可能であり、テイク・オフもできず、仮にできても、その後の発展を自力で持続できないとすれば、技術革新が必要だとか、要素の生産性を上げることが重要だといってみても、問題の解決にはならない。非西欧社会が経済発展を開始することが第一に優先されるべきであり、その後でいかにして生産性を引き上げることができるか、という問題を考える場合、それが計測可能か不能かといった次元でしか見ないとすれば、現実に存在するさまざまな問題の解決には至らない。

アジア諸国の中には、経済要因では直接的に測定できない要因（特に腐敗・汚職、宗教など）によって、長期に影響を受け、持続的・加速的発展ができないでいる国は依然として少なくない。多くの発展途上国はこの問題を解決し、いかに発展を開始し、持続するかが問われているのである。

（注）

（1）これらの点については、とりあえず以下の文献を参照。
Kwon, Dae-Bong, HUMAN CAPITAL AND ITS MEASUREMENT,
http://www.oecd.org/site/progresskorea/44109779.pdf（二〇一六年一二月一〇日アクセス）
T. Peter G. Klein and Michael L. Cook, W. Schultz and the Human-Capital Approach to Entrepreneurship.
https://sites.baylor.edu/peter_klein/files/2015/09/ck_2006-2acuwah.pdf（二〇一五年八月二〇日アクセス）
Anubama A/P Ramachandra. THEORY AND PHILOSOPHY OF HRD Numan Capital Theory,
https://ja.scribd.com/doc/28783615/Human-Capital-Theory（二〇一五年一二月一日アクセス）

（2）詳細については、以下の文献を参照せよ。片山尚平「内生的成長モデルの理論構造」

file:///C:/Users/Owner/Downloads/KJ00004130625%20(4).pdf（二〇一五年九月三〇日アクセス）

（3）Smriti Chand, The Solow Model of Growth: Assumptions and Weaknesses!
http://www.yourarticlelibrary.com/macro-economics/growth-models/the-solow-model-of-growth-assumptions-and-weaknesses-explained/31203/（二〇一七年二月二〇日アクセス）

（4）Collin Henning, Criticisms of The Neo-Classical Development Model,
http://www.colorado.edu/Economics/morey/4999Ethics/essays/StudentEssays/4999HenningEssay1_CriticismNeoclassDevModel.pdf（二〇一七年五月一八日アクセス）

（5）この点については、とりあえず、以下の文献を参照せよ。「経済成長はどのような要因によって決まるのか」、http://jica-ri.jica.go.jp/IFIC_and_JBICI-Studies/jica-ri/publication/archives/jica/kyakuin/pdf/200403_03_01.pdf（二〇一六年八月一〇日アクセス）

（6）祝迫 得夫「経済成長の実証研究」http://www.ier.hit-u.ac.jp/~iwaisako/ research/Jgrowth11.pdf（二〇一六年一一月二五日アクセス）

（7）OECD, Foreign Direct Investment for Development :Maximizing Benefits, Minimizing Costs,
https://www.oecd.org/investment/investmentfordevelopment/1959827.pdf（二〇一六年二月二〇日アクセス）

（8）尾崎タイヨ「アジア各国のＦＤＩ受入と経済成長」*Journal of the Economics*, KGU, Vol.15, July 2005。

（9）Endogenous Innovation in the Theory of Growth,
http://www.nber.org/papers/w4527.pdf（二〇一六年一一月三日アクセス）
以下の文献も参照。
Gene, Grossman and Elhanan Helpman, *Endogenous Product Cycles*, NEER WORKING PAPER SERIES, Working Paper No.2913.（二〇一七年一月三〇日アクセス）
http://www.nber.org/papers/w2913.pdf（二〇一五年一一月一五日アクセス）
Globalization and Growth,
http://scholar.harvard.edu/files/helpman/files/pp-article-globalization-and-trade_122114_gene_version_

eh.pdf?m=1421165724（二〇一五年一一月一〇日アクセス）

（10）これらの点については、Gene M. Grossman and Elhanan Helpman, "Trade Wars and Trade Talks," *Journal of Political Economy*, 1995, pp.675-708 および *Innovation and Growth in the Global Economy*, MIT Press, 1993.（大住圭介監訳『イノベーションと内生的経済成長』創文社、一九九八年）を参照。

第5章 日本経済の長期停滞からの教訓：アジア経済の光と影

はじめに

前章では経済成長論、特に新古典派モデルとその修正理論である内生的成長モデルを中心に検討した。そこで、経済発展開始後、大きな問題となるのは技術革新か生産性か（あるいは技術革新と生産性）、どちらを重視するかである。かつてクルグマンらが指摘したように、新古典派的に解釈すれば、技術革新だけが定常状態に陥った経済からの脱却と、持続的発展を可能にすることとなる。それが正しければ、高い成長を長期にわたって達成してきた東アジア諸国の発展の源泉は何かが改めて問われる。それに対する一つの回答は、生産性を重視する内生的成長モデルによって与えられる。はたして内生的成長論の考えは、長期的に見て日本をはじめとする非欧米社会にも妥当するのか、検討に値する。そこで、本章では東アジアの長期的成長にかかわる問題をこれらの成長論に照らして検討する。

主として東アジア諸国は高い成長率を通じて「アジアの時代」を演出し、二〇五〇年には中国やインド、さらにはインドネシアが欧米や日本を追い越すとして、具体的な数字を示す研究機関もある。

しかし、この推計も決して確固とした根拠に基づくようには見えない。この推計通りに、今後長期にわたってアジア社会が持続的に成長し、やがて欧米先進諸国と肩を並べる水準に達することができるのか、についての明確かつ説得的な説明は出されていない。日本に続いて成長を開始したアジアＮＩＥｓはこれまで著しい成長を達成してきたとはいえ、このまま本当に長期持続的成長を実現し、欧米水準に達することができるのか、その水準を維持できるのか、についても疑問も少なくない。

これらの成長は、一時的であり、日本経済の長期停滞現象を見ればわかるように、東アジア諸国経済もやがて長期に停滞するとする見方もありうる。ここで、筆者が考えたいのは、一つにアジア諸国の成長の源泉は何か、それは果たして持続するのか、二つ目には、アジア諸国の持続的成長ははたして、内生的成長モデルで説明できるのか、できないとすれば、それはなぜか、第三に、日本をはじめとした東アジア諸国が持続的成長を達成するには、いかなる条件が必要か、などを主としてＤＳ理論に基づいて考察することである。

1 先進国と日本・アジア諸国の成長会計分析

1 新古典派モデルとＯＥＣＤ諸国の成長会計分析

経済成長の問題を計量的に検討しようとすれば、新古典派成長論が主張する成長会計を使用することが一般的な方法である。そこで、本章でもまず新古典派（ソロー）モデルによる成長会計に基づいて、経済成長への各要素の寄与の問題を考えてみよう。技術進歩率を重視する新古典派モデルは、経済成長の源泉を成長会計によって分析し、内生的成長論は生産性の上昇によって経済成長を分析しようとする。前者では先進諸国を対象にして経済成長論を展開し、後者は発展途上国を含むすべての国を対象とした、より現実的な分析ツールとして評価できる。

それでは成長会計分析とは何を意味するのか、を改めて簡単に見てみよう。経済モデルでは一般に、付加価値として測定される産出量は、生産のために利用される各生産要素の投入量の増減に応じて変化するものと想定される。こうした各生産要素の投入量と産出量との間の数量的な対応関係が生産関数である。成長会計分析は、生産関数を基にして、たとえば一年間における産出量の成長率を各生産要素の投入量の成長による寄与に分解するものである。具体的には、まず、統計データを用いて、ある一定期間における各生産要素投入量の成長率を計算する。次に、適当な生産関数を併せ用いることにより、各生産要素の投入量一％の増加が産出量を増加させる割合に関する数量的な関係、つまり生産弾力性を求める。そして両者を掛け合わせることによって、各生産要素投入量の伸びが生産量をどの程度成長させるか（これを寄与率で示す）を算出する。ただし、こうして求めた、各生産要素投入量の伸びが生産量を増加させる寄与の合計と、別に求めた生産量の伸びとは必ずしも一致しない。つまり、両者を比較すると、前者が後者を上回っていれば、その差分が「ソロー残差」として知られ、TFPに相当することになる。かくして、一年間における生産量の伸びは、各生産要素投入量の伸びによる寄与と、ＴＦＰの伸びによる寄与に分けることができる。

この関係を示すのが、新古典派の分析方法である成長会計を表す式であり、それは前章の（３）式で示されるものと同じである。新古典派の成長モデルは一定の条件の下で、労働力と技術進歩を外生要因とみなし、資本の変動とそれに基づく一人当たり生産額（労働生産性）の内生的決定を目指す。そこでは資本は一つで示されるが、近年注目されるＩＣＴ資本（情報通信技術資本）と一般的な資本（設備などの非ＩＣＴ資本）に分けて示すと、以下の式で表すことができる。すなわち、経済成長率（付加価値の伸び率）＝労働投入の生産弾力性×労働投入の成長率＋情報通信資本投入の生産弾力性×情報通信資本投入の成長率＋非情報通信資本投入の生産弾力性×非情報通信資本投入の成長率＋付加価値ベースの総要素生産性の成長率、である。

ＴＦＰは、労働をはじめ、機械設備や原材料投入も考慮した生産性指標であり、それにはすべての生産要素を考慮した生産性として示すことができる。ＴＦＰの改善は、物量投入に依存しない生産効率の改善とか業務効率の改善、同じ機械設備でもより効率が上がる技術進歩、などを示す。この式から、各国の経済成長の源泉はＴＦＰの成長、資本深化（資本装備率の増加）、として理解することができる。ただし「ソロー残差」として求められた技術進歩率には、ジョルゲンソン、等が示したように資本や労働の伸びの貢献も技術進歩等は含まれているとの批判もある。

表５－１と表５－２はいずれも西欧諸国と日本、韓国（いずれも先進国であるＯＥＣＤ加盟諸国）の長期の成長会計を示している。まず先進国の成長会計を見てみよう。それによれば、まず二〇〇〇

表 5-1　OECD 主要国の成長会計（1960 ～ 2000）

	経済成長率	TFP 成長率	資本深化	TFP の寄与率	資本深化の寄与率
日　本	3.28	2.73	0.56	83.23	17.07
デンマーク	1.87	1.32	0.55	70.59	29.41
フィンランド	2.72	2.03	0.69	74.63	25.37
ノルウェー	2.36	1.70	0.66	72.03	27.97
スウェーデン	1.68	1.24	0.44	73.81	26.19
スイス	0.98	0.69	0.29	70.40	29.59
フランス	2.50	1.54	0.95	61.60	38.00
ドイツ	3.09	1.96	1.12	64.43	36.25
アメリカ	1.89	1.09	0.80	57.67	42.33
イギリス	1.90	1.31	0.58	68.95	30.53
韓　国	6.1	3.8	1.7	62.30	27.87
平　均	2.41	1.61	0.80	66.80	33.20

注）(1) 資本深化は生産物単位あたりの資本量の増加，すなわち資本装備率の増大，(2) 韓国だけは 1985 ～ 2009 年。

出所）Capital, innovation, and growth accounting, Philippe Aghion and Peter Howitt（*Oxford Review of Economic Policy*, Volume 23, Number 1, 2007, table 1）
http://eclass.uoa.gr/modules/document/file.php/ECON206/Course%20material/Growth_accounting_Aghion_Howitt.pdf (2017 年 11 月 10 日アクセス)，および，図録▷主要先進国の成長会計（韓国のみ），41. 67http://www2.ttcn.ne.jp/honkawa/4510.html (2017 年 6 月 20 日アクセス)

表 5-2　OECD 主要国の成長会計（2000 ～ 2011）

	経済 成長率	労働力 投入	ICT 資本	シェア	非 ICT 資本	TFP 成長率	シェア
日　本	0.61	▲ 0.49	0.41	67.21	▲ 0.06	0.76	124.59
デンマーク	0.83	▲ 0.12	0.55	66.27	0.41	▲ 0.22	26.50
フィンランド	1.74	0.37	0.24	25.81	0.23	0.93	53.45
スウェーデン	2.23	0.45	0.44	19.73	0.32	1.03	46.19
スイス	1.70	0.72	0.39	22.94	0.18	0.42	24.71
フランス	1.18	0.18	0.28	23.73	0.34	0.38	32.20
ドイツ	1.12	0.00	0.22	19.64	0.16	0.76	67.86
アメリカ	1.63	▲ 0.23	0.36	22.09	0.22	1.27	77.91
イギリス	1.72	0.20	0.65	37.79	0.37	0.52	30.23
韓　国	4.02	▲ 0.32	0.33	8.21	0.87	3.13	77.86

注）(1) シェアは筆者計算，(2) ▲はマイナス，シェアの単位は%。

出所）OECD, FACTBOOK 2014, Productivity and Growth Accounting.

年に以前の一九六〇～二〇〇〇年の成長会計を見ると、資本深化の寄与率に比べてTFPのシェアが極めて高いことがわかる。つまり、先進国クラブといわれるOECD諸国の中で、シェアが小さいアメリカでさえ五七%を記録し、他の国々は六〇%から八〇%台となっており、経済成長が生産要素の投入によるものではなく、概して技術進歩によって達成されてきたことがわかる。しかし、二〇〇〇年以後になると、やや状況に変化が生まれている。つまり、依然としてTFPの寄与率が高いのは、日本をはじめドイツ、アメリカ、韓国、フィンランドであるが、国によってその寄与率にはかなりの格差がある。

TFPのシェアが高いからとって、成長率が高いわけではない。日本の場合、TFPのシェアは圧倒的に高く、次いでICT資本のシェアもある程度高いが、労働力と非ICT資本のシェ

表 5-3　OECD 主要国の最新成長会計（2016 年）

	経済成長率	労働時間	ICT資本	シェア	非ICT資本	TFP成長率	シェア
日　本	1.3	▲ 0.2	0.1	7.69	0.0	1.2	92.90
デンマーク	1.1	1.0	0.3	27.27	0.3	▲ 0.5	▲ 45.45
フィンランド	2.0	0.3	0.1	5.00	0.0	1.6	80.00
スウェーデン	3.9	1.1	0.2	5.13	0.5	2.1	53.85
スイス	1.3	1.0	0.2	15.38	0.3	▲ 0.2	▲ 15.38
フランス	1.1	0.1	0.3	27.27	0.2	0.5	45.45
ドイツ	1.9	0.7	0.1	5.26	0.2	0.9	47.37
アメリカ	1.4	0.9	0.2	14.29	0.3	0.0	0.00
イギリス	1.8	1.9	0.0	0.00	0.4	▲ 0.5	▲ 27.78
韓　国	2.9	0.2	0.2	6.90	2.2	0.3	10.34

注）(1) 経済成長率は「世界経済のネタ帳」による。(2) 各シェアは筆者計算，ただし，経済成長率の出所が他の値と異なるため，他の数値の合計を取った。(3) 日本とスウェーデンは2015 年，(4) ▲はマイナス，シェアの単位は%。

出所）OECD. Stat, Growth in GDP per capita, Productivity and ULC, Contributions to GDP growth.

アは極端に低く、生産要素の寄与率は低いかマイナスとなって均衡がとれていない。つまり、経済成長は労働力や一般の資本蓄積に依存するのではなく、主としてTFPに基づくということであり、ICT資本のシェアをもっと高めることができれば、経済成長に寄与すると考えることもできる。日本はTFPの寄与が高いのに、成長率では先進諸国中最も低い原因の一つはそのあたりにあるのかもしれない。また逆に、成長率が比較的高いスウェーデンはTFPのシェアが最も高いが、他の生産要素の寄与率もバランスがとれている。概して、欧米経済はTFPの寄与が低いデンマーク、スイス、イギリス、フランスを除く諸国は、日本よりかなり高い成長率を記録しているが、それは主としてTFPの寄与に基づくことを示している。

それでは最近の統計を見てみよう。二〇一六年現在のOECD諸国の成長会計は表5－3に示されている。それによれば、TFPのシェアはデンマークが相変わらずマイナスを示すが、それ以外にもスイスとイギリスがマイナス、アメリカはゼロである。ここでも日本のTFPの成長への寄与率は最も高い。そのことは裏返せば、日本の経済成長はTFPに頼る以外に方法がないともいえる。TFPの上昇が著しいのはフィンランドであり、逆に下落の著しい国は韓国である。なお、表5－3では、投入量の合計として経済成長率を計算しているため、実際には考慮すべき、労働時間の投入量、資本投入の中に完全には体化されていない技術変化、規模の経済、効率変化、設備稼働率の変動、計測誤差の影響などがあり、それらは考慮されていないため、わずかではあるが、計測数値は異なるが、傾向として大きな相違は無いものと考える。

2 日本とアジアの成長会計分析

次に、九〇年代以後の日本とアジア諸国の成長会計の動きを見てみよう。表5－4に示す成長会計分析によると、一九九〇年から二〇〇〇年までの動きはほぼ一貫して、アジア諸国の経済成長の源泉は労働の伸びとTFPの伸びによる部分は極めて小さく、逆に非ICT資本の伸びによるところが大きい（アジア金融危機の影響が大きかったインドネシアとタイの一九九〇～一九九五年は例外的であり、アジア危機を挟む一九九五～二〇〇〇年では驚くほど落ち込んだ）。また、アジア諸国の大部分、特に韓国が一時的ないし例外的に技術進歩の寄与率を高めたが、それでもシェアから見れば、一九七〇年以後、長期にわたって、日本や韓国を含めてほぼ一貫して非ICT資本の寄与率が上昇し、経済成長に寄与した。裏返せば、それだけTFPの成長率は低いことになる。こうした状況は欧米諸国と大きく異なることを示す。

アジア諸国の経済成長には労働集約的産業の役割が欠かせないが、労働による経済成長への寄与でいずれの国も低いのは、一つに労働が量的な値でしか示されておらず、労働に体化された技術（たとえば、教育や訓練による知識、ノウハウ、熟練などを反映した能力）が現れていないことである。むろん、労働時間が減少すれば量的な労働の成長への寄与は低下することになる。その典型的な事例は日本であり、九〇年代に、不況などで労働時間が減少したため、成長への寄与も低下したことを示している。また労働に体化された能力の寄与はTFPの中に組み込まれていると考えられる。労働の寄与がマイナスを示す日本や韓国の動向は表5－4と表5－5によって知ることができる。日本は

表 5-4　アジア諸国の成長会計

		経済成長の源泉（%）					GDP への寄与率（%）			
		GDP	労　働	ICT 資本	非 ICT 資本	TFP	労　働	ICT 資本	非 ICT 資本	TFP
日　本	1990 ～ 1995	1.4	▲ 0.4	0.3	1.8	0.4	▲ 28.57	21.43	128.57	28.57
	1995 ～ 2000	0.9	▲ 0.5	0.3	1.0	0.2	▲ 55.56	33.33	111.11	22.22
韓　国	1990 ～ 1995	8.1	1.1	0.4	4.4	2.1	13.58	4.94	54.32	25.93
	1995 ～ 2000	5.3	0.0	0.6	3.1	1.6	0.0	11.32	58.49	30.19
マレーシア	1990 ～ 1995	9.3	1.4	0.3	5.8	1.7	15.05	3.23	62.37	18.28
	1995 ～ 2000	4.9	1.7	0.5	5.1	▲ 2.3	34.69	10.20	104.08	▲ 46.94
台　湾	1990 ～ 1995	7.2	1.0	0.3	3.5	2.4	13.89	4.17	60.34	33.33
	1995 ～ 2000	5.8	0.3	0.7	3.3	1.5	5.17	12.07	56.90	25.86
香　港	1990 ～ 1995	5.2	0.5	0.4	3.5	0.8	9.62	7.69	67.31	15.38
	1995 ～ 2000	2.6	1.3	0.7	2.9	▲ 2.3	5.00	26.92	111.54	▲ 88.46
シンガポール	1990 ～ 1995	8.3	2.1	0.9	3.4	1.8	25.30	10.84	40.96	21.69
	1995 ～ 2000	5.5	1.1	0.7	4.1	▲ 0.4	20.00	12.72	74.55	▲ 7.27
インドネシア	1990 ～ 1995	7.5	0.8	0.2	3.2	3.3	10.67	2.67	42.67	44.00
	1995 ～ 2000	0.7	1.5	0.1	3.0	▲ 4.0	214.86	14.29	428.57	▲ 571.43
タ　イ	1990 ～ 1995	8.1	0.2	0.5	4.8	2.5	2.47	6.17	59.26	30.86
	1995 ～ 2000	0.7	0.2	0.3	2.6	▲ 2.3	28.57	42.86	371.4	▲ 328.57
中　国	1990 ～ 1995	11.6	0.6	0.1	3.7	7.1	5.17	1.23	31.90	61.21
	1995 ～ 2000	8.3	0.7	0.2	4.2	3.2	8.43	2.41	50.60	38.55

注）(1) ▲はマイナス，(2) GDP への寄与率は筆者が計算。
資料）*APO Productivity Databook*, 2015.

一九八五〜二〇〇九年に、少子化・高齢化によって就業者数が伸び悩むとともに、労働時間が大幅に短縮されたため、労働投入の寄与はマイナスになった。こうした傾向は欧米の一部諸国でも見られる。日本は二〇一六年現在でもマイナスであり、今後、働き方改革を進めれば進めるほど、労働時間は減少すれば、マイナスとなる可能性が高く、その分を資本やＴＦＰなどを通じて、生産性を高める必要がある。

もう一つ注目されるのは資本の寄与であり、中でも近年注目されるのはＩＣＴ資本で、これには、計算機器、通信機器、ソフトウェアの三種類）の寄与である。たとえば、資本は生産ラインを増やすだけで資材置き場の適切な配置とか、工場が増加すればそれに合わせて発電所や道路・橋やトラックへの増加も必要となる。さらに効率を高めるにはそれらをうまく組み合わせてムダを減らすことであり、それができれば、経済規模の利益が上がって投資した以上に生産が拡大し、それがＴＦＰのシェアを高める。

それらの資本と違って、コンピュータのハードやソフト、さらに通信ネットワークなどのＩＣＴ資本は、全要素生産性に直結する性格をもつため、特に注目される。アジア諸国の経済成長は主として労働の質や資本蓄積によって実現してきたという内生的成長論の見方がある。資本にはさまざまな形態があるが、一般的に成長会計で示されるのは、ＩＣＴ資本と非ＩＣＴ資本の二つである。

ＩＣＴの発展はＩＣＴ産業が発達することであると同時に、ＩＣＴを活用する企業や産業の生産量も拡大し、さらにはそのことで企業や産業の生産性を大きく拡大する可能性がある。それと同時に、

表 5-5　アジア諸国の長期の成長会計

		経済成長の源泉（%）					GDP への寄与率（%）			
		GDP	労　働	ICT 資本	非 ICT 資本	TFP	労　働	ICT 資本	非 ICT 資本	TFP
日　本	2005 ～ 2010	0.3	▲ 0.4	0.2	0.1	0.4	▲ 133.33	66.67	33.33	133.33
	1970 ～ 2013	2.6	0.0	0.3	1.7	0.6	0.00	11.54	65.38	23.08
韓　国	2005 ～ 2010	4.2	▲ 0.3	0.2	1.9	2.5	▲ 7.14	4.76	45.24	59.52
	1970 ～ 2013	6.9	1.0	0.4	3.9	1.7	14.49	5.80	56.52	24.64
マレーシア	2005 ～ 2010	4.4	1.2	0.6	2.0	0.6	27.27	13.64	45.45	13.64
	1970 ～ 2013	6.4	1.4	0.3	4.1	0.5	21.88	4.69	64.06	7.81
台　湾	2005 ～ 2010	4.2	0.2	0.1	1.7	2.2	4.76	2.38	40.48	52.38
	1970 ～ 2013	6.8	1.0	0.4	3.5	1.9	14.71	5.88	51.47	27.94
香　港	2005 ～ 2010	3.8	0.4	0.3	1.2	1.9	10.53	7.89	31.58	50.00
	1970 ～ 2013	5.6	0.9	0.4	2.7	1.5	16.07	7.14	48.21	26.79
シンガポール	2005 ～ 2010	6.5	2.5	0.6	2.2	1.3	38.46	9.23	33.85	20.00
	1970 ～ 2013	7.0	1.8	0.6	4.1	0.4	25.71	8.57	58.57	5.71
インドネシア	2005 ～ 2010	5.6	1.8	0.2	2.4	1.2	32.14	3.57	42.86	21.43
	1970 ～ 2013	5.8	1.6	0.1	3.2	0.9	28.57	1.72	55.17	15.52
タ　イ	2005 ～ 2010	3.7	0.7	0.4	1.2	1.4	18.92	10.81	32.43	37.84
	1970 ～ 2013	5.6	1.1	0.3	2.1	2.1	19.64	5.36	37.50	37.50
中　国	2005 ～ 2010	10.7	0.2	0.5	5.7	4.2	1.87	4.67	53.27	39.25
	1970 ～ 2013	8.7	1.0	0.2	4.3	3.1	11.49	2.30	49.43	35.63

注）および資料）とも表 5-4 に同じ

個人で見ても、ＩＣＴを活用することで、情報取得能力や情報活用能力が向上することで生産性が上昇するため、結果的には組織に貢献し、社会全体の生産性を引き上げ、経済成長にも貢献する。従って、ＩＣＴが社会に普及するほど、経済成長を促進するとして、早期にＩＣＴを発展させた国ほど、生産性の引き上げに成功し、経済成長を持続させる上で貢献してきたと考えられる。こうした見方はもはや常識であろう。

そこで、いま先進国とアジアのＩＣＴ資本の動きを見てみよう。表５－２と表５－３から、二〇〇〇～二〇一一年では先進国に入る国で高いシェアを示すのは日本とデンマークであるが、二〇一六年ではＩＣＴ資本の経済成長への寄与率はばらつきがあるが、全体に低下した。中でも日本のシェアは大きく低下し、相対的に大きいのはデンマーク、フランス、そしてスイス、アメリカなどである。

アジアで見ると、九〇年代以後一貫して資本の寄与率は非ＩＣＴ資本が高く、ＩＣＴ資本はそれほど高くない。つまり、アジア諸国の経済発展は一般的な資本蓄積が果たした役割が大きい。これを先進諸国と比較すると、明らかにアジア諸国の経済成長は設備などの資本の役割がきわめて大きく先進国に近づくに連れて、徐々にＩＣＴ資本の役割が大きくなる可能性を示唆しているように見える。その意味では、アジア諸国の生産性の上昇の余地はまだまだ大きいといえるのかもしれない。

ところで、日本経済停滞の主因は生産性の上昇率の低さに基づくものである。そこで、その解決をＩＣＴ資本に求めるとすれば、産業別に見る必要がある。『平成27年版情報通信白書』によれば、労働生産性成長率へのＩＣＴ資本財の寄与度を見ると、二〇〇〇年から二〇一三年までの期間を対象としたとき、労働生産性成長率の寄与度分解を全産業、製造業、サービス産業のそれぞれについて行うと、製造業では期間中の労働生産性年平均成長率三・一八％に対し、ＩＣＴ資本財深化の寄与度は〇・一五％、サービス産業では期間中の労働生産性年平均成長率〇・三二％に対し、ＩＣＴ資本財深化の寄与度は〇・一四％となっており、労働生産性成長率に対するＩＣＴ資本財の寄与度は製造業、サービス業ともにプラスである。また、ＩＣＴ投資による経済成長率への寄与度は、一九九〇～一九九五年が〇・四〇％、一九九五～二〇〇〇年が〇・六九％となっており、ＩＣＴ投資が九〇年代以降、わが国経済の成長に大きく寄与したことがわかる。また、二〇〇〇～二〇〇五年、二〇〇五～二〇一〇年においても、ＩＣＴ資本サービスの寄与度はそれぞれ〇・二七％、〇・三四％となっており、やや小さくなりながらもプラスに推移している。二〇一〇～二〇一三年にかけては、経済成長率全体が〇・九七％となる中、ＩＣＴ資本サービスの寄与度は〇・一九％であったとしている。

以上のことから、結論的に次のように言うことができるであろう。すなわち、ここ二〇～三〇年間の成長会計分析を見ると、経済成長の主役は先進国では技術進歩が、アジア諸国の主役は資本蓄積である。しかし、先進諸国の技術進歩も低下傾向を示しており、今後もこの傾向が続くようなら、アジア諸国の生産性上昇への影響も考えられる。その点は以下で再度取り上げる。

2　内生的成長論からみた成長の源泉

1 技術進歩と生産性

クルグマンは、旧ソ連型成長は労働や資本など成長要因の投入のみに基づく成長であり、それは努力した結果にすぎず、インスピレーション（独創的イノベーション）の結果ではないため、長期にわたって持続しない、と指摘した。それにもかかわらず、日本をはじめアジア諸国のかなり急速な経済成長が既に、国にもよるが、五〇～六〇年にわたって実現している。それはなぜであろうか。こうした疑問に答えようとする試みの一つが、内生的成長理論による分析である。新古典派のモデルが指摘するように外生的な技術進歩がなければ成長は持続しないとすれば、多くの発展途上国は自力での技術進歩がほぼ不可能のため、その多くは先進国で生まれた技術を模倣・導入し、それを生産に応用ないし改良する努力をするしかない。

新古典派モデルでは持続的な経済成長を実現する要因は技術進歩に限定されたが、生産要素である資本や労働の質を上昇させることで実現する生産性の上昇は、技術進歩と同様に経済成長に寄与する。かくして、技術進歩率ないしＴＦＰは低くとも、生産性が上がれば、経済は持続的に成長する可能性があることがわかる。要するに、技術進歩か生産性か、ではなく、技術進歩と生産性の両方ないしどちらかが上昇すれば、経済成長率を高めるが、独自の技術開発ができない新興国には、さまざまな要素による、生産性の上昇にこそ注目すべきであるということを示唆している。そこで、いわば新古典派的立場に立つ人と、技術進歩と同時に、要素生産性をどう上昇させるかに焦点を当てた、新たな内生的成長論を展開する人たちとの間で、長い論争が続いてきた。特に、九〇年代以後、多くの専門家が参加して東アジア経済成長論争が展開された(1)。

そこで、技術進歩率（TFP）は小さくとも、生産性さえ上昇すれば経済成長を実現できるとの考えから、アジア諸国を中心に、生産性の重要性がクローズアップされてきた。それが正しいとすれば、新興国は技術革新を自力で達成できないからといって、長期持続的な経済成長はできないとか、やがて行き詰まると結論するのは疑問といえよう。なぜなら、そうでなければ、世界の発展途上国は経済成長できないことになるからである。先進諸国が開発したイノベーションは確実に発展途上国によって模倣・吸収され、さらに、とりわけ教育や学習を通じて、資本や労働の生産性を上げることができる。教育熱心なアジア諸国が成長したことがそのことを証明している。

生産性を引き上げる要因はマクロレベルでもミクロレベルでも、直接的にも間接的にも、多種多様である。それらをアト・ランダムに指摘すれば、以下の要因が考えられる。まず技術革新と並んで、教育や学習、経験、新たなアイデアや知識などを通じて生じる生産性の上昇である。また、生産性が上がるにはいかなる条件や要因が必要か。それらは国によって、発展段階や資源賦存状況などによって異なるが、主として以下のような経済要因が考えられる。投資による資本蓄積、主として先進国から入ってくる新技術や多国籍企業による技術移転、導入技術の普及や国内での技術革新、組織や技術的な生産様式の模倣や変革、さまざまな生産・分配段階でのサプライ・チェーンを通じた分業の進展、物的インフラの拡大、健全な社会インフラ（NGO、ビジネスや社会ネットワークなど）の拡充、高水準の教育や資格、生産過程における労働者の高い参加と動機付け、生産性の低い産業（農業など）から高い産業（工業・知識産業など）への転換、政府の適切かつ効果的な改革や政策、女性の労働参加率、資源の賦存状況がある。さらには政治・社会的安定性、なども重要である。これらの多くは市場を通じて実現するが、政府の制度・構造改革や政策に基づくものも少なくない[2]。

そこで、生産性の上昇に与える影響はどの要因が決定的なのか、などを分析する試みは数多く行われてきたが、それらは概して同様の結論に至っている[3]。たとえば、Boileau Loko and Mame Astou Dioufra によれば、潜在的な生産性上昇要因として、マクロ経済の安定性（物価の安定など）、政府の規模、法制度や行政制度などの発展、インフラ整備、市場の失敗を是正する多面的な政府介入から生じる、有益な外部性を生み出すためのGDPに占める政府支出の割合、などで、貿易開放と知識の浸透、技術移転や新たな経営スキル、国内市場へのノウハウの普及などをもたらすFDI、労働の質、ビジネス環境などを整備する制度的要因、農業から工業への移行などの経済活動の転換をもたらす産業構成の変化、女性の労働参加、などが指摘されている。彼らはまだ低発展段階にあるリビア、チュニジア、アルジェリア、モロッコなど北西アフリカ諸国の実証研究を通じて、多くの生産性引き上げ要因がある中で結局、以下の六つの分野の経済要因が決定的に重要だとの分析結果を導き出している。①マクロ経済的安定、②政府の規模、③強力な制度、④産業構成比の転換、⑤女性の労働参加、および⑥ＦＤＩ、がそれである。

２ 経済発展と労働生産性

そこで、いまアジア諸国と欧米諸国とで、九〇年以後、労働生産性はどのような動きを示してきたかを統計で確認してみよう。表５－６から、アジア諸国と欧米諸国の生産性の伸びは、若干のばらつきはあるものの、九〇年代から二〇〇〇年代前半にかけてはかなりの伸びを示した。だが、それも後半は一気に下落した。特に、北東アジア諸国（日本、韓国、香港および中国）とＡＳＥＡＮ６の生産性の伸びを見ると、九〇年代前半は日本とフィリピンを除けば、欧米諸国をしのぐ伸びを示したが、特にアジア通貨危機の影響を強く受けたインドネシアやタイの低下は著しい。しかし、二〇〇〇年代後半に入ると、日本、シンガポールをはじめ、アジア諸国も欧米諸国も、リーマン・ショックの影響などもあって、生産性の伸びは急速に低下した。

その状況はその後も継続し、世界は低生産性の時代に入ったように見える。特にアジアで注目されるのは、高い成長率を早期に実現した日本をはじめ、シンガポール、香港、韓国などで、生産性の伸びが著しく鈍化している。これまで高い生産性を誇ってきた中国の生産性の低下も急激である。要素生産性の上昇には限度があるだけに、経済成長率に大きく影響する労働生産性の長期動向は注目される。

他方、一部の欧米諸国の生産性も一時的に二％を超える伸びを示したが、概して低下傾向を示し、

表5-6　アジアと欧米諸国の労働生産性の長期的動向（%）

	1990～95	1995～2000	2000～05	2005～13	1990～2000	2000～13	2014	2015
日　本	0.6	1.4	1.2	0.7	1.0	0.9	▲0.4	0.1
シンガポール	4.2	2.2	3.2	0.9	3.9	1.4	2.6	0.0
中　国	10.6	7.2	8.7	2.5	8.9	9.0	6.9	6.6
タ　イ	8.1	0.4	2.9	2.5	4.3	2.6	——	——
マレーシア	5.5	1.1	3.5	1.2	3.8	2.1	——	——
韓　国	5.7	4.6	3.2	2.6	5.1	2.6	▲1.0	▲0.5
香　港	3.8	0.6	3.3	2.2	2.2	2.6	2.0	1.0
フィリピン	0.2	2.3	1.1	3.2	1.3	2.4	2.7	——
インドネシア	6.4	▲1.6	3.7	3.4	2.4	3.5	3.3	4.6
ASEAN6	5.8	▲0.1	3.0	2.8	2.8	2.9	——	——
ノルウェー	3.3	1.1	1.1	▲0.4	2.5	0.6	0.7	1.0
スウェーデン	2.0	1.9	2.2	0.3	0.0	1.6	0.7	2.5
デンマーク	2.7	0.9	1.0	0.2	1.8	0.7	0.4	0.2
ドイツ	2.5	1.3	1.5	0.3	1.9	1.1	0.4	0.5
スイス	0.2	1.0	1.2	▲0.1	0.7	0.7	0.6	0.6
イギリス	3.6	1.6	2.0	▲0.6	2.9	1.1	0.2	1.0
アメリカ	1.3	1.3	1.5	1.5	1.8	1.9	0.5	0.3
OECD	——	——	——	0.8	——	1.4	——	——

注）(1) ASEAN 6 は ASEAN10 か国の中のベトナム（VET），ラオス（LAO），カンボジア（CAM），ミャンマー（MYM）を除く国。(2) ここでの生産性は，ASEAN6 までは per-worker labor productivity，欧米諸国は，Real GDP per hour worked annual compound growth rate. を指す。
(3) NOR 以下の 1995～2000 は 1995～2012，2000～05 は 2000～07，2005～13 は 2007～2012，2000～13 は 2000～2012，2015 年以後は growth of GDP per hour. をそれぞれ指す。

資料）APO Productivity Databook, 2015, OECD.Stats The Future of PRODUCTIVITY 2015, and The Conference Board,
https://www.conference-board.org/retrievefile. cfm?filename=Productivity-Brief_SummaryTables_2016.ppdf&type=subsite（2017 年 3 月 20 日アクセス）
and Labor Productivity Statistics-Philippine Statistics Authority（PSA）

ほとんどの国が一％を切っている。このことは新興国の将来を占ううえで、大きな意味を持つ。たとえば、アジア諸国と違ってＴＦＰの伸びで成長してきた欧米諸国の生産性が九〇年代後半以後、著しく低下し始め、近年はアジアよりはるかに低い成長率しか実現できていない。これまでのアジア諸国の成長がＴＦＰの伸びより資本蓄積や労働の質的上昇などによる生産性上昇に依存してきただけに、アジア諸国も欧米諸国同様に、欧米の技術進歩の停滞の結果、アジアへの技術移転・技術導入が減少するため、その導入や応用に依存するアジア諸国の生産性は今後は低下していく可能性が高い。アジア諸国の生産性の伸びはほぼ先進諸国からの技術移転とその吸収過程によって生まれるからである。要素の質的向上を通じて実現する生産性の上昇も、技術進歩に限界があるように、無限ではない。論理的に見て、無限の可能性を持つのはイノベーションだけであり、単なる生産性ではないことを認識することが重要であろう。こうした傾向をいかに阻止するかが問われるが、ＤＳ理論からは摂取型需要要因をいかにして、少しでも技術や知識を持続的に拡大可能な発信型需要要因へと転換できるかが、決定的に重要となる。

その結果、自力での技術進歩を達成できないまま、欧米の技術進歩に依存し、自らは投入要素の質的向上に基づく成長を続けるアジア諸国の中長期的展望が決して明るいとはいえなくなる。その意味で、今や日本をはじめアジア諸国は大きな転換を迫られている。そのことは、究極的には技術進歩が決定的に重要なことを示しており、換言すれば、新古典派モデルやクルグマンの指摘が長期的にはまったく的外れとはいえないともいえる。しかし、だからといって、非西欧社会が欧米並みの技術革新を実現できるかといえば、その確率はきわめて低いだけに、欧米依存から脱却した発展基盤、特に発信型の需要要因をどう構築するかが問われている。

3 内生的成長モデルで見たアジアの経済成長

これらの点について、内生的成長モデルの提唱者の一人であるデール・ジョルゲンソンは次のように指摘している。「二〇世紀半ばまで続いた低開発国状態からのアジア諸国の登場は、現代の偉大な経済的業績である。これがグローバリゼーションと辛抱強い人的・非人的資本蓄積の上に構築された、新たな経済成長モデルを生み出した。特にアジア以外の経済の専門家はアジアで生まれた経済成長の新パラダイムを認めたがらない。認めれば、いぜんとして経済成長や経済発展の文献で優位な立場に立つ、西欧の考え方の失敗を認めることになるからだ」、と。こうしたジョルゲンソンの指摘は手厳しく、やや大げさに感じるが、要するに、これは経済成長が基本的にＴＦＰの伸びがなければ、経済は労働や資本の投入だけで、持続的に成長しないものであり、ロシア型にすぎないとするクルグマンらを中心とした見方を批判する立場を表している。

こうした見方に基づいて、デール・ジョルゲンソンは生産性と経済成長について、二つの点で異なる考え方があるという。一つは、世界経済が生産性と経済成長についてコア部分の転換を経験しつつあること。二一世紀の世界経済のバランスが欧米や日本などの工業化経済からアジア、特に中国やインドが登場する経済へと移動しつつあること、である。これらの急激な変化が新世界経済秩序を生み出しつつあり、いまや二〇世紀を通じて最大の経済大国アメリカを中国が追い越し、インドが世界第三位の日本に既に追いついている。新世界経済秩序は中国が先頭を切り、アメリカがそれに続き、アメリカにインドが続き、最後に日本がいる情勢となっている。もう一つは、私の予測では、指導的な工業化経済は世界経済より遅いペースで成長するが、中国とインドは世界経済より早いペースで成長するだろう(4)」、と。しかし、ここで重要なことはGDPの規模だけではなく、生産性を表す一人当りGDPがどうなるかをも問題にすべきであろう。それこそは生産性と深くかかわるからである。

同じく、内生的成長論の立場から、次のような研究もある。それは一九九〇〜二〇一〇年を対象とした、アジア一六カ国の経済発展に関する実証研究に関して行ったヴー・ミン・クォン(Vu Minh Khuong)によるものである。彼はまずアジアの経済成長について、驚き、速度、規模の三つの特徴を挙げて、アジア経済の成長が大方の予想を裏切るものである点を指摘する。それは第一に、M・ウエーバーやT・パーソンズらの専門家は、まず儒教文化の影響を受けた日本をはじめとするアジア諸国には合理性、個人主義、および競争目標を達成するための自己動機という、三つの重要な要因が欠けていると考えていた。しかし、現実はアジアNIEsをはじめ多くのアジア諸国は、それらの諸要因や技術進歩が無くても、経済成長を実現した。かりに今後も数十年にわたって、この成長方式が持続するなら、ポール・クルグマンが、「ソビエトが投入量だけで発展し、生産効率の劇的な上昇がない限り、異常なまでの資源の総動員の結果、経済成長を手にしただけ(5)」だ、と指摘したことが正しくないことを実証したことになるが、果たしてそうであろうか。しかし、日本経済や中南米経済の動向を見るなら、今後のアジアをはじめとする非西欧社会の経済発展を相当長期間にわたって観察しなければ、こうした結論を鵜呑みにするわけにはいかない、と筆者は考える。

過去の成長を見る限り、確かにアジアの経済成長の速度には驚くべきものがある。それは二五年間にわたって、年率七％という高い成長を記録した世界一三カ国のうちの七カ国が日本、アジアＮＩＥｓ、中国、そしてＡＳＥＡＮに属する国々である。さらに、香港以外のアジアＮＩＥｓは一九六五〜一九九五年の三〇年間にわたって年間成長率が八％を超えた。

もう一つは中国やインドの台頭に見られるように、世界で高い経済的成果を上げる国が増え、年率七％の成長を享受する国民が数十億人に達した。その結果、アジア諸国が世界の成長の主要なエンジンとなり、一九九〇〜二〇一〇年の二〇年間における世界の成長率の四六％を占めるに至った。こうした傾向は今後も継続し、世界のＧＤＰ（ＰＰＰ表示）に占めるアジア諸国の割合は二〇一〇年の二八％から二〇二〇年には三六・八％に達すると予想されるし、それ以前の二〇一八年にはＧ七を超えるとも予想される。

しかし、ジョルゲンソンや内生的成長論者のモデルが、少なくとも非西欧社会に今後も長期にわたって妥当するかどうかは今後五〇年から六〇年という長期にわたって観察しない限り、結論を出す段階ではないと、筆者は考える。長期的将来が過去の成長の延長線上にあると考えるべき合理的説明は不十分だと考えるからである。特に、重要な理由の一つは、論理的にいって、またやや楽観的観点から見て、無から有を生み出す技術革新には限度はないが、労働投入にも、資本蓄積にも限界があると考えられるだけに、技術革新を無視した長期的成長は果たして実現可能であろうか、との疑問を感じることである。その理由の一つは、非西欧経済の生産に影響を与えてきた基本的要因は、欧米の技術革新であるが、技術革新自体もどの程度持続するかは予想が難しい。もう一つの疑問は、二〇〇年以上にわたる欧米の経済発展を見ればわかるように、長期の経済成長は経済要因だけでは実現しなかったことである。つまり、筆者のDS理論から想定されるように、科学的・合理的精神の浸透、男女格差、腐敗、民主主義、人権・個の権利などの問題は、非西欧社会にとってはすべて西欧社会が生み出した非経済的供給要因であるが、長期にはそれら要因が生産性や経済の成長要因として重要であり、それらを受容・定着させ、解決できて初めて非西欧社会は西欧社会に追いつくことになる。ジョルゲンソンのアジア経済の長期的発展への楽観的展望は、アジア諸国が真に西欧社会に追いついて初めて可能となるものだと考える。それがどの程度の時間的スパンになるかを予測できる人はいないであろう。

3 内生的成長論と生産性

1 アジアの経済成長とその源泉：経済的考察

開発経済学的に見ると、成長の源泉は成長会計方式と生産性を中心とする見方があり、ここでも西欧と非西欧との相違は小さくない。なぜならアジアの経済成長方式は内生的成長理論に基づいて考察する方がより現実的だからである。もっとも、この理論は新成長モデルと呼ばれながら、新古典派の成長理論が抱える問題点を克服しようとして、主として一九八〇年代後半以後、活発に展開されてきたものである。そこで、この点に注目しながら、もう少し欧米やアジア諸国の成長のメカニズムを、経済分析に基づいて考えてみたい。

最初に、先進諸国の成長会計を見てみよう。一九六〇年から二〇〇〇年までの、日本、韓国のアジア諸国を含む先進諸国の成長会計を見ると、資本深化に基づく寄与率がTFPの寄与率より高い国は存在しない。表5－1に示した国の中で、TFPの寄与率が最も低いアメリカでさえ、およそ五八％であり、北欧は七〇％台、日本が最も高く八三％を超える。TPPが最も大きく、それと資本深化の寄与率の比はほぼ七〇対三〇で、TFPの比率が圧倒的に高い。OECD平均でもおよそ六七対三三であり、アジア諸国とは大きな相違がある。

しかし、二〇〇〇～二〇一一年の成長会計を見ると、若干異なった様相が観察できる（表5－2）。つまり、二〇〇〇年以後、OECD諸国の成長会計で見ると、フィンランド、ドイツ、日本、韓国、米国では相変わらず技術進歩が占める割合が高いが、デンマーク、スイス、イギリス、フランスではTFPのシェアは三〇％台以下に落ちる。しかし重要なのは、そのことと経済成長率の動きとは無関係なことである。

続いて、アジア諸国の成長会計を見てみよう。韓国など、最近のアジア諸国の成長会計を示す表5－4によれば、二〇〇五年から二〇一〇年では香港を除くすべての国における経済成長への寄与率はTFP以外の要素投入が最も高い。一九六〇～二〇〇〇年ではTFPの寄与率が要素投入の寄与率を上回っていた韓国も、この時期にはＴＦＰが労働と資本の寄与率を上回っているものの、両者を合わせた要素投入の寄与率が技術進歩の寄与率を上回っている。特に目立つのはインドネシアと中国の資本投入による寄与率の高さである。逆に、両国とも人口大国でありながら、労働の寄与率が低く、技術進歩率も低い。

こうした成長会計に基づく分析にも示されるやり方で、アジア諸国は戦後、目覚ましい経済的成果を達成してきた。アジア新興諸国、非アジア新興諸国と先進諸国とを対比した結果を、内生的成長理論に基づいた分析に基づいて、ヴー・ミン・クォンはアジア経済について、次のように要約している。(6)

彼はアジア一六カ国（中国、インドをはじめアジアＮＩＥｓ４カ国、ＡＳＥＡＮ６カ国、バングラデシュ、パキスタン、ネパール、スリランカの南アジア４カ国を含む）の経済成長の源泉を考察した結果、以下のような事実が観察されるという。

①一九九〇～二〇一〇年のアジアの成長の最大の源泉は資本蓄積であった、ただし例外は韓国、台湾およびスリランカ三カ国だけで、これら三カ国ではＧＤＰの伸びへの貢献は資本蓄積よりＴＦＰの伸びが上回った。②一六カ国全体で、ＧＤＰと平均労働生産性の伸びの源泉はＩＣＴ資本であり、一六カ国全部の国で、それが労働生産性の伸びを上回った。特に、中国、シンガポール、マレーシア、ベトナム、インド、韓国、台湾、パキスタンで著しかった。③新興アジア諸国は、一九九〇～二〇一〇年のＧＤＰの成長で、工業先進国を三・二％ポイント、他の途上国を二・三％ポイント上回った。また新興アジアの先導の基本要因は資本蓄積であり、それがギャップの五〇％以上を占める。④一九九〇～二〇一〇年のＧＤＰの成長の源泉として、資本蓄積に続き、ＴＦＰの成長も重要であ

る。⑤一九九〇～二〇一〇年のGDPの成長において、主として、資本深化（労働者一人当たり資本蓄積）によって引き起こされる労働生産性の伸びも、先進国や他の途上国以上に新興アジアが先導するうえで重要な役割を果たした。⑥一九九〇～二〇一〇年における経済成長を実現するうえで資本蓄積が果たした重要な役割は、新興アジア諸国、非アジア諸国、先進国、すべての諸国でも観察された(7)。

これらの成果を上げるうえで、アジア経済が成功した秘訣は、長期間にわたる集約的な資本蓄積にもかかわらず、高いTFPを達成するのではなく、適度のTFPを維持したことにある。アジア諸国の政府は三つの方向で構築された戦略的な政策枠組みを通じて高い資本の限界効率を維持する努力を一斉に行ったことである。一つは経済開放、貿易促進、FDI誘因、世界の技術フロンティアへのアクセスの強化など、後進性の利益を活用したこと。二つ目は人的資本の促進、イノベーション能力の構築、国民の学習能力の強化などの吸収能力を向上させたこと。三つ目は、投資への有利な条件の創出、構造改革および効率性の改善のためにガバナンスを高め、ビジネス環境を改善し、構造改革を促進するような改革を実行したこと、である。これらはいずれも、DS理論から見て適切な摂取型需要要因の動員になるものである。問題はそれがどの程度持続するかである。

2 シンガポールと中国の事例

シンガポールも他のアジア諸国も少なくとも短中期的にはかなりの成長を達成し、維持してきた。

表5-7　シンガポールの経済成長の源泉（1965-2008）

	1965 ～ 1990			1990 ～ 2008			
	1965 ～ 80	80 ～ 90	65 ～ 90	90 ～ 96	96 ～ 02	02 ～ 08	90 ～ 08
経済成長への寄与							
経済成長率	9.7	7.2	8.7	8.3	4.1	6.0	6.2
資本投入	7.9	3.8	6.2	4.5	3.5	2.7	3.6
ICT 資本	--	--	--	1.0	1.1	0.9	1.0
非 ICT 資本	7.9	3.8	6.2	3.6	2.4	1.8	2.6
労働投入	1.9	1.7	1.8	2.1	1.3	3.0	2.1
労働の質	--	--	--	▲ 0.1	0.2	0.9	0.3
労働時間	1.9	1.7	1.8	2.2	1.1	2.1	1.8
TFP	▲ 0.1	1.7	0.6	1.7	▲ 0.7	0.4	0.5
経済成長への寄与率（%）							
経済成長率	100	100	100	100	100	100	100
資本投入	81.1	52.8	71.8	54.4	84.5	44.2	57.8
ICT 資本	--	--	--	11.6	25.7	14.5	15.7
非 ICT 資本	81.1	52.8	71.8	42.8	58.7	29.7	42.1
労働投入	20.1	23.8	21.3	25.3	31.3	50.0	34.7
労働の質	--	--	--	▲ 1.3	5.4	15.2	5.6
労働時間	20.1	23.8	21.3	26.6	25.9	34.8	29.1
TFP	▲ 1.2	23.3	6.9	20.3	▲ 15.7	5.8	7.5

出所）Vu Minh Khuong, Productivity Growth in Singapore
file:///C:/Users/Owner/Downloads/S1-3Prof.%20Vu_Singapore-Economic%20Growth%20and%20Policy%20Issues-Asia%20KLEMS%20July%2027-2011.pdf（2016 年 9 月 25 日アクセス）

これは内生的成長モデルの考え方にきわめて近い。それでも、技術進歩率を労働や資本の貢献を差し引いた残差とみなす新古典派モデルから見れば、P・クルグマンが指摘するように、要素投入に依存するだけのソビエト型成長にすぎず、やがて破たんする運命にあるということになる。それは本当であろうか。

そこで、この点を考えるきっかけとして、もう少しシンガポールと中国の長期成長要因を見てみよう。まずシンガポールの経済成長の

表5-8　中国の長期成長会計の動き

	GDPの伸び	労働投入	人的資本	物的資本	シェア	TFP	シェア
1952〜57	6.0	1.1	0.3	2.0	33.33	2.5	41.67
1957〜65	3.2	0.6	0.7	3.1	96.88	▲1.1	▲34.38
1965〜71	5.2	1.0	0.0	3.3	63.46	0.8	15.38
1971〜77	3.4	1.2	1.0	4.7	138.24	▲3.4	▲100.00
1952〜72	4.3	1.0	0.5	3.3	76.74	▲0.5	▲11.63
1977〜84	7.8	0.9	0.9	4.3	55.13	1.6	20.51
1984〜91	4.9	0.5	0.3	4.1	83.67	▲0.1	▲2.05
1991〜2001	7.0	0.1	0.5	5.5	78.57	0.8	11.43
2001〜07	10.3	▲0.5	0.5	5.9	57.28	4.1	39.81
2007〜12	6.5	0.1	0.4	6.8	136.00	▲0.8	▲12.31
1978〜12	7.2	0.2	0.5	5.2	72.22	1.1	15.28

注）(1) 左のシェアは物的資本のシェア，右はTFPのシェア，(2) ▲はマイナス，(3) データは公式推定によるものを著者の推定で調整したデータに基づいて計算（詳しくは以下の文献参照），(4) シェアは筆者が計算。

出所）Harry X. Wu, China's Growth and Productivity Performance Debate Revisited -Accounting for China's Sources of Growth with a New Data Set, table 13, p.64. https://www.conference-board.org/pdf_free/workingpapers/EPWP1401.pdf（2016年10月20日アクセス）

源泉は、表5－7に示される。シンガポールはマレーシアから独立した一九六五年以後、大方の予想に反して高い成長率を記録し、独立後およそ三〇年間の平均成長率は、ほぼ八％を達成した。さらに九〇年代半ば以後も一時的に低成長に陥りながらも、すぐに立ち直り、その後は依然として高い成長率を実現してきた。その結果、九〇年代以後二〇〇八年までの平均成長率はリーマン・ショックの影響を受けたために、他のアジア諸国が低成長に陥る中で、依然として六％台の高い成長率を維持してきた。こうした状況を、シンガポールは今後も長く続けられるとみなす人は少なくない。シンガポールが高い成長率を実現できたのは、表5－7からわかるように、資本投入、中でも非ICT資本の投入によるところが大きい。裏返せば、技術進歩率はほほ

表 5-9　アジア諸国の成長会計：2000～2012 年

	経済成長の源泉（%）				GDP への寄与率（%）		
	GDP	労働	資本	TFP	労働	資本	TFP
マレーシア	5.07	1.47	2.00	1.60	29.11	39.34	31.55
韓　国	4.50	1.00	1.70	1.80	22.22	37.78	40.00
香　港	4.30	0.80	1.00	2.50	18.60	23.26	58.14
シンガポール	5.80	2.70	1.20	1.90	46.55	20.69	32.76
インドネシア	5.40	1.20	3.10	1.10	22.22	57.41	20.37
タ　イ	4.50	1.40	1.60	1.50	31.11	35.56	33.33
中　国	10.9	0.90	6.10	3.90	8.26	55.96	35.78

出所）Ahmah Ismail, Noorasiah Sulaiman and Idris Jajri, Total Factor Productivity and Its Contribution to Malaysia's Economic Growth, R*esearch Journal of Applied Sciences, Engineering and Technology*, : June 20, 2014
https://umexpert.um.edu.my/file/publication/00001636_108587.pdf（2016 年 9 月 15 日アクセス）

とんどゼロに近いし、外国人労働者の大幅な導入などに見られるように、労働投入による寄与率は高いが、中心となったのは肉体労働者であり、その質の向上はきわめて低い。

それでは、中国はどうであろうか。シンガポールと同じく、中国の経済成長の源泉を成長会計に基づいてみると、表５－８に示すように、中華人民共和国が成立した直後の五〇年代以後二〇一二年に至るまで、ほぼ一貫して物的資本の寄与率が高い。それとは裏腹に技術進歩の役割は時々プラスを示すものの、概してマイナスという異常なものである。だが、唯一の例外は二〇〇一～二〇〇七年である。この点について、ハリー・X・ウー（Harry X. Wu）は、概略、次のように述べている。この時期は世界金融危機の直前の時期で、中国は大幅に拡大した世界市場を通して、労働集約的な製造業分野で比較優位の利益を得ていた。中国は過去十年間に、著しく過少利用されていた生産能力が大幅に構築されていたため、きわめて競争力が高いことが突如としてわかった。ところが、WTO（世界貿易機関）への加盟で比較優位から利益を増大させることができただけでなく、より深く、より広く国際市場にさらされると同時に、そのことで促進された制度改革を通じて学習過程を速めたため、生産性が促進された、と。(8)

要するに、これらの意見から総合すると、中国のTFPの上昇は例外的事情に基づくもので、通常はきわめて低いというのが筆者の見方である。中国の経済成長もまたシンガポールをはじめとする多くの東アジア諸国と同様に、物的資本の蓄積に依存することで実現した点が大きな特徴である。これと表5‐8の結果を比べてみると、表5‐8での技術進歩率（TFP）の動きは二〇〇一～二〇〇七年の動きが大きく影響していると考えられる。

それでは二〇〇〇年以後はどうであろうか。表5‐5には二〇〇五～二〇一〇年とより長期の一九七〇～二〇一三年を、また表5‐9には二〇〇〇～二〇一二年の成長会計の動きを取ってある。それを見ると、まず二〇〇五～二〇一〇年で、経済成長への寄与率を見ると、日本をはじめ、韓国、台湾、香港で技術進歩の寄与率が五〇％を超えるが、TFPのシェアは四〇％を割り、資本蓄積（ICT資本と非ICT資本の合計）の寄与率は四〇～六〇％程度に達する。また、労働の寄与率が比較的高いのはシンガポールとインドネシアだけである。さらに、一九七〇～二〇一三年の長期の動きを見てみると、タイがやや低いが、他はほぼ半分以上で資本蓄積の寄与率が高く、逆に技術進歩率は中国がやや高いだけで、他はかなり低い。こうしてみると、アジア諸国の成長の源泉は日本をはじめ、ほぼすべての国で、資本蓄積の寄与によるものであり、技術進歩率の寄与によるものではないことがわかる。

4 生産性の長期的動向

1 日本とアジア諸国の生産性の動向

かくしてアジア諸国は、長期にほとんど技術革新が起きることなく、大部分は生産性を上げることで経済を成長させてきたといえる。そこで大切なのは、多くのアジア諸国が先進技術の導入過程で必要とされた国内資源（自然資源や労働、資本など）を組み合わせることであった。その組み合わせが巧みで早期に開始した国ほど、経済成長も早期に実現し、高い成長率を実現できたと考えられる。

ここで再度表5－5を見てみよう。ここには九〇年代以後のアジア諸国と欧米諸国の生産性の動きが示されている。これを見て、一目瞭然なのは東西を問わず、ほぼすべての国で二〇〇五年あたりから、生産性の伸びは低下傾向を示していることである。このことはやや大胆に推測すれば、一つに、欧米諸国は過去、長い間経済成長をけん引してきたのは技術革新（つまり、全要素生産性ＴＦＰ）であったため、生産性の低下を引き起こしているのは技術革新が不足していることを示すが、アジア諸国の場合には、これと違って生産性上昇要因が技術革新ではなく、資本と労働の質の向上によるため、国によっては生産性の引き上げ要因が短期的に見て、若干、枯渇状態に達しているのではないか、ということである。

むろん、多くのアジア諸国の生産性上昇要因はまだまだ存在しており、初等中等教育はいうまでもなく、高等教育の充実を始め、資本投下や経営システムの改善、起業家の養成、低い生産性部門からより高い生産部門への労働移動、などによって大いに生産性を引き上げる可能性はあるはずである。しかし、その背景には、先進諸国の技術革新やノウハウの蓄積があってのことである。要するに、長期的にみると、アジア諸国の生産性の上昇は要素の質的向上と並んで、先進諸国からの技術革新と直接投資をどれだけ取り込み、吸収するか、がきわめて重要である。

それにしても、日本をはじめ韓国、シンガポール、香港など、高い経済水準に達した国ほど、生産性の低下傾向は著しいことを考えると、経済が発展した国ほど、技術革新が必要であるにもかかわらず、それを自力では生み出せず、また生産性を引き上げる要因は国によっては、もはや枯渇状態に近いともいえそうである。そう考えると、日本をはじめとするそうした高い経済水準に達した国の経済成長は生産性に依存するだけで長期に成長を続けられると考えることには疑問が生じる。

そこで、生産性を持続的に今後もある程度の速度で引き上げていくには、技術革新の問題、すなわち自力での技術革新力を高めるか、それができなければ、引き続き先進諸国の技術を導入し吸収・改良・応用することが一つの条件である。もう一つはこれまで経済に特化してきた経済政策を、経済以外の分野での発展とか改革を図ることで、結果的に技術革新力を高め、それに必要な人材育成などを推進し、経済発展に結びつけることを考えるべきであろう。DS理論から見れば、これは摂取型需要要因の充実・発展・改革を意味する。

表5－5が示すように、欧米でも生産性が低下傾向を示すということは、技術革新がそれだけ欠如

することを意味しており、それだけに欧米で技術革新が欠如すれば、欧米からの技術導入にアジア諸国が頼れなくなることを意味する。それに伴って、アジア諸国が持続的に成長するためには自力での技術革新の必要性はますます高まるものと考えられる。

たとえば、アベノミクスの長期戦略の中に、女性を重視し、いかにして女性が輝く社会（近代的価値）を作るか、という政策目標が掲げられている。これはこれまでにない政策目標であり、DS理論から見ても、大いに評価されるべきである。ところが、女性は突然活躍できるはずがない。まず女性が社会進出を求め、それを社会が受け入れ、能力に応じて活躍できる場が与えられることが先決である。少なくとも、一〇年とか二〇年経過しなければ女性が社会で男性と対等に活躍し、輝く状況を作り出すことは難しいであろう。なぜ日本の女性は社会的に輝いてこなかったのか、といえば、女性の社会進出が遅れたからであり、その背景には日本社会は男女のすみわけ（役割分担）が進んでおり、女性が家庭で育児や家業をすることが当然（伝統的価値）とみなされてきたからである。そうした習慣は日本のある意味で美徳でもあった。しかし、それでは世界の趨勢から見て、遅れた発想となる。それ以外にも多くの面で、国際社会の動向からすれば、遅れているとみられる現象は少なくない。それらは一括して、社会の近代化の遅れを示す要因の一つといってよい。それこそが日本社会の矛盾を表すものと言わざるをえない。

2 労働生産性の長期動向

このように見ると、結局、新古典派モデルと内生的成長モデルの最大の相違点は経済成長の源泉を技術革新に求めるのか、それともすべての生産要素の質的上昇、すなわち各要素の生産性の上昇に主として求めるか、にある。そうだとすれば、自力での技術革新ができないアジア諸国は新古典派モデルに依拠する限り、長期の経済成長は維持できないという結論になり、ポール・クルグマンの指摘が正当化される。そうだとすれば、なぜアジア諸国が一九五〇年代から見て六五年間の長期にわたって高い成長を記録してきたかの理由を説明する必要がある。そのことを意識して成長モデルを構築してきたのが内生的成長モデルということであろう。そこではＴＦＰ（技術進歩率）は生産性を上げるための一要因にすぎないばかりか、先進国の技術を模倣することに終始してきた。重要なのは資本蓄積や労働の質的向上である。資本の重要性はアダム・スミス以来経済学が重視し、成長モデルの中心に組み込んできたが、問題はそれを収穫逓減と考えるかどうかである。近年の動向から、欧米社会では資本も、従来は新型設備を導入し、高い技術力を体化した機械化、自動化を図ることなどに集中する物的資本が中心であった。だが、近年、アメリカなどの先進諸国では、生産性の引き上げ要因の内容に変化が生じ、かつての有形の物的資産（tangible assets）から特許権、商標権、のれんなどの無形資産（intangible assets）や、知的資産（たとえば、ブランドとかソフトウエア、Ｒ＆Ｄ、情報、顧客や社会の信用、など）へと移りつつある。これらは物的資本と違って、収穫逓減を回避できると考えられ、新たな形の資本蓄積の重要性が改めて注目されている。

内生的成長理論に依拠した上述のような見方や長期予測が正しいか否か、を論理的・説得的に説明することは難しい。だが、理論の正しさや論理的一貫性と同時に、現実妥当性こそがより重要であろう。筆者はなぜ欧米先進諸国は技術革新が中心の成長を可能にしてきたのか、今後もそうした成長方式をとり続けられるのか、アジアは単に欧米からの技術導入や技術の改良や応用に終始し、後は資本蓄積や人的資本蓄積に依存するだけで、なんとか生産性を引き上げる以外に方法はないのか、今後もそうしたやり方が長期にわたって続けられるのか、アジア諸国も欧米と同様の技術革新が可能か、可能ならどうすれば実現できるのか、などの疑問に答える必要があると感じる。そればかりか、欧米社会も非欧米社会と同様に、生産性の向上にも非欧米社会と同様ないしそれ以上に取り組んでいるため、自力での技術革新が無ければ、欧米に追いつくことは容易ではない。

内生的成長モデルに基づいて判断すれば、アジア諸国の経済成長は資本蓄積や人的資本の蓄積に基づく生産性の向上によるものであり、技術進歩ないしＴＦＰが果たした役割は小さい。この点を先進諸国とアジア諸国との動向を示す統計数字（表５－10）から判断すると、長期的に見て、まずいずれも労働生産性は確実に低下傾向を続けていることがわかる。特に、二〇〇〇年まで高い成長を達成したアジア諸国の生産性の落ち込みが激しい（特に、シンガポール、中国、タイ、韓国、香港など）。また欧米を見ると、かなりばらつきがみられるものの、概していえることは二〇〇〇年以前と二〇〇〇年以後では、後者の落ち込みが明確となり、スウェーデン、イギリス、ノルウェーは一時的に一％を超えても、長期的に見て生産性が低下傾向にあることはほぼ間違いなさそうである。問題はこうした傾向が今後も長期にわたって継続するかどうかである。継続を可能にするには、過去の実績から見れば、欧米の場合はやはり技術革新とそれを中心とした生産性の上昇が中心であり、アジア諸国ではその受容や応用、改良を含め、基本的には資本と労働の質の向上が重要である。

しかし、まず重要なのは欧米の技術革新である。欧米の技術革新はタイム・ラグを通じて、アジア諸国の生産性の動向に大きな影響を及ぼすからである。単に、資本や労働を拡大すれば生産性が上がるわけではない。イノベーションに関する見方には、悲観論もあれば楽観論もある。この点については専門家の間でも意見が分かれる。こうした見方に関連して、ジェイソン・ファーマンは以下のように指摘している。「予測は難しいが、最近の生産性低下が永続性を持つという悲観的なケースには反対すべきである。将来に向って、アメリカとその同盟国が、高収益プロジェクトに焦点を絞って、分担して持続的に公共投資を行いながら、経済政策によって民間のイノベーションを促進するよう保証することが重要である。そうすれば、生産性の伸びは促進される(9)」、と。

ファーマンの考え方は、今後も欧米諸国が生産性の上昇はイノベーションを中心にすべきであり、それは政府の適切な政策さえあれば、持続すると考えていることを示している。そのことはまた、トニー・ワグナーが言う「イノベーション主導型経済」の主張にもよく表れている(10)。しかし、問題はそれがどの程度可能性を持つのか、が注目点であり、問題はそのことを確実に予測できるものはいないということである。グローバル化が進む現在、あるとすれば、そうした指摘は一つの方向を示す考え方として評価できよう。だが、それが正しい結果を生み出すか否か、アジア諸国にも通用するやり方であるかどうかは、簡単には答えられない。

3 東アジア諸国の将来を考える：日本と先進諸国の経験から

それでは東アジアは今後、生産性を持続的に引き上げ、これまでの高い成長を今後も維持できるであろうか。それには先進諸国の技術革新がアジア諸国の生産性の動向に大きくかかわっているため、現在の先進諸国の生産性の動向を見れば、ある程度アジア諸国の今後を占うことも可能と考えられる。そこで、中でもアジアの今後を占ううえでも重要な、先進7カ国（G７）の生産性動向をもう一度見てみよう（表5－10を参照）。

これまで見たことから考えられるのは、現在の欧米先進諸国の動向が将来のアジア諸国経済の将来に大きな影響を持つのではないかということである。というのは、現在の先進諸国の動向は、多くのアジア諸国にとっては、国による相違やどの指標を見るかにもよるが、ＧＤＰや一人当たりＧＤＰを見る限り、ほぼ一〇～二〇年先（むろん、三〇～五〇年先ともいえるし、イノベーションなどはほぼ永久に不可能だと考えれば、永久ともいえる）を行っているとみていいのではないだろうか。たとえば、欧米先進諸国はすでにみたように、経済成長の源泉を主として技術進歩（ＴＦＰ）に依存し、それによって主として生産性を上げてきた。このことから、アメリカではイノベーションの重要性に疑問を持つ専門家は多くはないと思われる。たとえば、上で示したトニー・ワグナーの文献を見れば、将来のアメリカ経済の発展に産業技術と同時に社会的イノベーションがカギを握っていると考えていることが

表5-10　先進7カ国（G7）の労働生産性の長期動向と予測（年率，%）

	日本	アメリカ	イギリス	カナダ	ドイツ	フランス	イタリア
(1) 1950～2007	4.5	2.2	2.5	1.9	4.0	3.5	3.2
(2) 2010～2014	0.4	0.7	0.0	1.1	0.8	0.6	0.0
(3) 2015	0.1	0.3	1.0	0.3	0.5	0.9	0.0
(4) 2016	0.2	▲0.3	0.5	1.0	0.1	1.0	0.4
(5) 2017	0.6	0.7	1.4	1.2	0.9	1.0	0.5
(1)－(2)	4.1	1.5	2.5	0.8	3.2	2.9	3.2

注）(1) カナダ（CAN），フランスおよびイタリアの2015年はOECD統計の予測値から筆者が計算。(2) 2016～2017年はOECD統計から筆者計算。(3) ▲はマイナス。

出所）Productivity Growth in the Advanced Economies: The Past, the Present, and Lessons for the Future Remarks by Jason Furman, 2015, https://www.whitehouse.gov/sites/default/files/docs/20150709_productivity_advanced_economies_piie.pdf,
OECD data, https://data.oecd.org/lprdty/labour-productivity-forecast.htm#indicator-chart

よく理解できる(11)。

そのため、アメリカにおける生産性の低下は、技術進歩のスピードの低下を意味する。戦後のアジア諸国の経済成長が資本蓄積や労働力の質的成長に依存できたのは、その前提として先進諸国の技術進歩が長期にわたって蓄積されていたからである。つまり、先進諸国の技術進歩は時間の経過の中で、アジア諸国の生産性の上昇に決定的に寄与してきたわけである。先進諸国の生産性の低下が技術進歩の停滞に基づくとすれば、その結果、将来長期的に、アジア諸国の生産性の低下が引き起こされる可能性は避けがたい。それが今後一〇～二〇年後だとすれば、おおざっぱにいって二〇三〇年代から二〇四〇年代にかけて、アジアの生産性上昇率は大きく落ち込む可能性があるともいえよう。アジアの生産性引き上げ資源（人口、先進国の技術革新、教育、AI化、ICT化、内外投資、政府投資、政府の政策、など）に余裕がなくなればなくなるほど、また、日本を含むアジア諸国が非経済面での近代化に進展がなければないほど、生産性の低下傾向は早く到来することも考えられる。その意味で、一部の国で急速に進む少子高齢化は重大な関心事の一つであろう。

先進七カ国（G7）の労働生産性の長期動向（表5‐9）を見ると、アジアの生産性の将来が見えてくる。第一に、同表は一九五〇年以後二〇一四年までの長期動向を示している。それによれば、最初に、リーマン・ショックを発端に生じた世界不況以前（一九五〇～二〇〇七年）とそれ以後（二〇一〇～二〇一四年）ではすべての国で世界不況以後、生産性は大幅に落ち込んでいる。そのことは世界不況からの回復ができないまま推移しているとみるべきか、世界の経済構造が変化し、このままの状況が定着してしまったとみるべきか、つまり技術進歩は枯渇したとみるべきか、それとも一時的な現象にすぎないとみるべきなのか、を判断するには詳細な分析が必要であろう。しかし、いずれにせよ、こうした状況は何らかの方法で脱却することを考えなければならない。こうした判断は、上で引用したジェーソン・ファーマンが指摘した点と関連する。

筆者がもう一つ重要と考えるのは、先進七カ国の労働生産はリーマン・ショック以前と以後ではいずれも低下したが、特に低下が著しかったのは日本だということである。ドイツやイタリア、特にフランスなども三%ポイント前後の落ち込みを見せているが、日本は四%ポイントも落ち込んだ。これには高度成長期から石油ショックやバブル崩壊という日本経済の変動期にたまたま相当し、大きな変化の影響が重なったということも考慮する必要があろうが、最近の動きを見ると、それだけではない可能性もある。それは経済要因に限定して考えれば、先進技術の大量導入以後、自力での改良、応用、技術開発が活発化し、経済成長の源泉として、当初はＴＦＰの寄与が大きく、それが日本の高度成長に大きく寄与した。だが、主として九〇年代以後、自力での技術革新や技術改良が減少し、さまざまな生産性引き上げ要因が減少ないし消滅したことも大きな影響を与えたものと考えられる。そう考えると、日本は、技術開発以外の要因で生産性を引き上げることは可能であるが、自力での技術開発が今後どの程度進むかが大きく問われている。そのことをＤＳ理論に基づいて考えると、需要要因がいつまでも受容のための摂取型需要要因にとどまり、独創的な技術革新を生み出し、世界に発信するための発信型需要要因からはほど遠いことを示している。それと同様の現象は、長期的に見て、アジア諸国にも当然当てはまると考えられるし、韓国や台湾、中国など、日本に追いつき追い越そうとする国々には特に当てはまる可能性が高い。

5 シンガポールの新成長戦略は成功するか

1 シンガポールの経済発展とそのメカニズム

これまで、一方でアジア諸国の経済成長が過去数十年にわたって急速に上昇したことと、その持続可能性について考えてみた。ここで、経済発展を長期的にみたとき、日本を除けば多くのアジア諸国ではなお高い成長が続き、今後も数年から十数年にわたって、持続する可能性がある。しかし、日本経済を見ればわかるように、これまでの成長方式に依存する限り、高い成長を恒久的に（たとえば四〇～五〇年にわたって）実現することは不可能であり、その原因もいまや生産性を上げられないことにあることは多くの専門家が指摘する通りである。むろん、単に生産性を上げるというだけではその解決には至らない。後に再度触れるように、そこにはきわめて複雑かつ幅広い要因が絡んでいるからである(12)。

いまや日本の一人当たりGDPを超えるシンガポールは、独立後、政府主導により五〇年以上にわたって急速な経済発展を実現してきた。承知の通り、シンガポールばかりか、他のアジア諸国の発展も著しい。シンガポール同様、アジア諸国が成長できたのは、単純化すれば、政府の産業政策に基づいて、先進諸国で蓄積された技術や経営のノウハウを自国の資源と組み合わせると同時に、多国籍企業を中心とした、先進諸国の海外投資や技術移転などを、自国経済の生産資源につなげる努力をした結果、実現したものである。まさにそれは、DS理論で見れば、政府主導で受容のための摂取型需要要因を動員することで、供給要因との均衡点を見つけ、強化してきた結果でありシンガポールはみごとな成功例である。

むろん、国による相違は大きいが、これまでのアジア諸国の経済成長に共通するのは先進技術をはじめ、外部からの資本、人材、市場、ネットワークも経済成長に大きな役割を果たしてきたことである。それら外部要因と内部の生産資源を調和させることで、DS理論から見て、日本と同様の需給均衡という、共通の発展方式を採用し、高い成長を実現してきた。そうした方式は基本的に日本の発展

表5-11　NIEs諸国の実質経済成長率の動き

	1986-95	96-2000	2001-05	06-10	11-15	1996-05	06-15
韓　国	8.8	6.4	5.2	4.14	2.96	5.8	3.55
台　湾	7.9	5.5	6.3	4.36	2.54	5.9	3.45
香　港	6.5	5.1	4.8	3.99	2.83	4.9	3.41
シンガポール	8.5	7.4	7.2	6.88	3.44	7.3	5.16

注）単位は%。
資料）JETRO資料，他より掲出，https://www.jetro.go.jp/world/asia/sg/stat_01.html

方式ときわめて類似したものである。中でも、この発展方式を最も効率的に実現した国の一つが、さまざまな難局を乗り越え、ついにアジアで最も高い経済的成果を上げたシンガポールである。

シンガポールはアジアでも最も人為的に、つまり亡きリー・クアンユーという類まれな、傑出した指導者の下で、政府は豊かさを追求するためにプラグマティズムと自助の哲学を掲げ、国内ではエリート主義に基づく人材育成を重視し、対外的には先進技術をはじめ、肉体労働力も専門の人材も大幅に取り入れ、積極果敢な産業政策と開放政策を展開するなど、多くの内外要因を巧みに利用しながら、アジアではいうまでもなく、世界でもトップクラスの経済水準を達成することに成功してきた。まさに受容のための需要要因をこれほど積極的に応用した事例はきわめて稀である。既に見たように、シンガポールの経済発展の方式は成長会計で見ると、資本と労働の投入によって、経済を成長させるというもので、まさに内生的成長方式であった（表5－7、表5－9、を参照）。しかし、そこで目立つのは技術進歩率（ＴＦＰ）の低さであるが、内生的成長論の立場からはそれこそ新しくて、重要な成長方式である。それは新古典派的な技術進歩率による経済成長方式だけが正しいという考え方は幻想にすぎないことを証明するものとして評価されてきた。この方式は基本的にほとんどのアジア諸国が採用する方式でもある。その意味で、アジアの発展方式はシンガポール方式といっても過言ではない。しかし、西欧の場合でもシンガポールの場合でも、国の規模が小さいことが高い成長の原因だとする指摘は必ずしも当たらない。なぜなら小さい国がすべて長期にわたって、高くて持続的な成長を実現できるわけではないからである。シンガポールの高成長を支えた要因は少なくないが、とりわけ重要なのは優れた指導者による適切な政策と革新的な政策集団の存在を無視するわけにはいかない。

こうしてシンガポールは外部要因に頼りながらも、国内要因として政府の指導の下に、教育や経験などを通じた質の高い労働力と資本を投入することで、生産要素の生産性を持続的に引き上げ、これまでアジアの経済成長をリードしてきた。その結果、表5－11に示すように、八〇年代以後を見ても、シンガポール経済はおよそ三〇年にわたって、アジアＮＩＥｓの中でも、際立って高い成長率を実現してきた。特に、リーマン・ショックとそれに続く世界不況以後の二〇一一年以降、他のアジアＮＩＥｓ諸国が大きく成長率を落とす中で、シンガポールはいぜんとして5％台という高い成長率を維持しており、今後もその状況は変わらないと考える人も少なくないであろう。

しかし、それには近年シンガポール内部でさえ、大きな疑問が出てきた。二〇一四年第三四半期以後急速に成長率は落ち始め、今後もこのままいけば成長率が上昇する可能性は小さいとみられるからである。その理由は、これまで要素生産性を重視し、そのために外部への依存を高めてきたが、もはやそれには限界があるからである。、今後もこれまで同様の発展方式を維持し続けようとすれば、長期にわたって要素生産性を引き上げ続ける必要がある。当然ながら、生産性を外部要因に依存しながら、持続的に上昇させ続けることは、不可能と思われるが、それを可能にするには、ＤＳ理論からわかるように、これまでの摂取型要因の革命的な変革を促進する必要があろう。

この点について考える前に、シンガポールが独立以後最大の危機に見舞われたリーマン・ショック以降の成長戦略をまず見てみよう。これは二〇〇九年に設立された経済戦略委員会（ＥＳＣ）が、二〇一〇年二月に発表した「新成長戦略」である。同戦略では、多国籍企業や地場の中小企業同志の連携を促進し、アジア市場開拓のための実用的研究開発の強化などを通じて、経済の高付加価値化を図ろうとしたものである。この成長戦略は世界金融危機に伴う独立以来の最大の経済危機にみまわれたシンガポールが、長期的視点に立って、作成した新たな経済成長戦略であり、経済戦略委員会（ＥＳＣ）が、シンガポール首相リー・シェンロンに提出した報告書「Report of the Economic Strategies Committee ~ High Skilled People, Innovative Economy, Distinctive Global City」に基づいている。この報告書はその目的として、技能とイノベーションと生産性を持続的経済成長のための基礎としなければならず、これによって内生的成長と広範な国民所得の増大を実現し、さらにオープンで多様性を持つ、活気ある優れたグローバル都市を目指すべきだ、と強調している。

この戦略には以下の七つが含まれる。①スキルと革新による成長：生産性向上と継続的教育訓練（ＣＥＴ）システムの拡充を、ハイレベルな国家委員会により監督し、企業の生産性向上のための投資に財政支援を導入、国家生産性向上ファンドの設立で、特定産業の生産性向上を支援し、外国人労働者雇用税の段階的な引き上げで、外国人労働者への依存を管理すること、②グローバル・アジア・ハブ（アジアの国際ハブ）の確立：成長するアジアでのビジネスチャンスを狙う企業と市場拡大を目指すアジア企業にとってのハブ都市化、国際的な競争力のある製造業により、経済成長の二〇～二五％を達成し、アジアの消費市場や都市政策をテストする場を提供すること、③活気と多様性を持った企業構成の確立：シンガポール企業の国際競争力を高め、二〇年までに収入が一億S$超の企業を一〇〇〇社に増やすため、輸出入銀行や地場の中小企業に投資する官民合同ファンドを創設し、多国籍企業、世界の中堅企業および国際展開を目指すアジア企業の立地にとり最高の都市へと発展すること、④イノベーションの普及、R&Dの商業化の推進、研究開発投資のGDP比を現在の三％から一五年までに三・五％に引き上げ、研究開発成果の商品化を促進するため、官民の研究開発を連携させるプラットフォームを創設すること、⑤スマート・エネルギー経済の推進・エネルギー資源の多様化により、エネルギー安全保障を改善し、長期には原子力エネルギーの利用可能性を研究し、エネルギー効率の改善策を推進すること、⑥将来の成長のための土地生産性の向上：新たなウォーターフロント都市の建設計画（現在のタンジョンパガー港に、リースが期限を迎える二〇二七年以降に建設）、土地の生産性向上と土地利用規制の柔軟化、地下スペースの利用を促進すること、⑦親しみあるグローバル都市を確立し、芸術・文化、スポーツ、科学など多様な分野を先導する人材の誘致を図り、シンガポールを文化の中心都市にし、アジアで最高の生活環境を提供すること、がそれである(13)。これらはこれまでの成長戦略以上に、生産性上昇要因の多様化を目指しているが、いぜんとして摂取型の需要要因に依存する点では何ら革命的な改革とはいえない。

2 新しい成長戦略：自力での生産性上昇への転換

シンガポールは不定期的に新成長戦略を発表しており、八〇年代以後、四回目の提言が今回出された。一九八〇年代に政府が労働集約型産業からの撤退とハイテク産業の誘致を加速するために高賃金政策を採用した結果、世界経済の減速と共に人件費が膨らみ、国内の景気が下降してしまったことを受けて、一九八六年に初の経済戦略策定機関となる「経済委員会（EC: Economic Committee）」が設置された。それは過去三回の成長戦略を提言してきたが、今回は四回目の「未来経済委員会（ＣＦＥ）」が新たな成長戦略を提言している。そこで、シンガポール政府は二〇一五年予算で将来の成長のために五つのクラスターを認定し、新たな成長分野全体にあわせて突き進む代わりに、既存の強みに立ってそのクラスターを構築する意図を発信してきた。そのクラスターとは製造業、応用保険学研究、スマートで持続可能な都市ソリューション、ロジスティックスおよび航空宇宙産業、ならびにアジアと世界規模の金融サービス、の五分野である。これらの分野が選ばれた理由は、シンガポールが過去にこれら分野で確立してきた強い能力と質の高さに基づくからである。

これらの事実を前提に、未来経済委員会（ＣＦＥ）が長期戦略に関する提言を行った。そこでは、これまでの外部依存体質から現地企業の世界規模のプレーヤーへの転換を模索している。経済戦略委員会（ＣＳＥ）はすでに二〇〇九年五月に経済再編成への勧告を出し、後日ＣＦＥが勧告を出すことになっており、シンガポールの成長を持続し、今後の課題を克服するために、自ら再投資し、新たな成長戦略を見出す必要があるとの考えで一致している。要するに、大雑把にいえば、他力（外部依存）から自力への転換である。多くのアジア諸国がシンガポールの方式を取り入れて、外部依存型成長方式をとってきたが、やがて他力戦略は行き詰まり、自力での発展戦略をとらざるを得なくなるということを表している。シンガポールは元々、国内では自力とか自己責任を基盤に政策が実行されてきたのに、対外的には他力の政策を行ってきたが、それもほぼ行き詰まり、長期持続的な成長を実現するには、もはや他人依存方式は限界に達したといえる。

今回の新発展戦略によると、過去一五年間年平均五％以上の成長を遂げたのに、成長率が大幅に低下することを受けて、今後一〇年間は、年平均二〜三％を想定するとしている。シンガポールは、今や低成長ならびにそれを生み出す生産性の低下に悩まされている。シンガポール政府も生産性の上昇を目指して、あの手この手で努力をし、それが新たな成長戦略提言の背景となっている。これまでも同様の難局に直面しながら、その都度それを乗り越えてきた。これまでは主として、外部に依存する方法で難局を乗り越えてきたが、もはや未熟練労働力をはじめとする対外依存型成長は限界にきている。そのことの限界は政府も認識しており、今回の新戦略は外部依存による経済成長から自力での発展への脱却を目指すものである。

まだ全貌は明らかではないが、これを見ながら、今後シンガポールが目指す生産性上昇への新たな成長戦略について考えてみたい。まずシンガポール大手銀行のＤＢＳ（民間銀行で、二〇〇三年七月までは、シンガポール開発銀行）によれば、最近の生産性の上昇率は二〇〇〇年から二〇〇九年の平均上昇率が一・五％であったのに対し、一一年から一四年では〇・三％であり、急速な低下傾向を示している。同行によると、シンガポール政府は新成長戦略を出した二〇一〇年に中期成長率を三〜五％とし、二〇二〇年まで経済成長率を二〜四％に下げた。その理由として、一つは高齢化と居住者労働力の伸び率の低下と、世界的な環境変化である。政府当局は労働の伸びは引き続き年率一〜二％とし、生産性の伸びも初期に想定した二〜三％の低い方に落ち着くと予想した。そうだとすると、経済は二〜四％の間で成長することになるが、実際には生産性の伸びは二〜三％を想定したにもかかわらず、一一〜一四年にかけて年率〇・三％しか伸びなかった。

ＤＢＳによれば、生産性が低下した主な理由は、二つある。一つは、労働者一人当たりのＧＤＰで生産性を表すと、シンガポールのような小さな経済は、世界規模の景気循環に影響されやすく、世界的な需要に左右される。このため、世界経済の成長率鈍化によって、生産性の伸びは悪化することになる。もう一つは構造改革で使用されるアプローチの一つ、特に外国人労働力受け入れの抑制は本質的にサプライサイドの制約条件になることである。これまでのように、企業がもっと多くの労働者を追加するだけで成長できる可能性には事実上、限度があるため、彼らは生産性の上昇率を自ら高める努力をしなければならない。長期持続的な成長のカギを握るのは自力で生産性を改善することにある。また、サプライサイドの構造改革にはイノベーションと国際化を促進する必要がある。(14)

こうした動きを見ると、生産性が低下した理由は過去の成長戦略そのものにあることを示している。つまり、シンガポールの高成長は国内的には教育・訓練などを通じた、高度な人材育成と並んで、対外的には必然的に労働集約的部門での未熟練労働力不足と高度技術・研究分野における人材不足を外部から調達するという戦略によって、労働生産性を上昇させ、企業は高い成長を実現してきたことに求められる。これらはシンガポールが不足する部分を外部に依存する形で、生産性を上げ、経済成長することである。こうしたやり方は永久に続けられる方法ではない。特に、生産性が低い外国人不熟練労働力の大量導入は逆に生産性の低さが問題となってきた。また、高度の技術や研究能力を持つ人材は外部に依存するだけでは不十分であり、自ら生み出していくしか方法はない。このような認識に立って、シンガポール政府や専門家が新たな成長戦略として思い描いているのは、さらなる経済の拡大に必要な要素は高いスキルやイノベーションをシンガポール人自身と現地企業が中心となって生み出すことである。このことは輸出志向工業化のために多国籍企業を誘致し、世界規模のサプライ・チェーンで高い付加価値を得るための信頼できる中核にシンガポールを作り変えることである。その意味で過去の成長戦略とは異なると考えているようだが、スキルやイノベーションなどのコンセプトは依然として先進諸国からの導入・改良に終わるとすれば、それらのコンセプトはこれまでの成長戦略にも繰り返し盛り込まれており、問題は、筆者がこれまでもDS理論に基づいて指摘してきたように、摂取型の需要要因の改革に影響を与えるものとは言い難く、根本的な解決にはならない。

そこで、政府、特に副首相兼財務大臣のサルマン（Tharman Shanmugaratnam）は外国企業と同時に、シンガポール企業によっても、国内で生みだされるべき価値の必要性を強調している。彼は最近、E

ＤＢ（経済開発局）協会の二五周年記念の夕食会で次のように述べた。われわれは国家の経済発展において新たな段階へと乗り出さなければならない。つまり、価値の付加から価値の創造へ、である。そのことはわれわれ自身の生産物とサービスを生み出せるように、そしてまたシンガポールを外国企業のビジネス戦略で価値創造の主導的中核とするために、あらゆる産業、大企業・中小企業を問わず、イノベーションを浸透させることを意味する、と。さらに同氏は新たな段階での中小企業の重要性を指摘したうえで、わがシンガポールは、中小企業の重要な分野がイノベーションによって駆動されるなら、革新的で価値創造的な経済になりうると考える、[15]と指摘している。こうした考え方に基づいて、シンガポールが最も力を入れている問題の一つが、起業家の育成である。最近の新聞報道によれば、ここ一五年間で、二二〇〇人の学生をシリコン・バレーなど、世界各地のベンチャー企業に派遣し、多くの起業家が育ったとしている。今後もこうした方針を政府は徹底的に実施するというのが、これと決めたら断固として実行する、プラグマティック・シンガポール指導者のやり方である。こうした考え方はアジア諸国にとっても教訓となりうるものであり、ようやく本来の、つまり西欧社会が通って来た道にも通じるものである。

それゆえ、シンガポール指導者の主張はもっともな指摘であり、筆者のＤＳ理論とも一致する。だが、これまでほとんど無視してきたやり方が突然できるようになると考えることは現実的といえるであろうか。シンガポールの教育体系を見ても、高等教育の内容を見ても、先進技術や知識摂取型であって、発信型人材を教育するようにはなっていない。そうした制度や法律、社会構造を変えることなく、相変わらず不足するものは外部から導入すればいい、と考えているとしたら、これからの国際競争に打ち勝つことは難しいし、持続的な成長に悪影響を与える可能性が高い。

トピワラ（Topiwalla：モルガン・スタンレーのASEAN支店長）も、シンガポールは政府系企業（GLCs）、多国籍企業および世界的な現地企業の三つの足で立っているが、最後の足は完全には形成されてこなかった。だから、民間部門の企業発展がどうしても重要だ、と強調している。このことから、政府は最近シンガポール国民があらゆる職業でのスキルの習得を進めるよう支援しており、それをあらゆる部門で革新的で高いスキルを持つチームを開発する手段だとみなしている。これこそはあるべき姿であり、これからが真にシンガポールの実力が試される時代が来ると考えていいのではないだろうか。

3 シンガポールの長期目標

とりわけ問題なのはそれらをシンガポール政府が期待通り実現できるかどうかである。いまや、そのことでシンガポールの真価が問われているが、真価とは何であろうか。それはこれまでのシンガポールの成長戦略自身に大きな問題を抱えながら、世界の注目を浴びる発展を実現し、指導者である亡きリー・クアンユーがいかに偉大であるかが喧伝されてきたことである。確かにリー・クアンユーはまれに見る戦略家であり、その識見、政策立案能力、実行力、先見性、透明性、指導力、柔軟性、公正性など、数えきれないほどの才能を兼ね備えた天才的能力の持ち主と言われる。「まさにシンガポールは一人の天才によって発展した」といわれるゆえんでもある。

そうした才能はいかなる形で、どの部分に発揮されてきたのであろうか。リー・クアンユーは独立当初、社会民主主義的ないし福祉国家的な考えを持っていた。共産主義ゲリラに悩まされ、これといった資源を持たず、多くの失業者を抱えるなど、当時のシンガポールはきわめて困難な問題に直面し、人心をとらえるうえで、社会民主主義の思想は重要な意味を持っていた。そのプラグマティックな哲学と現実とをうまく整合させてきたところに、シンガポールの発展の一つの大きな源泉がある。それでは、政府はそれをどう実現してきたのであろうか。この点を知るには、シンガポールが現実に採用している.ユニークな福祉政策を見れば理解しやすい(16)。それは一言で表せば、政府が個人の自立を支援することを目的とした制度である。

シンガポールの長期目標はあくまでも高い成長率、つまり豊かさを実現することであり、それには生産性を上げ続けることである。だが、問題はそれを今後も二〇年~三〇年先まで上げ続けることは可能か、という問題が残る。リー・シェンロン首相は「皆で働けば、強い経済、包括的社会、および結束力あるシンガポールを構築し、二〇年以上先には世界有数の都市にすることができると確信する」と述べている。だが、現実はただ一生懸命働くだけで現在以上に大幅に経済水準を生み出すことははたして可能であろうか。生産性の引き上げには限界があり、シンガポールはすでに高い生産性水準に達していて、もはやそれを大幅に引き上げられる段階ではない。シンガポールが生産性を長期にわたって、どのようなやり方で上げ続けられるか、大いに注目される。

4 歴史過程の相違と政治・社会・文化の近代化

シンガポールが今後も持続的に高い経済成長を維持できる要素はほぼ確実に尽き始めているようにみえる。これまでの政策は有効性を持ちにくい、というより不可能になりつつあると言っても過言ではない。できる手はすべて打ってきた。しかし、西欧の長い歴史的経験が示すように、経済要因だけを取りだして都合よく経済成長を実現することはある段階までのことである。筆者がシンガポールに行くと必ず会う友人夫婦がいる。彼らは、政府の補助金をもらって、ベンチャー企業を経営する、まだ四〇代後半の夫婦である。毎日朝から晩まで、必死で働き、忙しいが、仕事が楽しくて仕方が無いという。何がそんなに楽しいのかと聞くと、仕事自身も楽しいが、働くだけ所得が増え、将来は立派なマンションを買い、家族でうまいものを食べ、海外旅行するのが夢だという。これはほとんどのアジア諸国で聞く言葉である。その目で欧米社会を見ると、まったく異なる光景に驚かされる。人間は働くために生まれてきたのか、それとも人生を謳歌するために生まれてきたのか。前者であれば、働くことは目的であり、できる限り長く働き、かつ楽しくなければならない。後者であれば、労働は生活の手段であり、必要なだけ働けば、後は人生をどれだけ謳歌するか、が重視されるはずである。

少なくとも、筆者が欧米社会を見て感じるのは、間違いなく欧米の多くの人たちはそれほど豊かでなくとも、人生を謳歌しており、主体性を持っている。アジアの人々はまだ発展段階だから仕方がない面もあるが、豊かな人でさえ、多くは一生働くことに喜びもあるが、仕方なさ、あきらめさえ覚えているように感じる。政府は口を開けば、雇用を増やした、景気を良くした、賃金を上げた、と自慢する。いったいいつまでそういい続けるのであろうか。いつになったら、「皆さん、人生を楽しみましょう」というのであろうか。それとも、そうした疑問自身、無意味であろうか。

この欧米社会と非欧米社会との相違はどこから来るのであろうか。両者を対比する場合、たとえば、創造対模倣、絶対的尺度の存在対非存在（あるいは正否基準と非正否基準の相違）、個人対社会・組織、あるいは個人主義対集団主義または共同体主義、エリート集団の存在対多数の大衆集団、長く、豊かな歴史を持つ社会対発展を開始して間もない社会、という図式で表現できるのかもしれない。それぞれ前者が欧米社会、後者が非欧米社会を表すと考えることもできよう。たとえば、欧米社会は一部のエリートが独創的な技術革新を実現し、社会全体の改革を考える。そのため、大多数の大衆はのんびりしていられるが、一部のエリートは大変な努力をしているという話も聞く。

他方で、先進文明のあらゆる要素を摂取する運命にある非欧米社会（共同体主義社会）は欧米社会（個人主義社会）が生み出した創造の産物をいかに巧みに模倣・改良するかを考える。それには模倣から始まって、せいぜい「効率を求めて」改良し応用することに終わることが少なくない。基本的に、国の内外を問わず、成功していることはすべて模倣することで、付加価値の奪い合いをするにすぎないため、当初、付加価値生産性は上がるが、やがて上がらなくなる。上手くいくときは一斉にうまくいくが、うまくいかなくなると一斉にうまくいかなくなる。

しかし、筆者がもっと重要と感じるのは、西欧の歴史過程、産業化過程との相違である。すでに第2章で見たように、西欧社会の近代化は歴史的連続性の上に成立している。それゆえ、近代化以後も、

表 5-12 主要政治・経済・社会指標（1）

	政治的自由度				経済的自由度	報道の自由度		民主化指数	
	2015		2006		2015	2015	2002	2015	2006
ノルウェー	1	1	1	1	27（71.8）	2（ 8.79）	1（ 0.50）	1（9.93）	4（9.55）
スウェーデン	1	1	1	1	23（72.7）	5（ 9.47）	7（ 1.50）	3（9.45）	1（9.85）
デンマーク	1	1	1	1	11（76.3）	4（ 8.89）	10（ 3.00）	5（9.11）	5（9.52）
スイス	1	1	1	1	5（80.5）	7（11.76）	15（ 4.25）	6（9.09）	10（9.02）
ドイツ	1	1	1	1	16（73.8）	16（14.80）	7（ 1.50）	13（8.64）	13（8.82）
イギリス	1	1	1	1	13（76.2）	38（21.70）	21（ 6.00）	16（8.31）	23（8.08）
フランス	1	1	1	1	73（62.5）	45（23.83）	11（ 3.25）	27（7.92）	24（8.07）
イタリア	1	1	1	1	80（61.7）	77（28.93）	40（ 11.0）	21（7.98）	34（7.73）
日　本	1	1	1	2	20（73.3）	72（28.67）	26（ 7.50）	23（7.96）	20（8.15）
韓　国	2	2	1	2	29（71.5）	70（28.58）	39（10.50）	22（7.97）	31（7.88）
インド	3	4	2	3	128（54.6）	136（40.49）	80（26.50）	35（7.74）	35（7.68）
マレーシア	4	4	4	4	31（70.8）	146（46.57）	110（37.83）	68（6.43）	81（5.98）
インドネシア	2	4	2	3	105（58.1）	130（41.72）	57（20.00）	49（7.03）	65（6.41）
フィリピン	3	3	3	3	76（62.2）	138（44.66）	89（29.00）	54（6.84）	63（6.48）
シンガポール	4	4	5	4	2（89.4）	154（52.96）	144（47.33）	74（6.14）	84（5.89）
タ　イ	6	5	3	3	75（62.4）	136（44.53）	65（22.75）	98（5.09）	90（5.67）
中　国	7	6	7	6	139（52.7）	175（74.27）	138（97.00）	136（3.14）	138（2.97）

注）(1) 各数字はランキング，(2) 政治的自由度の左は PR（Political Rights），CL（Civil Liberties）の略，(3) カッコ内はスコア，(4) ジニ係数は 2005 ～ 2012 年（CIA 統計と世銀統計）。

資料）Freedom House, *Freedom in the World*, 2015, The Reporters without Borders, *World Press Freedom Index 2015*, and Economic Intelligent Unit, *Democracy Index 2007 ～ 2015*.

近代化以前の経済、社会、文化などの多くが連続的にそのまま蓄積されている。たとえば、筆者が直接見て知る限りでも、住宅、別荘、公的建物、歴史的遺産、道路、下水道、学校、古い街並み、などのインフラは長期にわたって、代々使い続け、近代化に伴って、多くは新しく建設するのではなく、改築・改修する程度にすぎない。しかも、社会保障や公共福祉が充実しており、老後の心配も少ない。これでは多くの庶民が毎晩、夫婦でパブに行き、毎年海外旅行し、仕事も短時間で終わっても、当たり前と思っていてもおかしくはない。そのため、フローの経済量は急速に伸びないが、長期的には確実にゆっくりと拡大し持続する。その結果、五〇年、一〇〇年たてば、世界の先頭に立っている。変動の激しい日本やアジアとは大きな相違である。これこそは西欧の人々が人生を楽しみ、日本人が住宅を買うために一生働き、お金を稼ぐのが人生の目的となってしまい、欧米人と同じように人生を楽しむどころではない、最大の理由の一つだと感じる。そうした相違が全体として、さまざまな近代化指標に表れ、非西欧社会の近代化の遅れを示すことになるのではないか。

もう一つの相違は、西欧社会は社会全体が徐々に発展し、近代化を成し遂げてきたが、非西欧社会は逆に西欧社会が発展し、近代化した結果から出発し、そのいいところである経済だけに集中し、それがなぜ生まれたのか、どうやって発展してきたのかを無視し、経済発展に必要な範囲でのみ非経済的要因に目を向けるにすぎない。これでは経済が停滞したとき戻る場所がない。否、戻るのは欧米社会だけということになる。換言すれば、伝統的社会が持つ非経済要因がどれだけ、近代的要素の経済発展に役立つか、という範囲でしか経済は持続的に成長しない、ということである。そこで、慌

表 5-13　主要政治・経済・社会指標（2）

	腐敗認識指数	男女格差指数	男女不平等指数	女性の議席割合	ジニ係数
	2015	2014	2014	2014	2005 ～ 12
ノルウェー	5（87）	3（0.8374）	9（0.067）	39.6	0.268
スウェーデン	3（89）	4（0.8165）	6（0.055）	43.6	0.230
デンマーク	1（91）	5（0.8025）	4（0.048）	38.0	0.269
スイス	7（86）	11（0.7798）	2（0.028）	28.5	0.296
ドイツ	10（81）	12（0.7780）	3（0.041）	36.9	0.306
イギリス	10（81）	26（0.7383）	39（0.177）	23.5	0.380
フランス	23（70）	16（0.7588）	13（0.088）	25.7	0.327
イタリア	61（44）	69（0.6973）	10（0.068）	30.1	0.355
日　本	18（75）	104（0.6584）	26（0.133）	11.6	0.376
韓　国	37（56）	117（0.6403）	23（0.125）	16.3	0.311
インド	76（38）	114（0.6455）	130（0.563）	12.2	0.342
マレーシア	54（50）	107（0.6520）	42（0.209）	14.2	0.462
インドネシア	88（36）	97（0.6725）	110（0.494）	17.2	0.356
フィリピン	96（35）	9（0.7814）	89（0.420）	27.1	0.448
シンガポール	7（84）	59（0.7046）	13（0.088）	25.3	0.478
タ　イ	85（38）	61（0.7027）	76（0.380）	6.1	0.394
中　国	100（36）	87（0.6830）	40（0.191）	23.6	0.469

注）男女格差指数は World Economic Forum が発表する GGGI，であり，男女格差指数は GDI，で，UNDP が発表する指数である（詳しく，それぞれのレポートを見よ）。

資料）Transparency International, *Corruption Perceptions Index, 2014, World Economic Forum, Global Gender Gap Report*（*GGGI*），*2014, UNDP, Human Development Reports 1990 ～ 2014,* and CIA, World Fact Book.

て非経済的要素の近代化に目を向けるが、それには時間がかかり、簡単にはいかない。たとえば、その対象は日本なら女性の社会進出とか日本的経営の改革であり、シンガポールであれば、民主化である。

個人主義と集団主義ないし共同体主義の対比も重要である。これはあらゆるところに現れる。集団主義社会では、たとえば、何か流行するか有名になると、一斉にそれを模倣する。模倣しないと、遅れている意識にとらわれる。そのため、新しいものが優れているものと勘違いする。新しものはすぐに古くなるから次々と新しいものが必要となり、色や形を変えるだけで、これに応えようとする。浪費が一般化する。そこからは新規性も独創性も生まれない。こうした行動の背景にあるのは、悪意にとれば、個性とか主体性の欠如であり、創造力の欠如である。それは個人だけはなく、組織や社会そのものにも当てはまる。しかし、人々は個性や独自性を無視しているわけではないため、それを少しでも出したいと考えるが、結果的には独自性と言うより、独善性に陥り、社会的調和を失う。

こうした事例は無数に指摘できるが、その背景にあるのは何であろうか。共同体主義社会は欧米社会とは異なった論理や伝統の上に成り立っており、そこでは西欧社会が生み出してきた近代化の概念を生み出せなかったことである。このため、結果として経済は発展しても社会や文化の近代化の遅れが生じてしまう。シンガポールでいえば、社会を成立させる論理や思想は儒教的にならざるを得ないが、そうでなくとも、西欧とは異なる秩序の論理が強く浸透しており、それが西欧近代の論理に調和するものに変えることは難しい。まさに矛盾した状況ばかりが生じる。

経済発展の初期には、たとえば資本主義的経済システムの中で、資本と労働の生産要素を生産に投入し、そこにもう一つ生産要素である技術を持ち込めば、ある程度の水準での生産を開始できる。経済成長は生産を増大させることだから、さらに労働と資本の量と質を上げるためにいろいろな手段を講じ、技術を外部から導入するか自力で生み出せば、さらに生産は増加し、経済は成長する。この間に、技術的要素に限定すれば、概して伝統的な政治・社会・文化を動員することで、共同体社会に整合性を見出すことも可能である。つまり、摂取型需要要因さえ動員すれば済むわけである。ところが、これらの生産要素の中で、特に資本と労働の量も質の拡大もやがて限界に達する。むろん、シンガポールのように、労働が不足すれば何らかの方法で、量と質の拡大を図ることで、ある程度解決する。外国人労働者や高度な人材の導入、教育による質の向上を図ること、などはその一例である。シンガポールはこれらを極度にまで実行してきた。その結果、もはやこれ以上は不可能というところまで、押し進めた結果、ついに生産性の上昇率は最高度に達し、低下し始め、経済成長率も落ちてきた。要するに、自力での価値の創造ができない限り、これまでの政府の政策は枯渇しつつあるといえる。

換言すれば、シンガポールの経済発展は伝統的な社会に整合し、伝統的な価値を動員できる範囲で、高い成長を実現できたが、それを越えなければならない段階に入ると、それが不可能なほど難しくなる。そのことはDS理論で見れば、以下のようにいうことができる。摂取型需要要因は政府の役割やアジア的価値を中心とした伝統的な思想的基盤に依存しながら、西欧文明の技術的側面を受容し、成功してきた。シンガポールもまた矛盾社会なのである。だが、受容する要因が枯渇するにつれて、摂取型需要要因の改革が必要となる。受信型から発進型の需要要因へと改革しないまま、経済発展しようとすると、行き詰まってしまう。その意味で、日本は典型的な経験を持っており、シンガポールをはじめ韓国、台湾、中国などにとっても、日本の長期停滞は格好の先行事例になるのではないであろうか。そこにある共通要因は伝統と近代との矛盾である。

筆者が日本の長期停滞の考察から得た結論の一つは、「結局、自力でのイノベーションが必須条件であり、それを実現するには経済を優先した成長戦略から脱却し、時間をかけても技術革新を生み出せる非経済面の近代化を推進する以外に方法はない」ということである。それらはまさにＤＳ理論における発信のための需要要因が必須の条件であると同時に矛盾社会をいかに解消するかを示している。

シンガポールが大幅に遅れているのも、まさにこの点であり、経済面では世界的水準に達していても、非経済面では依然として欧米先進諸国には遠く及ばない。この点については、表５－12と表５－13に示すように、各種の主要な政治・経済・社会指標を見れば、非西欧社会にほぼ共通するとはいえ、シンガポールが経済以外にいかに近代化されていない社会であるか、摂取型需要要因の改革が必要な社会であるか、は明白である。シンガポールが進めている重要な問題は自由な経済活動と腐敗の撲滅であり、それらは技術的な問題にすぎない。だが、それ以外は政治体制や社会体制に関わり、「政府が一番良く知っている[17]」という、反民主主義的で国民を軽視する姿勢や考えを変えることはできない。豊かな社会になれば、シンガポールもやがて自由で平等な社会（近代的社会）を国民が求め始めるのは明らかであろう。

これはまたシンガポール政府、特にリー・クアンユーが信じて疑わなかった儒教的ないしアジア的価値との矛盾を表すものでもあり、単なる技術的に変革できるものではない。裏返せば、シンガポールの発展もこうした経済の近代化と非経済面での反近代化的要素の上に成り立ったものといえよう。シンガポールがいかにアメリカの大学を誘致し、高等教育に力を入れてみても、なぜアップルやマイクロソフトのような革新的企業が生まれないのかを考えてみる必要がある。むろん、それは日本や他のアジア諸国をはじめとする非西欧社会にも共通の課題であって、シンガポールに限る問題ではない。シンガポールがさらに豊かな社会を求め続けるのであれば、非経済的近代化の遅れ、つまり矛盾を解消する努力は必須の条件である。それができない限りシンガポールが日本経済と同様に、いずれ長期停滞に陥る可能性は確実に高まる。

以上で、アジアは経済優先の政策により、短期的には急速な成長を通じて、豊かさを実現することで、世界の注目を浴びるという「光の部分」と、それを長期に持続するには経済的側面を優先するだけでは達成できる可能性は小さく、非経済的側面の軽視ないし未発達が、長期的に大きな足かせになり、やがて日本と同様の長期停滞に陥る可能性が高いという「影の部分」とを考察してきた。アジア諸国の経済水準が内生的モデルに示されるように、生産性の上昇により、相当程度に経済成長が可能なことを立証してきたが、欧米の独創的技術革新の模倣・応用やその受容過程での生産要素の質的向上に主として基づく限り、永遠に欧米頼みにすぎないし、それを長期に続けるわけにはいかないということである。そうだとすれば、非西欧社会自身もやがて自力での技術革新の必要性に迫られ、摂取型需要要因が改革されない限り、日本と同様の長期停滞に陥り、そこから脱出することはほぼ不可能と考えられる。これは日本経済の長期停滞がもたらす最大の教訓である。

(注)

（1）この点の詳細な考察については、以下の論文を参照せよ。Jesus Felipe, A Decade of Debate about the Sources of Growth in East Asia,How much do we know about why some countries grow faster than others ?
file:///C:/Users/Owner/Downloads/Dialnet-AdecadeOfDebateAboutTheSourcesOfGrowrhInEastAsia-1995815%20(5).pdf（二〇一六年五月三〇日アクセス）

（2）詳細は、たとえば、以下の文献を参照せよ。
50 Ways To Increase Your Productivity,
http://www.lifehack.org/articles/featured/50-ways-to-increase-your-productivity.html（二〇一七年二月二〇日アクセス）
Valentino Piana, Productivity,
http://www.Economicswebinstitute.org/glossary/prodctvt.htm（二〇一七年二月二〇日アクセス）

（3）次の論文を参照せよ。
Dean Parham, DEFINITION, IMPORTANCE AND DETERMINANTS OF PRODUCTIVITY,
http://s3.amazonaws.com/zanran_storage/economics.adelaide.edu.au/ContentPages/2523797741.pdf,（二〇一七年一月一〇日アクセス）
およびBoileau Loko and Mame Astou Dioif, Revisiting the Determinants of Productivity Growth : What's New ?,
https://www.imf.org/external/pubs/ft/wp/2009/wp09225.pdf（二〇一七年一月一二日アクセス）

（4）以上はすべて以下の論文を参照。
Jorgenson affirms that the economic paradigm of the future will be based on the 'Asiatic growth model,
http://www.uv.es/uvweb/college/en/news-release/jorgenson-affirms-economic-paradigm-future-will-be-based-asiatic-growth-model-1285846070123/Noticia.html?id=1285969295039（二〇一六年一二月二〇日アクセス）

（5）P・クルグマン他、竹下興喜訳『アジア　成功への課題』中央公論社、一九九五年、三三ページ。

（6）Vuの書物はインタネット上からfull-textで得られる。Vu, Minh Khuong, The Dynamics of Economic Growth

Policy Insights from Comparative Analysis in Asia,
http://www.gbv.de/dms/zbw/771191618.pdf（二〇一六年八月二三日アクセス）

（7）同書、第4章。Vu Minh Khuong, *The Dynamics of Economic Growth; Policy Insights from Comparative Analysis in Asia*

（8）Harry X. Wu, China's Growth and Productivity Performance Debate Revisited -Accounting for China's Sources of Growth with a New Data Set ,table 13, p.64,
https://www.conference-board.org/pdf_free/workingpapers/EPWP1401.pdf（二〇一六年一一月二八日アクセス）

（9）Jason Furman, Productivity Growth in the Advanced Economies: The Past, the Present, and Lessons for the Future, 2015,
https://www.whitehouse.gov/sites/default/files/docs/20150709_productivity_advanced_economies_piie.pdf（二〇一六年九月二五日アクセス）

（10）Tony Wagner, *Creating Innovators: The Making Young People Who Will Change the World*, 2012. 以下、*Creating Innovators*.

（11）*Creating Innovators*. 特に第4章を参照。

（12）この点に関する筆者の見解は、「日本経済長期低落傾向の原因と政府の新たな役割」、『*IAM* アジア・レポート』、二〇一六年一〇月二〇日、第8号、アジア近代化研究所、および本書第2章、を参照。

（13）http://www.clair.org.sg/j/report/local/pdf/jichi_sin_3_keizai_2015.pdf（二〇一六年七月一〇日アクセス）

（14）DBS, Driving Growth in Singapore,
http://www.dbs.com.sg/private-banking/templatedata/article/generic/data/en/GR/052015/150529_economics_driving_growth_in_singapore.xml（二〇一六年二月一〇日アクセス）

（15）以上は、主として以下の文献を参照。Kelly Tay and Andrea Soh, Beyond 50: Singapore's growth strategy shifts,
http://www.businesstimes.com.sg/government-economy/beyond-50-singapores-growth（二〇一六年四月一日アクセス）

（16）この点については、たとえば福祉政策や中央準備基金制度ＣＰＦ、などの制度によく表れている。詳しくは以下の文献を参照せよ。
Philip Mendes,An Australian Perspective on Singaporean Welfare Policy,
http://www.socwork.net/sws/ article/view/119/535（二〇一六年一〇月一〇日アクセス）
Singapore's approach to social policy,
https://www.cpf.gov. https://www.cpf.gov.sg/Members/AboutUs/about-us-info/history-of-cpf（二〇一六年一〇月五日アクセス）
Gough,WELFARE REGIMES IN EAST ASIA AND EUROPE,
http://citeseerx.ist.psu.edu/viewdoc/download?doi=10.1.1.199.2561&rep= rep1&type=pdf（二〇一六年九月一日アクセス）
and Speech by Prime Minister Lee Hsien Loong at Economic Society of Singapore Annual Dinner,
http://www.pmo.gov.sg/mediacentre/speech-prime-minister-lee-hsien-loong-economic-society-singapore-annual-dinner, http://teapot.lib.ocha.ac.jp/ocha/bitstream/ 10083/51441/1/Proceedings16_05Ochiai.pdf（二〇一七年一二月二〇日アクセス）
ならびに阿部裕二「シンガポールの年金改革の動向」、
http://www.ipss.http://www.ipss.go.jp/syoushika/bunken/sakuin/kaigai/.,%5C.,%5C..data%5Cpdf%5C14242908.pdf（二〇一七年一月三日アクセス）
（17）Lim Chong Yah and Associates eds., *Policy Options for the Singapore Economy*, 1988.

あとがき

日本経済が長期停滞に陥って、すでに二〇数年が経つが、依然としてその出口は見つかっていない。若者も老人も、今後の日本に多くの不安を感じている。他方で、二一世紀はアジアの時代などともてはやし、多くの企業がアジアに進出している。最近アジアをまわると、日本はもはやモデルではない、との意見も聞く。筆者がアジアをまわり始めた一九六五年頃とは雲泥の差である。だからといって、彼らが独自の発展様式を確立しているかといえば、まったくそうではない。筆者の目には、多くのアジア諸国が外部依存を続け、まだまだ日本に学ぶべきところは少なくないし、あらゆる面で日本に追いつくには数十年はかかるに違いない。それにもかかわらず、多くのアジア諸国はそれなりに自信を深め、日本経済は手の届くところにあり、模倣や外部依存だけでも経済が発展すれば、持続的発展が実現でき、それで十分だと思い込んでいる。そんなに単純なはずはない。しかし、彼らが日本を見ると、経済だけ豊かになっただけで、政治や文化は日本よりむしろましだと考えている節がある。その上、もうすぐ日本経済に追いつけると勝手に思っているようにさえ見える。そうだろうか。日本に次いで経済発展を実現した、シンガポール、韓国、台湾、それに中国などはこのまま過去の延長線上で、持続的に経済発展できると考えているとしたら、それには大きな疑問がある。

多くの経済・非経済指標を見ればわかるように、日本は欧米の後塵を拝しているとはいえ、アジアでは、多くの面で不完全ではあっても、トップの位置にある。しかし、それも長期的に見れば、アジア諸国の多くが日本に追いつき、追い越す日が来る可能性は少なからずあろう。そのこと自体は否定する気は無いし、大いに歓迎すべきことでもある。

さて、本書を書いた背景とか目標について、ちょっと触れておきたい。「あなたの専門は？」とよく聞かれる。出発点は理論経済学、経済政策および経済社会学である。しかし、その後、私の研究方向や研究関心は大きく変化してきた。そのきっかけの一つは山田雄三先生（一橋大学名誉教授、社会保障研究所所長）先生との出会いと先生の手ほどきもあって、スウェーデンのG・ミュルダールという経済学者と若い頃、めぐり会ったことである。それ以来、ミュルダールから主として「複眼と学際的視点」からものを見ることを学んだ。もう一つは、口はばったい言い方で恐縮であるが、長い間の経済学研究から気づいたのは、日本では欧米の学者の学説を鵜呑みにし、ただそれだけを学び、大学で教え、研究をすることに終始している人が多いように見えることである。こうした態度は欧米の学者から、「日本人は何から何まで、欧米のものまねばかりし、国際社会に貢献していない」との批判を招いてきた。確かに、巷にあふれるのは日本の経済や社会に当てはまるとは限らない欧米理論の解説、応用が大部分であり、翻訳書やテキストのたぐいがあふれている。こうした状況は欧米学者の目には、日本人は何も生み出さず、何も世界に貢献していないと映るのは当然である。こうした状況を非難するつもりはない。問題なのはそこから何を生み出すかである。

このような見方に筆者が一人で立ち向かえるなどと考えるほどうぬぼれているわけではない。しかし、そうした状況が生まれ、定着してきた理由は自分なりに考えざるを得ない。そうしたことが起きる理由として考えられる最大の要因の一つは、欧米と日本との社会構造の質的相違にあるということである。つまり、欧米社会、特にアングロサクソンの社会は個人主義社会であり、要素還元主義とか方法論的個人主義の考えがほぼ完全に当てはまる社会である。承知の通り、哲学者のデカルトは、要素還元主義に基づいて一七世紀の科学に関する基本概念の枠組みをつくった。彼は、自然が、理性にとって完全に透明なものであり、正確な数学の法則に支配された完全な機械である、という明晰な自然観（機械論的自然観ともいう）を持っていた。彼はまた心身二元論によって、心理的現実を身体的（物理的）現実から切り離し、後者については要素に還元して機械のように分析・総合できる（要素還元主義）と考え、後者については内観のみで観測されるものであり、この世界の外にあるものとみなした。要素還元主義は物理的現実の世界ではすべては要素に還元でき、膨大なデータから偏差を整理しながらアプローチし、一つの推察にたどりつく、という手法であり、自然科学の世界に最も有効とみなされる。こうした方法論がなければ、自然科学の発展は望めなかったであろう。

自然科学を対象としたとき、有効性を発揮した要素還元主義と並んで、特に社会科学に深く関わる考え方に方法論的個人主義がある。それは欧米の個人主義を前提にした見方であり、社会の分析単位を主に「個人」、つまり社会の要素に求めるアプローチで、社会は個人の心理・行為、個人間の相互行為などで成立しているとみなす考え方である。いわば要素還元主義の社会科学版ともいえるものであり、両者の考え方の基本は同じである。そのため、個人の行為や欲望の総和が全体の行為や欲望の総和だと考えるため、個人の行動や心理を分析すれば社会全体の行動メカニズムや心理を分析できると考える。それは欧米のような主体性ある個人主義社会を分析する場合、きわめて有効とみなされ、近代社会以後生まれた社会学、政治学、経済学などあらゆる社会科学の分析方法として採用されてきた。この考え方が社会科学の発展に多大なる貢献をしてきた。しかし、この分析手法は欧米とはまったく異なる歴史的経験や社会構造を持つ日本社会の分析に適用しようとしても、部分的にしか当てはまらない。なぜなら、少なくとも日本社会の重要な部分は個人主義ではないからである。そのことを表す事例は、日本的経営など、いくらでも指摘できる。

日本の経済や社会を分析するうえで、方法論的個人主義が成立しないとすれば、日本の経済や社会を欧米理論で分析し、適用することは部分的な有効性しか発揮しないと考えられる。換言すれば、欧米理論と同様の手法で、日本人が日本社会を対象とした経済理論や経済法則を構築することには無理があるといわねばならない。欧米理論は本書で取り上げた、正統派の新古典派理論にせよ、内生的成長理論にせよ、すべて個人主義が前提で成立しており、また欧米だけに当てはまる「定型化された事実」を説明するために、理論が構築されてきたからである。

日本で経済理論を構築するとすれば、何が「定型化された事実」になるかが重要である。筆者は、あえていえば、科学技術文明を創造したか否かが決定的に重要な「定型化された事実」であると考える。そのような前提の相違は、欧米理論を日本経済に当てはめることには無理があるし、日本発の経済理論が生まれにくい原因でもあると考える。そのことが現在の長期停滞を招いても、欧米理論では解決できない理由なのだとも思考する。それを無理して当てはめ続けた結果が、多額の財政赤字であり、長期にわたるゼロ金利政策であり、長期の経済的停滞ではないだろうか。換言すれば、伝統的価値と近代的価値との対立、綱引き、そして矛盾である。そこで、欧米理論が日本経済に妥当するためには、経済や社会を欧米理論が当てはまる状況に作り変えるか、もしくは日本の経済や社会を前提とした理論を新たに構築するか、どちらかを選択するしかないと考える。

こうした観点に立って、筆者はとりあえず本書を書いた。そこで、日本の経済や社会、さらには歴史的経験を考慮すると、持続的経済成長を実現できるかどうかを分析するうえでの、有効な仮説として、「工業化（とか産業化）の需給理論」を考えついた次第である。

このような視点から筆者はここ数十年にわたって、アジアと日本および西欧社会とを、絶えず意識しながら「複眼と学際的視点」に立って、現地に行き、研究を進めてきた。本書はその意味で筆者の長年の研究がようやくたどり着いたところを示すものともいってよい。それゆえ、読者の厳しく忌憚のないご批判とご叱正を期待する次第である。

最後になったが、筆者は年齢とともに、さまざまな大病に襲われ、そのつど研究も途切れがちになったが、その間にも、筆者の研究を陰で支え続けてくれた妻・睦子に本書を捧げたい。彼女の支援と協力なくして、本書は生まれ得なかったからである。

二〇一七年一二月

長谷川　啓之

著者紹介

長谷川　啓之（はせがわ　ひろゆき）

日本大学名誉教授，NPO法人アジア近代化研究所・前代表，早稲田大学大学院経済学研究科博士課程満期退学（経済学博士）
専門分野：アジア経済発展論，比較経済発展論，日本経済論，経済社会学，経済政策論
主要著書：『アジアの経済発展と日本型モデル』文眞堂，『アジアの経済発展と政府の役割』文眞堂，『経済と経済学への招待』新評論，『最新英和経済ビジネス用語辞典』春秋社，『アジア経済発展論』（編著），文眞堂，『現代アジア事典』（監修，第5回樫山純三賞受賞），文眞堂，『経済政策の理論と現実』（編著），学文社，ほか著書・論文多数。
主要訳書：M. フリードマン『実証的経済学の方法と展開』（共訳），富士書房，V. チック『ケインズとケインジアンのマクロ経済学』（共訳），日本経済評論社，ミン・チェン『東アジアの経営システム比較』（共訳），新評論，フィリップ・ラセール，ヘルムート・シュッテ『西欧企業の対日・アジア戦略』学文社，G.K. ヘライナー『南北問題の政治経済学 グローバル経済と発展途上国』（共訳），学文社，ほか。

日本経済の長期停滞とアジアへの教訓

◉検印省略

二〇一八年三月三〇日　第一版第一刷発行

著　者　長谷川　啓之
発行者　田中　千津子
発行所　株式会社　学文社

〒一五三-〇〇六四　東京都目黒区下目黒三-六-一
電話　〇三（三七一五）一五〇一（代）　FAX　〇三（三七一五）二〇一二
http://www.gakubunsha.com

印刷　新灯印刷株式会社

乱丁・落丁の場合は本社でお取替します。
定価はカバー・売上カードに表示してあります。

ISBN978-4-7620-2800-7